PRODUCT
DEVELOPMENT

产品开发
项目管理

PROJECT
MANAGEMENT

尹义法 ◎ 著

机械工业出版社
CHINA MACHINE PRESS

图书在版编目（CIP）数据

产品开发项目管理 / 尹义法著 . -- 北京：机械工业出版社，2022.1（2024.2重印）
ISBN 978-7-111-69911-8

I. ①产… Ⅱ. ①尹… Ⅲ. ①汽车－工业产品－技术开发－项目管理 Ⅳ. ① F407.471

中国版本图书馆 CIP 数据核字（2021）第 273746 号

　　本书融合了多项国际项目管理标准及国内外多家汽车企业的实际案例，以汽车及零部件产品开发项目为背景（内容上兼顾到一般的工业品开发），以项目实际运作为主线，描述了产品开发项目从立项启动到项目收尾全过程的各项管理要求及操作方法，是汽车及制造业产品开发项目管理领域的精品力作，适用于企业中参与产品开发的人员及各层级管理者研读和学习。

产品开发项目管理

出版发行：机械工业出版社（北京市西城区百万庄大街 22 号　邮政编码：100037）

责任编辑：岳晓月　　　　　　　　　　　　　　责任校对：马荣敏

印　　刷：固安县铭成印刷有限公司　　　　　　版　　次：2024 年 2 月第 1 版第 3 次印刷

开　　本：170mm×230mm　1/16　　　　　　　印　　张：20.5

书　　号：ISBN 978-7-111-69911-8　　　　　　定　　价：79.00 元

客服电话：（010）88361066　68326294

| 赞　　誉 |

用了一个周末，读完了这本融合性的"教材"，书中整合了理论、经验、实践和模板，尤其是列举大量的汽车行业案例，我感到很亲切！推荐本书给产品、项目、质量的管理者们阅读参考。

王伟

一汽－大众佛山分公司党委书记、总经理

新能源汽车技术的发展日新月异，竞赛已进入白热化，企业在追求技术制高点的同时，脱离不了产品交付、技术变现的商业本质。敏捷开发、分层管理、网状开发、模块间联动等热词，表明了产品技术快速升级背后已经出现的复杂管理现状，这需要项目管理的共同升级和护航，以推动产品技术高性价比、高质量地落地和输出。《产品开发项目管理》一书中提出了科学、详细的方法和工具，值得新能源汽车人拜读。

谢世滨

吉利极氪副总裁、威睿电动总经理

　　本书提供了真正体现"汽车产品"开发管理精髓的完整的项目管理方法论，是自主品牌整车研发快速崛起过程中最佳实践的提炼、总结、升华。

高健

北京新能源汽车股份有限公司副总经理

　　汽车产品项目开发过程受多种因素的制约，牵一发而动全身。项目管理就是将知识、技能、工具和技术应用于项目活动，随时关注项目 EQVDR（用户体验、质量、成本、进度、风险），及时基于用户需求进行调整，把正确的事做正确，确保项目的成功。《产品开发项目管理》一书对指导产品开发有很大的借鉴意义，推荐汽车行业项目管理人员进行学习。

赖薪郦

长安汽车科技及项目管理部总经理

　　项目管理的目的不是为了流程化，那只会让教条主义盛行，而是让效率和质量更加接近实证，让消费端需求能在开发端得到预判并随时修订。本书让我看到了前瞻与效率在汽车行业开发应用中的重要意义与价值。

卫金桥

汽车公社总编辑

因为我曾是全国项目管理领域工程硕士教育协作组（161 所大学）唯一一任组长（2004～2018 年），收到和看过国内外很多项目管理专业人士编写的项目管理书籍；因为我是工程行业的教师，阅读的工程项目管理和通用项目管理的书比较多、有关产品开发项目管理的书比较少，尹义法老师的《产品开发项目管理》是我阅读的第一本，感觉本书具有鲜明的特点，故应邀写几句话推荐一下。

一是源自于实践。本书是基于作者的丰富实际工作经验的系统提炼与高度总结，也正因为是源自于实践，本书的语言风格和内容描述都非常便于读者阅读参考。

二是以实用为本。本书以一个实际的产品开发项目为背景，以项目的实际运作流程为主线，从项目规划选择开始，到项目启动、团队组建、进度管理、财务管理、质量管理、沟通管理、风险管理和项目收尾管理，全面介绍了产品开发流程并进行了详细描述，此外还介绍了项目管理办公室的构建和运营管理，书中很多内容读者可以直接应用。

三是博观而约取。本书不仅包含项目管理实战内容，还借鉴了国际上多个项目管理标准与多家汽车及零部件企业的管理模式；本书介绍了领导力的相关内容，以及国内有代表性的华为公司的管理模式等，围绕"做一个成功的项目"所需的项目管理知识与技能，进行了系统、全面的阐述。

尹义法老师在项目管理领域十年如一日，致力于"为提升汽车行业管理水平而奋斗"，兢兢业业，执着追求，才有了这本厚积薄发的代表作品。

顾炎武曾说："君子之为学，以明道也，以救世也。"本书不仅填补了汽车行业产品开发项目管理类实战书籍的空白，同时也是制造业产品开发项目管理领域的精品力作，值得产品开发管理人员阅读参考。

王守清博士

清华大学建设管理系教授 / 博导

清华大学 PPP 研究中心首席专家

国际项目管理协会（IPMA）2021 年"研究终身成就奖"获得者

2021 年 11 月 14 日

　　为什么要写这本书？作为一名在项目管理领域工作近 20 年的从业者，我拜读过项目管理方面的诸多图书，发现其中绝大多数是面向考试认证的，为数不多的基于项目管理实践编写的图书，作者又多出自工程建筑或 IT 软件行业，以汽车及制造业为背景案例的项目管理实践类图书可谓凤毛麟角。作为汽车行业最早一批项目管理从业者，作为一名为很多主流车企提供过培训和辅导的行业导师，我认为我有责任写这样一本书。

　　本书以产品开发项目为背景，从项目实践的角度出发，以授课的形式，阐述产品开发过程中项目管理的步骤和方法。本书包括项目经理的角色认知、产品开发流程、项目规划与选择、项目启动与收尾、项目团队管理、项目进度管理、项目财务管理、产品质量管理、项目沟通管理、项目风险控制以及项目管理办公室的构建与运营等内容。本书以实用为主，介绍了几种典型的工具和方法，并提供了大量的案例模板以便读者理解和使用，但不追求面面俱到。

你是否需要掌握这套方法论？真正意义上的项目管理起源于 20 世纪 40 年代，到现在才 80 年左右的历史。项目管理进入中国后，先是在工程建设领域应用，后在 IT 软件行业得到快速发展。我国以汽车为代表的制造业的项目管理还处在起步阶段，有非常大的提升空间。截至 2021 年 2 月，中国有 4457.2 万家企业，从管理水平上可以分为第 Ⅰ 代（初创型企业）、第 Ⅱ 代（受控型企业）、第 Ⅲ 代（精益型企业）、第 Ⅳ 代（效率型企业）和第 Ⅴ 代（敏捷型企业）。通过多年咨询辅导诊断我发现，绝大多数企业还达不到第 Ⅱ 代受控型企业（即规范化管理）的水平，显然不能满足当今社会市场以"效率"为核心的竞争需求。而从第 Ⅱ 代企业向第 Ⅳ 代企业转型需要进行流程优化、组织调整、人才培养、绩效驱动及信息互通等多个方面的变革，在这样的"代次升级"变革中，项目管理能够发挥很大的作用。比如，项目管理能通过矩阵式管理打破部门墙，很好地解决端到端的流程缺失问题；项目经理岗位的复合要求可以提升从业人员的能力，强调项目的绩效能解决绩效导向的问题。项目管理在企业中的实际应用表明，它不只是一种简单的工具、方法，还体现出预防的理念，更是一种思维哲学。可以说，学好项目管理，有助于你更有效地经营公司，管理团队，提升项目成功率，改善业绩，促进人生目标的实现。

要解决一个问题，你需要掌握一种方法；要解决所有的问题，你需要改变思维方式。掌握项目管理方法论，将使你受益无穷。

2021 年 7 月

第 1 章

项目管理概述

什么都是项目，什么都可以成为项目，
项目管理无处不在。

1.1 项目管理发展历程

1.1.1 项目管理起源

项目管理起源于什么时候？有专著说项目管理已存在数千年之久，如把吉萨金字塔、中国长城等都列为项目管理的成果，这还是有点牵强的。吉萨金字塔修建于公元前 2575 ～前 2465 年，距今约 4600 年；中国长城修建于公元前 7 ～前 6 世纪，距今约 2700 年，从当今的视角去看这些古代工程，它们可以算作项目，但并不能说其使用了项目管理的方法。现代项目管理知识体系中的两个核心工具——关键路径法（CPM）与计划评审技术（PERT），虽然在 20 世纪 40 年代之前已经开始出现，但应用项目管理方法的代表性项目是 1942 ～ 1945 年的 "曼哈顿计划"。美国为了加快原子弹的研发，项目负责人 L.R. 格罗夫斯和 R. 奥本海默在这个 10 多万人参与、累计投入 20 多亿美元的浩大工程项目中应用了系统工程的思路和方法，大大缩短了工程耗费的时间，这种系统工程的思路和方法算是项目管理的萌芽。所以把 20 世纪 40 年代确定为项目管理的起点可能更合适。

1957 年，美国杜邦公司把关键路径法应用于设备维修，使维修停工时间由 125 小时锐减到 7 小时。1958 年，美国在 "北极星" 导弹设计中应用了计划评审技术，把设计时间缩短了 2 年，且将复杂任务项目的完成效率提高了 550%。1961 年，美国开启了 "阿波罗登月计划"，该项目历经 12 年，累计耗资 300 亿美元，共有 2 万多家企业共计 40 多万人参与，飞船及设备包含零件 700 多万个。美国在这样一个庞大复杂的工程上使用计划评审技术的科学方法，使各项工作有条不紊地进行，取得了巨大的成功。这是项目管理方法在大型复杂工程上产生价值的体现。同时，这一系列代表性项目的实施，也促进项目管理方法论及知识体系走向成熟。

国际项目管理协会（IPMA）于 1965 年在欧洲成立，美国项目管理协会（PMI）于 1969 年成立，而 PRINCE 最早于 1989 年由英国政府计算机和电信中心（CCTA）开发，这几大项目管理知识体系都经历了长期的积累和更新迭代。以 PMBOK 为例，PMI 于 1976 年提出构建项目管理标准的设想并着手整理项目管理的知识概念，于 1981 年成立了一个小组系统地整理有关项目管理职业的程序和概念，并于 1987 年 8 月以《项目管理知识体系》为标题发表了完整的文件内容，这就是大家熟悉的 PMI 项目管理知识体系的原型。直到 1996 年 12 月，PMI 才发布了《项目管理知识体系指南》（PMBOK® 指南）第一版，之后每 4 年更新一版，现在已经是第七版了。㊀

㊀ 第七版为 2021 年 8 月发行的最新版。由于本书结稿于 2021 年上半年，所以本书以第六版中的内容为例。

项目管理导入中国的时间也比较早。20 世纪 60 年代，著名数学家华罗庚就开始研究和推广的优选法统筹法，通常被认为是我国项目管理的启蒙。1984 年，我国利用世界银行贷款在云南省建设鲁布革水电站是第一个运用现代项目管理方法的大型项目，是项目管理进入中国的一个代表性事件。20 世纪 90 年代初，在西北工业大学等单位的倡导下，成立了中国优选法统筹法与经济数学研究会项目管理研究委员会，这是我国第一个研究与推广项目管理的跨学科项目管理专业学术组织。我国项目管理的快速发展是从 1999 年开始的，其中中国（双法）项目管理研究委员会（PMRC）启动了"国际项目管理专业资质认证"（IPMP），同年国家外专局启动了美国项目管理协会（PMI）项目管理专业人士PMP 的考试认证，2009 年英国商务部（OGC）主导的受控环境下的项目管理 PRINCE2 认证也导入中国，至此国际三大项目管理体系全面在中国铺开。虽然在导入初期很少有人了解项目管理知识体系，但是随着时间的推移，已经有越来越多的人开始学习项目管理知识，现在中国每年都有数以万计的人参加各类项目管理认证考试，而只学习和应用并不申请认证的人更多，项目管理在中国已经进入高速发展阶段。

总的来说，作为项目管理标志性的起源，自 20 世纪四五十年代有了项目经理这种专门的岗位开始，社会上开始把项目经理公认为一种职业，以此计算，项目管理发展到现在也仅有 80 多年的历史，而在中国则更短一些，不管怎么说，项目管理算是一个新兴的专业学科。

1.1.2　项目管理知识体系

上面介绍项目管理的起源是以美国项目管理协会这条主线的发展来讲的，因为在中国大家接触较多的是美国项目管理协会这套项目管理知识体系。其实全球主要的项目管理知识体系有三个，即美国项目管理协会的 PMBOK 知识体系、英国商务部（OGC）的 PRINCE2 体系和瑞典国际项目管理协会的 ICB 知识体系。

PMBOK：《项目管理知识体系指南》的简称，美国项目管理协会的代表作。主要认证为 PMP，中文标准名称是"项目管理专业人士"，是美国项目管理协会组织的全球性认证，采用的知识体系是《项目管理知识体系指南》(PMBOK® 指南)。特别说明一下，PMBOK 只是 PMI 知识体系的一项基础，还有诸多其他参考标准和应用指南。

PRINCE2：《成功的项目管理方法论》的简称，英国商务部的代表作，直译是"受控环境下的项目管理"。主要认证为 PRINCE2 基础级和从业级，是由英国商务部主导，英国皇家认可委员会（UKAS）授权，APMG 推广实施的项目管理专业认证。目前，最新版本为 2017 中文版。

ICB：《国际项目管理专业资质标准》的简称，国际项目管理协会的代表作。主要认证为 IPMP，中文标准名称是"国际项目经理资质认证"，是总部位于瑞士的国际项目协会的资质认证，现在知识体系版本为 ICB 4.0 版。

1. 内容概述

PMBOK：强调项目管理的知识体系，第六版分为 5 大过程、10 大知识领域、49 个子过程。

PINRCE2：强调项目在具体的环境中如何应对，最新版分为 7 个主题、7 个原则、7 个流程和 4 层组织。

ICB：强调项目经理人应该具备的知识与技能，最新版分为 4 个阶段、7 类资质，共计 60 项评价要素。

2. 推广程度

这里用推广程度而不是认可程度来作对比。认可程度是仁者见仁，智者见智的，不好定论。所谓的推广程度，是指参加学习并获得证书的人数。先来看认证数量，据 PMI 官方公布的数据来看，截至 2020 年

1月，PMP 全球认证人数是 103.7 万人（见图 1-1），而据可靠数据显示，在 2020 年 1 月，PRINCE2 全球认证人数约为 201 万人，IPMP 目前在全球有五六万人的认证。从全球的认证人数来看，PRINCE2 领先于 PMP，两者认证数量均远大于 IPMP 认证人数，PRINCE2 遥遥领先可能与联合国把 PRINCE2 作为推荐标准有关。在中国则是 PMP 认证一家独大，中国 PMP 持证人数超过 30 万人，PRINCE2 持证人数不到 3 万人，IPMP 持证人数约为 1.5 万人。⊖

PMI认证名称	全球有效认证人数
PMP®（项目管理专业人士）	1 037 480
CAPM®（助理项目管理专业人士）	41 744
PgMP®（项目集管理专业人士）	2 905
PMI-RMP®（PMI风险管理专业人士）	5 655
PMI-SP®（PMI进度管理专业人士）	2 096
PMI-ACP®（PMI敏捷管理专业人士）	34 276
PfMP®（项目组合管理专业人士）	828
PMI-PBA®（PMI商业分析专业人士）	4 159

图 1-1 PMI 项目管理体系全球持证人数（截至 2020 年 1 月）

资料来源：PMI 官方。

3. 认证等级

PMP：PMP 是单项目管理认证，另外成体系的还有项目集管理认证 PgMP 和项目组合管理认证 PfMP，以及敏捷项目管理认证等。

IPMP：从低到高分为 D、C、B、A 四个等级，其中 D 级是基础知识，C、B、A 侧重于人的素质技能，其中 B、A 级考试还需撰写项目管理（群）报告。

PRINCE2：从低到高分为基础级和从业级，基础级考查理论知识，

⊖ 各项认证人数的数据会随时间发生变化，因公布数据的时间、渠道不一，数据可能会有偏差。

从业级考查实践经验。

关于 PMP、IPMP 和 PRINCE2 的认证，有传言说互相认可，比如 PMP 相当于 IPMP 的 C 级、PRINCE2 的基础级，但从未得到官方证实，所以这种认可只不过是行业内的一些个人观念罢了。

4. 对比总结

PMBOK 是基于项目管理应该做什么而构建的知识体系，它像一本百科全书，项目管理要做什么都可以查询。它的理念是，项目管理应该这样做，你们都向我看齐就好了。

PRINCE2 是基于在实际环境中如何保障项目成功而构建的方法论。它的特点是，告诉你在面对具体环境时应该遵循什么原则方法，在特殊情况下应该采取什么措施。

ICB 基于要做好一个项目，项目经理人应具备什么样的基础知识和能力，重点是项目经理人的资质和能力。它的理念是，具备这样的能力才能做好相应的项目管理。

每套体系都有深刻内涵，它们的区别远不止于此，以上所述只是为了让大家快速了解，简单列出了它们的主要差异，详细了解的话，还需要花时间去深入研究。至于大家想学习哪一套知识体系，还要结合自己的实际情况做出选择。

1.1.3   项目管理现状

项目管理在全球得到了蓬勃的发展，上述 PMP、PRINCE2 和 IPMP 都是全球通用的认证。中国比主要发达国家起步要晚，但发展速度很快，考试人数更多，通过率更高，这个领域的考证已经形成一个标准化的成熟产业。考证人数每年都在不断刷新，那项目管理在实践中的应用情况如何呢？项目管理的应用领域按行业可以分成三类：工程建筑领域、IT 软件领域和制造业领域。其发展历程是：最早在工程建筑领域导入，后来在 IT 软件领域得到快速发展，之后再转入汽车及制造业领域。纵观项目管理在中国各行业的应用情况，我们把它在企业的实际应用分为四个阶段（见图 1-2）。

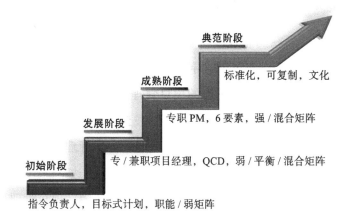

典范阶段

标准化，可复制，文化

成熟阶段

专职 PM，6 要素，强 / 混合矩阵

发展阶段

专 / 兼职项目经理，QCD，弱 / 平衡 / 混合矩阵

初始阶段

指令负责人，目标式计划，职能 / 弱矩阵

图 1-2　项目管理成熟度阶梯

项目管理成熟度分为初始阶段（L1）、发展阶段（L2）、成熟阶段（L3）、典范阶段（L4）四个阶段。

◀ **初始阶段**：表现为采用原有的职能型组织或弱矩阵式管理模式，在原有岗位上指定负责人，制订的计划多为目标式计划，对项目的控制程度较低。

◀ **发展阶段**：职能部门中明确了项目管理办公室的职责（不一定成为独立的部门），重点项目会组建项目管理团队，采用平衡矩阵的情况居多，多数项目经理为兼职，极少数重要项目的项目经理可能是专职，重点关注项目的进度、质量、成本等要素，实现了对项目核心要素的管控。

◀ **成熟阶段**：有明确的项目管理职能部门，项目团队管理相对比较规范，项目计划制订和进度管理获得重视，多数采用强矩阵或混合矩阵式管理模式，项目管理要素不局限于进度、质量、成本，还拓展到范围、风险和收益的管理，项目管理整体规范且受控。

◀ **典范阶段**：公司已经形成一套规范的项目管理体系，已经有了成熟的项目运作模式，按项目管理模式运营已经形成一种文化，公司在项目管理领域的管理模式可以作为标杆供其他组织学习和借鉴。

各位读者所在的企业项目管理处在什么水平，大家可以自己做简要的评估和判定。以我多年辅导数百家汽车整车及零部件企业的经验来看，整体水平不高。整车企业的项目管理水平能达到成熟阶段的不多，而多数汽车零部件企业的项目管理水平甚至还处在初始阶段，即指定负责人、目标式计划和采用职能型组织或弱矩阵式管理模式。这种项目管控收效甚微，项目的交付成果难以让人满意，项目达不到相关方的要求。

之前也讲到了，随着近些年项目管理成为热门，项目管理从业者每年大幅递增，通过专业认证的从业者也不在少数，但现实中企业表现出来的项目管理水平却与之大相径庭，为什么会出现这样的情况？

第一个原因，虽然考证的人不少，但是相对于我国这么多企业来说项目管理从业者的占比相当低。我看到的两种极端现象是，项目管理认证公开课上人山人海，部分大城市一个认证班就有数百人参加，而实际上我做内训时统计过，现场的学员中拿过专业认证的人少之又少。由此可见，实际学习并持证的人数在总体从业者中比例是极低的。

第二个原因，担任项目经理的人与项目管理认证人员不是同一群体，通过图 1-3 可以看出，参加项目认证的人群集中在 23 ~ 35 岁，即参加工作差不多 10 年以内，超过 40 岁去考证的人也有，但是所占比例相当小。担任项目经理的人通常需要有多年的工作经验，甚至重大项目的项目负责人都要求有 20 年以上工作经验，所以在现有的项目经理群体中有项目管理专业认证的人凤毛麟角。现在的一些持证人员多数是参与项目性的工作，或者担任一些小项目的负责人，对推动公司及行业项目管理水平提升能够做出的贡献十分有限。

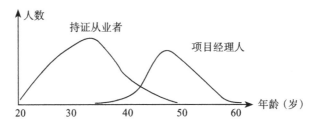

图 1-3　项目管理持证人员与项目经理人员的年龄分布图

　　第三个原因，中国式职场习惯了"人治"，而非"法治"。项目管理本来是一门科学，所谓科学，是一个建立在可检验的解释和对客观事物的形式、组织等进行预测的有序知识系统。简单地说，项目管理是有规律可循的，对已知的输入能够预知输出的结果，是基于逻辑的流程工具方法。西方国家做事情讲究逻辑，按章办事，遵从项目管理的流程，简言之，是"法治"，是流动驱动。中国式项目管理则大不相同，大多数项目经理是由公司任命组织中具有较高职位的领导来担任，项目经理依据拥有的权力来驱动项目，是一种"人治"的文化，是权力驱动。流程驱动是按固化的、大家共同遵守的"法律"来进行的，而"人治"则是发散的，是根据个人的风格特点和喜好进行的。也就是说，尽管你掌握了项目管理的专业知识体系，在中国式职场中，经常出现"用不上"的困惑。所以说，项目管理没有做好的原因之一是，国际项目管理体系在中国的大多数项目上没有真正用起来。

　　项目管理在中国多数企业的应用情况并不理想，这是当下一个不争的事实。那我们就听之任之，放弃努力吗？显然这样的态度是不可取的。我们从小就知道"狼来了"的故事，这个故事告诉我们，信任是一次一次地慢慢失去的。同样，中国的项目管理水平也需要一砖一瓦地去构筑，需要我们一步一个脚印地去推动，需要我们各行各业的更多从业者去推广、学习和实践。只要我们众多同行者共同努力，相信经过 10年左右的发展，我国的项目管理水平必将跃升一个台阶。

1.2　项目与项目管理

1.2.1　什么是项目

关于项目的定义，国际上主流的项目管理学派说法不一，而且差异较大。美国项目管理协会对项目的定义为"项目是为创造独特的产品、服务或成果而进行的临时性工作"。这个定义是比较严谨的，它把项目定义为"一件事"。PMI 体系中提出了项目的三个属性。

◀ **独特性**：交付的成果或服务是独特的，而不是重复性的复制。

◀ **临时性**：项目是有起点和终点的，反映出项目的生命周期特点。

◀ **不确定性**：项目是创新性的事件，表现出诸多未知事项。

英国商务部主导的项目管理体系 PRINCE2 对项目的定义为"项目是按照一个被批准的商业论证，为了交付一个或多个商业产品而创建的一个临时性组织"。这套体系也是经过多年积累与更新进化而来的，相信它对项目的定义也是严谨的。它的特点是把项目定义为"一个组织"。PRINCE2 对项目属性的描述除了 PMI 所提到的三个属性之外，还增加了两个属性，共计五项。

◀ **变革性**：项目是让组织或者业务产生显著变化的。

◀ **临时性**：PRINCE2 解释为，"按照项目的上述定义，项目本质是临时性的。一旦期望的变革开始实施，正常经营就能重新开始（以新的形式），项目就失去了存在的必要"。因此，项目应该有一个明确的开始和一个明确的结束，在这一点上与 PMI 提出的"临时性"相同。

◀ **跨职能性**：PRINCE2 解释为，"为了引入变革，在项目团队中，具有不同技能的人员一起工作（在临时性的基础上），这种变革会对团队以外的其他人员产生影响"。项目通常涉及组织内部多个职能部门,有时候甚至会涉及几个完全不同的组织,这往往会引起组织内部和组织之间的压力与紧张。例如,对客户和供应商来说,双方对参与变革有不同的视角和动机。PRINCE2 认为项目一定是跨职能的,比如在组织内部需多个部门或多个角色参与,而对于一个角色就可以完成的,哪怕是巨大的创新复杂性业务,也不将其称为项目,这一点是两大学派见解中最大的区别。

◀ **唯一性**:每个项目都是唯一的。一个组织也许实施过许多类似的项目,并建立了一个熟悉的、经过验证的项目活动模式,但每个项目在某些方面都是唯一的。例如,一个不同的团队、一个不同的客户、一个不同的地点,所有这些因素的组合就形成了每个项目的唯一性。这一点与 PMI 提出的"独特性"相当。

◀ **不确定性**:显然,上述特点将会使项目产生比在正常经营中遇到的更多更大的威胁与机会。因此,项目面临更多的风险,具有更多的不确定性。这一点等同于 PMI 体系中的"不确定性"。

从项目的定义上来看,PRINCE2 比 PMI 多出变革性和跨职能性,实际上 PMI 的项目管理思想中也是认为项目具有变革性的,只是没有在定义上明显地体现出来。两大学派关于项目定义的明显不同在于是否有"跨职能性"。那么,哪个更加切合于项目实际呢?哪个更适用于中国式职场呢?你又认为哪个更准确呢?这是值得我们探讨的问题。

项目是有明确定义的,那么在我们日常工作和生活过程中我们如何判断一项业务到底按项目来管理还是按运营来管理?我们可以从任务性质、任务环境和管理组织三个维度来判断(见图 1-4)。项目是由临时性的团队在开放、不确定的环境中开展的一次性和创新性业务,而运营是由固有组织在确定的环境中开展的常规性和重复性业务。看了这个详细划分的定义，想必大家清楚了项目与运营业务的区别。但是要注意一点，虽然定义上有严格区别，但是项目与运营业务没有严谨的区分界限。也就是说，某一项业务，你既可以将其当作运营去管理，也可以当作项目去管理，要视具体情况而定。那么到底选用哪种管理模式更有效呢？请记好这个观点：越是大型复杂的、需要多方协调的业务，使用项目管理越能凸显其价值。

	运营管理	项目管理
任务性质	常规性、重复性	创新性、一次性
任务环境	封闭的、确定的	开放的、不确定的
管理组织	固有的、稳定的	临时的、变化的

图 1-4　项目业务与运营业务的区别

1.2.2　什么是项目管理

关于项目管理，美国 PMI 的定义是"将知识、技能、工具与技术应用于项目活动，以达到项目的要求"。英国 PRINCE2 的定义是"在有限的资源约束下，运用系统的观点、方法和理论，对项目涉及的全部工作进行有效的管理"。这些定义都是很严谨的，也不难理解，说得简单点就是为达成"项目目标"或要求所进行的一切管理活动。重点是理解什么是项目目标，它包含三个层次：交付结果、商业价值和相关方要求（见图 1-5）。

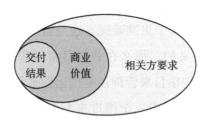

图 1-5　项目目标的三个层次

（1）交付结果：项目实施后的输出（如开发一款手机、一辆新车、一台装备）。

（2）商业价值：通过项目输出而产生的商业回报，包括但不限于：

◀ 财务测量指标：

- 净现值（NPV）；
- 投资回报率（ROI）；
- 内部收益率（IRR）；
- 投资回收期（PBP）；
- 效益成本比率（BCR）。

◀ 达到商业论证的非财务目标（如市场占有率、销量）。

◀ 完成组织从"当前状态"转到"将来状态"。

◀ 履行合同的条款和条件。

◀ 达到组织战略、目的和目标。

◀ 可接受的客户 / 最终用户的采纳度。

◀ 将可交付成果整合到组织的运营环境中。

◀ 满足商定的交付质量。

◀ 遵循治理规则。

◀ 满足商定的其他成功标准或准则（如过程产出率）。

（3）相关方要求。

项目的最终目标是让相关方满意，但是相关方满意是很难量化与管理的，所以我们在做项目管理时，固然要考虑到相关方需求的满足，但重点是管理交付结果本身，并考虑其产生的商业价值。

讲了这么多，那么我们如何去理解项目管理，项目管理的本质或意义是什么呢？在这里我引用《高效能人士的七个习惯》作者史蒂芬·柯维的观点，他提出任何工作都需要进行两次创造。那么，在此基础上我提出的项目管理的本质是，让"智力创造"和"行动实践"两个过程受控且趋于一致。

> 我们从事任何工作，第一个步骤是在大脑中进行构思，勾画一幅这件事情的蓝图，这就是我们所说的第一次创造。经过智力的构思以后，我们投入自己的时间、精力开始付诸实践，即第二次创造。我们在第一次创造中投入自己的智力，在第二次创造中投入自己的体力。
>
> ——史蒂芬·柯维

1.2.3   项目管理价值

项目管理是一门新兴的学科，自诞生到现在也就 80 年左右的历史，导入中国也就是 20 多年的时间。当今社会大力推行项目管理模式显然有助于个人、企业及社会多方的公共事业。

1. 项目管理对个人的价值

所谓"什么都是项目，什么都可以成为项目，项目无处不在"，无论在我们的工作中还是生活中，都存在着大大小小的项目。如果我们想要做好这些事情，需有一套科学的方法，那就是项目管理，所以我们要学习项目管理。项目管理知识体系以美国 PMI 的 PMBOK 和英国的 PIRNCE2 为代表，这些项目管理知识体系提供了管理项目所需的系统化的流程工具方法，是一套相对成熟的、系统化的方法论。学习项目管理有如下价值：

◀ 系统整理知识、技能与能力。
◀ 反映项目管理领域所取得的成就。

◀ 改善知识体系，提升技能。

◀ 有能力承担更多职责。

◀ 在职业生涯中获得更多的机会，取得更多的进步。

◀ 获得加薪机会。

◀ 建立信心。

◀ 获得同事与上级的认可。

◀ 证明所从事职业上的专业度。

◀ 提升工作能力。

其实不难看出，系统地学习一门学科大体上都能产生上述价值，只是项目管理这一学科知识更加系统，应用也更加广泛。我们工作和生活中的很多事情都可以按照项目管理的方法去管理，特别是针对一些新环境下没有经验的业务，项目管理的方法更能帮助你解决问题。所以，熟练掌握项目管理方法，建立起项目管理思维，除了增长个人的才学和技能以外，还能反映个人专业成就，增加就业和晋升机会，拥有更高职业高度等。

另外，研究表明，中国未来 10 年项目管理岗位新增需求为平均每年 110 万个，需求潜力巨大，项目经理是未来社会的一个热门岗位。并且有数据表明，在一些互联网企业的招聘中，约有 75% 的组织明确提出 PMP 持证人员优先，这也说明一些组织对项目管理认证的认可程度。

2. 项目管理对组织的价值

项目管理对于组织的价值同样也是显而易见的。比如企业制定了远大的愿景和使命，它不可能按部就班地自动实现，通常来说需要通过一个个项目的交付，并转为项目运营才能实现（见图 1-6）。我们都很清楚，企业的运营性工作是指产品的持续生产和（或）服务的持续运作，运营是产生价值的，但是不能提升价值。比如，鸡生蛋，然后把蛋卖掉获取回报，这种运营性业务能够产生价值，但不能提升价值；也就是说，如果不把蛋孵化成小鸡并把它们养大，就无法增加组织的产能，即提升组织的价值。所以，组织需要"把蛋孵化成小鸡，再把鸡养大"，这种变革性的改变（业务）就需要项目管理来保障。所以，一个组织也是离不开项目管理的。实际表明，企业战略需要通过一个个新的项目实施及交付来实现，否则企业就会停滞不前、原地踏步，久而久之在市场竞争中被淘汰。

资料来源：PMI 的组织级项目管理成熟度模型（OPM3）。

图 1-6　企业战略到业务运营

另外，项目管理大幅提升了企业的项目成功率。PMI 发布的《2018 职业脉搏调查》表明，调研样本中高绩效的企业只占 8%，它们的项目成功率高达 80%；调研样本中绩效不尽如人意的企业占到 60%，而它们的项目成功率低于 40%。实践表明，项目成功率极大地影响公司的业绩。实施项目管理可以将多数企业或组织的项目成功率提升至 65% 的水平，项目管理无疑对企业的成长与发展做出了很大的贡献。

1.2.4　如何学习项目管理

说到学习一门学科，我们通常的第一反应是找个学校或者培训机构进行系统的进修学习。我的观点则不同，关于项目管理，我倡导"先干后学"。事实表明，很多优秀的项目管理从业者是有实践经验后再回过头来补充理论知识，进而实现提升的，而那些理论学习者在碰到项目时通常束手无策、一筹莫展。那么到底应该先学习理论知识还是先实践呢？哪种模式更适合学会项目管理？这跟当年的一篇命题作文《小牛学耕》（见图 1-7）反映出的困惑是一样的。通过多年的项目管理工作经历、培训经历以及对所接触的项目管理人士的了解，我倡导先在项目中积攒实践经验，然后再去系统学习和提升。这类先实践再提升的项目管理人士一般有更好的表现，原因有以下三点。

图 1-7　小牛学耕

1. 先入为主的思维定式难以突破

在项目管理这个圈子这么多年，我接触过很多项目管理人士，其中不乏一批有认证加持的"专业"人士，项目管理知识讲得非常好，但是能看得出来他们没有做过实际的项目管理，并且很多人在做实际项目管理时显得无所适从，总是停留在"应该怎样做"的层面上，面对实际问题时束手无策。反而是一些没有经过科班学习和专业认证的人士，项目管理却做得风生水起。这是为什么呢？因为在中国学习项目管理的人基本上选择的是 PMBOK 这套知识体系，它是基于项目管理要"做什么"的理念设计的，也就是说，项目管理应该按照我这套体系来执行，但并没有告诉你当碰到复杂环境时具体如何解决，虽然现有的 PMBOK® 指南第六版已经考虑并加入了相关内容。先有理论学习就会形成行为心理学上的思维定式——先入为主，即先接受的概念是标准，是正确的规则，然后根据这些规则对号入座，凡是不符合这些规则的都是错误的。而且人们还倾向于抑制与他们观念相悖的事情，尤其是在受到压力的情况下，所以当项目出现与理论知识不一致时，总是期望去改变现实，使其成为理论状态，而不是去适应性地找对应的解决方案。这就导致这类项目经理很难基于实际情况把项目管理好，也就形成了项目经理不称职的现象。

2. 项目管理的难点是"广"而不是"深"

虽然我是一名专注于项目管理多年的从业者，但我毫不忌讳地说，项目管理的特点在于要求了解和掌握大量的各领域的知识，做到融会贯通，而不是在某一个领域深耕，达到专精程度。当然能够精通也不是坏事，但毕竟人的精力是有限的，领域专精的事情是项目团队成员的使命。项目经理的使命在于将这些专业人士组织起来，让他们发挥各自的智慧和才能，共同努力达成项目目标，所以需要项目经理多多了解各方面和各领域的知识，并不要求精通。所以说项目管理并不是门槛高、专业深的岗位类型（如医生、建筑师），在企业中项目管理岗位多数人都可以干，而且上岗也很容易，但是想把项目管理做好是一件很难的事情，需要有很高的综合素养、业务能力和情商。总的来说，项目管理是具备先实践总结经验后补充学习理论知识的条件的，拟从事项目管理的人士不妨先干干看。

3. 没有经验很难理解项目管理知识体系

无论是美系的 PMBOK 知识体系，还是英系的 PRINCE2 体系，抑或是国际项目管理协会的 ICB 知识体系，它们都是讲解基础概念很多，项目实际案例很少。比如 PMBOK 虽然强调它是基于项目管理实践的方法论，但是它把项目管理知识体系系统化了，形成了项目管理应该做什么的正向概念；PRINCE2 强调在复杂环境下的若干情况假设，这些假设都是实际项目中经常遇到的问题，它提供了解决问题的工具和方法；IPMP 的知识体系类似并补充了对项目经理人的能力素质要求。这些知识体系都从项目实践上升到项目管理方法论的程度，就好比业务运作上升的流程体系的程度。而且，由于这些知识体系源自西方语言的翻译，无论是从陈述方式上还是语言习惯上都会让人难以理解一些，如果没有项目管理经验和专业老师的解析，恐怕很难看得懂。这就好比给没有孩子的人讲培养孩子的技巧，给没做过管理的人讲领导力一样，他们很难理解到位。所以，项目管理如果能够通过实际工作去总结、去提升，在工作实践中学习和掌握是比较有效的。

1.3 项目经理的角色

1.3.1 岗位角色的认知

我通过对数百家企业的咨询和培训辅导了解到，绝大多数做项目经理的人员都是从技术岗位转行过来的，或者兼职做项目经理，专职做项目经理的较少。他们在转为项目经理岗位之前并没有系统地学习过项目管理知识，对项目经理岗位缺乏了解。那么，我们先从关注业务和关注人员两个维度将人员角色分成四类（见图 1-8），请大家来判断一下项目经理偏向于哪一个角色？

◂ **领导者**：更多地关注人员，通过发挥自己的影响力，驱动他人达成目标。

◂ **管理者**：更多地关注业务，通过业务的组织、计划和控制达成目标。

◂ **教师**：既要管人（行为纪律）又要管事（学习知识）。

◂ **执行者**：在团队中乐于作为楷模榜样，更多地发挥表率作用。

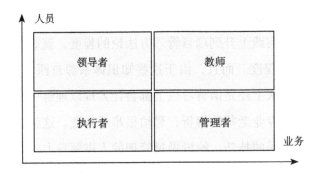

图 1-8　项目经理角色矩阵

经验表明，无论是在西方国家还是在中国，项目经理在组织中没有权力或者权力很小是一个普遍现象。通过多年的企业辅导实践我发现，企业中赋予项目经理绩效评价权的只是一小部分，项目经理在团队中很难像职能经理那样通过行政职务的权力去管理团队成员，而是更多地依赖于通过制订周密详细的计划来组织和协调团队成员的工作，所以项目经理的岗位偏向于管理者，同时更加依赖于项目经理具备非权力下影响他人的能力。多数从技术岗位转行为项目经理的人员，通常面临着比较艰难的角色转型，主要包括以下五个方面：

◀ 关系变化：从具体的业务执行者转变为团队管理者。

◀ 职责变化：从自我管理到更高要求的自我管理、管理团队业务和管理团队成员。

◀ 思维变化：从以自我意识为主转变为以组织意识为主。

◀ 心态变化：从现实主义心态调整为积极乐观心态。

◀ 技能变化：从专业技能到综合技能的转变，从要求智商在线增加到情商也在线。

通常来说完成这些转型并不容易，因为思维方式的转变是比较困难的。我在给一些企业做项目经理角色转型的培训中发现，绝大多数项目经理还停留在以前做技术的思维模式上，所以他们从事项目经理工作比较吃力。

1.3.2 项目经理的职责

项目经理的职责，其实是非常清晰的、界面分明的。很多项目经理之所以感到困惑，觉得很多业务都跟自己相关，但不知道到底要做哪些工作，是因为自己没有把多个角色分清楚，没有把角色之间的边界弄明白。比如，项目经理通常兼任项目中的其他角色（如技术开发经理）或者担任职能部门的角色，将这些职责混在一起而没有厘清项目经理的职责。如果只是单纯地作为项目经理，那么主要职责如表 1-1 所示。

表 1-1 项目经理的主要职责

分类	序号	模板	说　明	备注
管理报告	1	项目计划	项目策划阶段产生，记录项目策划所确定的组织机构、沟通方式、项目过程、估计、预算、风险管理等管理措施和具体安排	
管理报告	2	项目报告	项目执行中重复产生，记录项目跟踪监控的结果，一般每周一次	

（续）

分类	序号	模板	说　明	备注
管理 报告	3	项目总结报告	项目结束时产生一次，包括项目中的经验教训、统计数据、推荐文档等，作为项目内部验收和移交会议的陈述依据	
	4	会议纪要	项目级以上会议产生，列示项目中重要工作项的决议及措施	
管理 报表	1	项目进度监控	记录项目策划阶段和执行中所制订的详细计划以及执行跟踪信息	
	2	项目风险日志	记录项目策划阶段和执行中所识别的风险以及相关的分析、跟踪信息	
	3	项目问题日志	记录项目执行中所识别的问题以及相关的跟踪信息	
	4	项目变更日志	记录项目执行中所发生的项目变更的相关申请、审批、执行等信息	
	5	配置变更日志	记录项目执行中所发生的配置变更的相关申请、审批、执行等信息	

如果你是一名项目经理，当你感到工作上面临巨大压力甚至焦头烂额的时候，不妨对照上述职责范围描述核对一下自己的工作范围，看看是否有很多工作是其他角色带给你的，是否在角色扮演上出现了偏差，至少不能把工作上的困惑全部怪罪到项目经理这个岗位上来。

1.3.3　项目经理的能力要求

大家成为项目经理之后，非常想知道作为项目经理需要具有什么样的能力。PMBOK中提出项目经理需要三种技能，分别是项目管理专业技能、战略与商业管理技能和领导力（详细的支撑内容就没有了）。所以，作为行业的资深研究者，从企业对项目经理人才进行评价评定的角色出发，我们设定了项目经理能力评估模型（见图1-9）。特别说明一下，本书上的没有标记出处的内容都是我的原创，像这类核心的模型、工具、方法，请大家在引用时注明出处。至于各项评价指标的具体评分细则、方法以及各级别（初、中、高）项目经理的标准要求在这里就不一一阐述了。

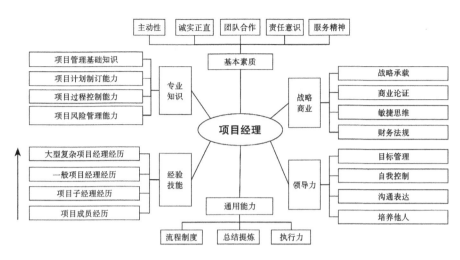

图 1-9 项目经理能力评估模型

对项目经理有两种整合能力要求：外部整合和内部整合。具体解析为外层整合是使项目目标与组织的战略目标一致，即与项目发起人携手合作，既要了解战略目标，又要确保项目目标和成果与项目组合、项目集以及业务领域保持一致，这种方式有助于项目的整合与执行；内层整合是使团队成员朝着同一目标努力，即项目经理负责指导团队关注真正重要的事务并协同工作，为此项目经理需要整合过程、知识和人员。

PMBOK 中对项目经理提出了三个层面认知的要求：一是过程层面，项目管理可被看作为实现项目目标而采取的一系列过程和活动，过程是可以进行控制的，过程间需要整合管理；二是认知层面，掌握多方面的知识与技能，将知识、技能、工具、技术灵活运用到项目中，以实现项目的预期目标；三是背景层面，项目所处的环境及历史状况与现有情况的整合与处理，考虑并利用环境因素以使项目成功。那么作为一名新晋项目经理，如何做到快速反应和转型为一名合格的项目经理呢？第一项工作就是做岗位能力要求的对比分析，包括岗位要求、能力现状、差距值、改进措施等，通过进行岗位能力差距评估找出差距项，并有针对性

地提出改进措施和计划，通过持续地学习与历练，最终成长为符合要求
的项目经理（见表 1-2）。

表 1-2　岗位能力差距评估与应对策略（示例）

序号	能力项	岗位要求	现值	差距	改进措施
1	监督员工	4	2	2	
2	绩效评估	4	3	1	
3	设定目标	4	5	0	
4	授权	4	4	0	
5	辅导	3	2	1	

产品开发流程

产品开发流程如道路，项目管理如交规，
有路可直达，无规而不畅。

2.1 管理流程概述

从一个公司的业务全局来看，组织的流程包括战略流程、业务流程和支持流程三个部分。通常来说，战略流程和支持流程的相似性是比较高的，也就是说，多数企业在战略目标制定与分解，财务、人力、运营等支持性工作方面有较强的通用性，所以这一部分流程本书不做具体阐述。在业务流程方面，由于企业的产品不同、规模不同、体制不同、文化不同等，差别较大。在当今社会，华为成为很多企业学习的榜样，那么我作为华为的老师IBM辅导国内主流车企项目组的执行经理，对IBM主导的IPD流程及华为的管理模式颇有了解，现将华为的管理框架分享给大家。华为的业务流程分为三大模块，如图 2-1 所示。

产品技术创新管理（IPD/PTIM）：市场管理（MM）、需求管理（RM）、产品开发（IPD）、研发项目管理（RDPM）、矩阵组织、绩效与激励、管理优化与变革。

营销与供应链管理（LTC）：市场线索—机会处理—投标管理—合同订单—制造发货—安装验收—回款。

问题处理（ITR）：问题来源—问题解决—问题关闭。

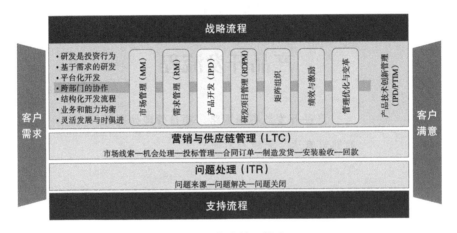

图 2-1　华为管理模式

上述流程只是华为业务流程的框架，各个模块下具体展开有非常详细的内容，例如大家所熟悉的 IPD 模块下展开，包括四个层级（见图 2-2）。

流程总图：面向项目，对全流程提供快速浏览，体现阶段和主要任务及其关系，也称"袖珍卡"。

阶段流程：各个阶段主要业务及其逻辑，指导 PDT（产品开发团队）对项目进行计划和管理，体现所有任务，描述任务间的依赖关系，建立流程和子流程、模板等之间的关系，共计 6 个。

支持流程：面向职能，主要指导各功能部门的具体开发工作，共计

17 个。

模板： 面向岗位，用于业务人员工作开展的执行输出记录，具体模板数量不详细，图 2-2 中引用的数量 480 多项为某企业整车开发模板的数量，仅供参考。

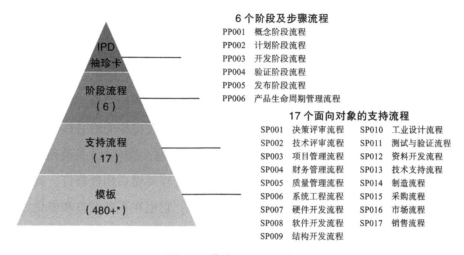

图 2-2　华为 IPD 流程清单

华为的业务流程梳理获得成功，成为业界的典范，但任何管理模式都必须结合企业实际情况，2009 年任正非曾说，西方公司在中国的失败在于照搬西方管理。IPD 不是一套固化的思想、流程、子流程、组织架构、激励机制，更不是各种纷繁复杂的工具、模板、表单和考核指标。IPD 是灵活发展的，必须在不断汲取业界最佳实践和解决业务问题的过程中与时俱进，因此华为目前运行的 IPD 与 1999～2003 年在 IBM 咨询顾问指导下引入的 IPD 已经有非常大的不同。流程的构建是一个持续改进的 PDCA 循环，华为从 1999 年开始导入 IPD 流程，到 2016 年才提出"日落法"将流程相对固化下来，足见其持续改进的道路有多长。华为在 20 年的流程推进过程中形成的有代表性的七条准则是它的核心文化之一，是值得我们学习的，具体如下：

◀ 研发是投资行为。

◀ 基于需求的研发。

◀ 平台化开发。

◀ 跨部门的协作。

◀ 结构化开发流程。

◀ 业务和能力均衡。

◀ 灵活发展与时俱进。

我们很多企业都在学习华为的管理模式，但是不能完全照搬。现在还有一些大型整车企业很迷信华为的管理模式，在把华为的 IPD 流程照搬过来，这是一种比较可怕的现象。我上面已说过，战略和支持流程通用性强一些，业务流程则要根据产品来设计。流程要做适用性修订，就像华为现在的流程与开始相比有很多改变一样，它也在不断调整和变化以适应业务的需要，同样我们也需要构建适应实际情况的流程体系。特别说明一下，在没有流程的时候，把现有的流程用起来就是好流程，之后再考虑持续优化的事情，正如任正非所说，"先僵化、后优化、再固化"。我们给多家企业做过咨询辅导，给很多企业梳理过流程体系，现在把制造业适用的业务流程框架拿出来分享给大家，希望我们的成果能够帮助各位所在企业的进步成长。一个典型的公司业务流程框架如图 2-3 所示。

2.2　产品规划流程

在企业中多数人参与的都是产品研发工作，这在公司的整个业务价值链中属于执行端的业务，而执行的前端需要进行战略制定与产品规划。所以产品规划是基于市场需求研究到产品开发过程的衔接，具体包括市场研究、业务战略、产品战略、产品规划、产品组合和产品定义的过程。

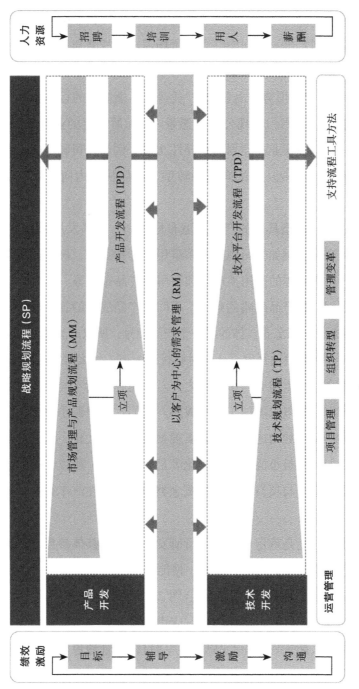

图 2-3　典型的公司业务流程框架

市场研究：是对广泛的市场需求进行收集、分析、筛选和匹配的系统方法，从而制定出一系列能够满足市场需求的战略与行动计划。通过这种方法，相对来说能够帮助企业聚焦于有价值的商业机会，避免"凭感觉"做决策、"凭形势"出业绩、"凭运气"端饭碗的行为。

业务战略：是指为实现公司的愿景 / 目标而制定的业务发展策略，是指导企业制订各项业务计划的指导性文件。例如公司确定的"制造业向服务业转型、产业从低端向高端转型、市场从国内向海外转型"等战略。

产品战略：是指具体的产品类型布局规划，包括发展哪一类产品，淘汰哪一类产品。例如公司规划的军事用品包括哪些，民用产品包括哪些，民用产品中具体的商用类产品和乘用类产品布局等。

产品规划：是产品战略的延伸，不同于产品战略的管理对象是产品类型，产品规划的对象是具体的某一个产品型号，所以产品规划具体到某一个产品什么时候启动开发，什么时候投产上市，什么时候退出市场等。

产品组合：有大组合与小组合之分。大组合是指不同类型产品的组合，所以大组合的概念类似于产品战略。我们这里强调小组合，小组合是指同一类产品中如何通过细分来实现项目效益最大化，从客户的角度来说，就是如何用最小的成本最大化满足客户需求。所以，产品组合和行业里的项目组合与项目集管理的概念类似，但是在汽车行业称为产品组合管理。

产品定义：就是确定这个要进行研发的产品的具体参数，例如确定一款整车的外观尺寸、功能、配置、性能要求等。

上述是产品规划流程，那么结合图 2-4 某国际主流汽车整车企业的全业务链流程案例来看，商业信息对应市场研究，战略则包括业务战略和产品战略，长期规划是指产品规划，项目组合管理包含产品组合，而产品定义在实际项目开发过程中属于计划管理阶段，企业的实际做法与流程是吻合的。总结来说，前端流程中，战略阶段是确定"正确的方位、正确的市场、正确的时间"，策略阶段是确定"做正确的事情"，而执行阶段只需要"把事做正确"。

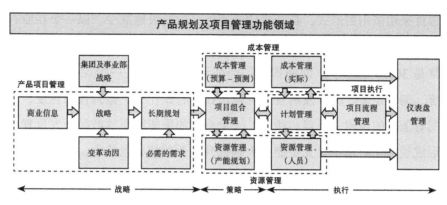

图 2-4　某国际主流汽车整车企业的全业务链流程概览

2.3　产品开发流程

在绝大多数企业中，产品开发是投入最多、管理难度最大、流程最为复杂的一个系统。一个产品的开发需要多个不同部门和角色的配合，如果没有良好的协同机制和操作规范，必然引发混乱，造成产品开发项目的失败，进而影响整个公司的业绩。所以许多公司都把厘清产品研发流程作为重中之重。我基于整个制造业的视野，将几个有代表性的流程进行总结与梳理，它们分别是大型复杂产品开发（如整车）、中型复杂产品开发（如发动机、机床设备）、小型简单产品开发（如零部件）、快速迭代类产品开发（如电子产品）。特别说明一下，如果你们的产品跟我列举的一样，那么产品开发流程基本上是可以引用的；如果你们的产品只是类似于我列举的某一种情形，那么可以参照这类流程，按需要进行修订匹配后使用。

2.3.1　大型复杂产品开发流程

　　大型复杂类产品开发，我以汽车整车产品开发为例来做解析。汽车是一个由上万个零部件组成的集成产品，目前，实际开发时绝大多数零部件采用借用的形式，新开发的专用件呈数量级地减少。以一个在原有平台上对外观造型进行全新设计的一款车为例，新开发的专用件数量通常是 300～500 个。即便如此，产品开发过程也是一个庞大的复杂系统，需要定义产品开发的各业务模块在何时做什么，做到什么程度，之间有怎样的逻辑关系等。所以，一个企业如果能够厘清产品开发流程并形成规范化的体系，无疑能够大幅提升企业的核心竞争力，也为企业走向成功铺设了阶梯。

　　作为一个在汽车行业有近 20 年工作经验的从业者，我几乎收集了所有主流整车企业的开发流程，而且主导过多家整车及零部件企业的产品开发流程再造（BPR）项目。我综合多家整车企业的产品开发流程系统整合出一个有代表性的产品开发流程（见图 2-5），整车开发流程依据一款全新产品开发 3 年左右的周期来设计，按照管理主体的不同，分为3 个阶段、12 个节点。虽然产品开发项目一般都会成立项目团队来实施，整个项目由项目经理来主导和推动，但是项目团队背后依然需要职能部门的支持，所以设计成 3 个阶段的依据是，这 3 个阶段的业务可以对应到 3 个不同的职能部门。产品定义与方案阶段由产品规划经理背后的产品规划部门主力支持，设计开发与验证阶段由开发经理背后的研发部门（或称为"研究院""技术中心"等）主力支持，生产启动与投产阶段由制造工厂主力支持。

　　产品开发流程中各个节点都有明确的定义，在我辅导的多个咨询项目中，对产品开发流程阶段各节点的定义都有详细的描述，在这里只是做一个简要的提炼。

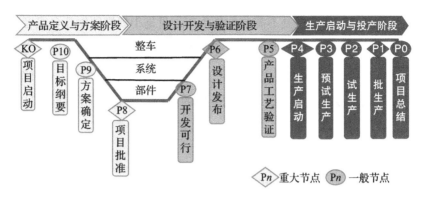

图 2-5　典型整车产品开发流程图

KO 项目启动：按市场规划的输入，正式立项启动项目。

P10 目标纲要：确定产品的主要框架性目标和项目要达成的目标，进行初步的可行性分析。

P9 方案确定：确定产品的各项指标，并将指标分解到系统、模块，选定方案，进一步分析项目的可行性。

P8 项目批准：经过方案论证，项目具备可行性，正式确认项目目标，并批准项目实施。

P7 开发可行：经过原型数据的虚拟分析论证，产品开发可行。

P6 设计发布：实物验证后更新的数据陆续发布，用于工装模具的开发。

P5 产品工艺验证：此为工装模具的开发与产品验证过程，整车产品可靠性验证进行中。

P4 生产启动：产品验证后数据冻结，评估生产准备的条件。

P3 预试生产：工装设备入厂上线安装，对生产线进行联动调试。

P2 试生产：进行试行生产，验证生产线的功能，以实现质量稳定。

P1 批生产（SOP）：完成节拍验证，开始批量生产。

这里所展示的大型复杂产品是批量制造的，如果大家所在企业生产的是大型复杂产品，但是不需要批量生产，只是小规模地做几台或者几十台，这种非标定制化产品并不需要通过生产流水线来生产，所以，需要对流程的生产启动与量产阶段进行简化。具体的简化方法很简单，合并节点、简化交付物，没有生产连线和节拍验证的过程，只需保证质量就可以了。

2.3.2   中型复杂产品开发流程

很多企业的产品开发相对于上述整车产品开发来说，复杂程度要低一些，周期要短一些，或者说不需要那么多的管理控制点，那又如何去设计产品开发流程呢？这里我将发动机作为这类产品的代表来做分析。当然，发动机的开发周期并不短，但管理控制点是可以相对少一些的。

纵观国内外多数发动机的产品开发流程，并不像整车产品开发流程那么统一。虽然各整车企业都有自己的产品开发流程，表面上看大家都不一样，但是它们的内在内容基本是一致的。发动机的开发流程则相差较大，有的企业直接套用整车的开发流程，有的企业则在整车的开发流程上做了剪裁，这两者都不太理想。所以我综合多家企业的流程，梳理出以下这个比较通用的版本（见图 2-6）。整体流程按 7 个控制点设计，如果最后的项目总结节点不计，主体流程是 6 个控制点。各节点名称及关键任务简单阐述如下。

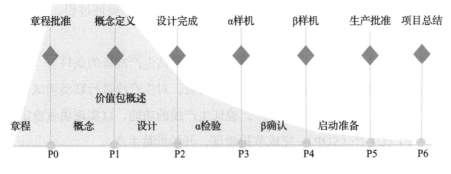

图 2-6   中型复杂产品（发动机）开发流程

P0 章程批准：进行项目立项申请并获得批准。

P1 概念定义：完成产品概念与定义，完成项目实现保证及具体实现计划。

P2 设计完成：完成数据设计与评审确认，实现稳健设计。

P3α 样机：完成 α 样机，并验证方案是可行的。

P4β 样机：完成 β 样机，并验证制造是可行的。

P5 生产批准：完成生产准备和小批量生产验证，批准可以量产。

P6 项目总结：项目结题关闭，进行知识经验总结。

这个流程明显简化了很多，之所以整理出这个中型复杂产品开发流程，是因为这个流程比较适用于多数工业品企业，而且没有复杂的批量生产验证环节，适用于不需要批量生产验证的非标产品开发项目。

2.3.3 小型简单产品开发流程

小型简单产品开发最有代表性的就是美国汽车工业小组（AIAG）发布的五大质量工具之一——产品质量先期策划（advanced product quality planning，APQP），如图 2-7 所示。APQP 是用来确定确保产品满足顾客要求所需步骤的结构化方法，从产品的概念设计、设计开发、过程开发、试生产到生产，以及全过程中的信息反馈、纠正措施和持续改进活动。其最大价值在于将有限的资源充分合理地运用，将资源放在主要过程，促进早期问题的发现与更改，避免后期发现问题时已造成损失。

APQP 的标准翻译虽然是"产品质量先期策划"，但是我更习惯把它称为"零部件产品开发流程"，它是多数汽车零部件企业普遍适用的产品开发流程。它把产品开发过程分成五个阶段，即计划和确定项目、产品设计开发和验证、过程设计开发和验证、产品和过程确认，以及反馈、评定和纠正措施，每个阶段的主要目标如下。

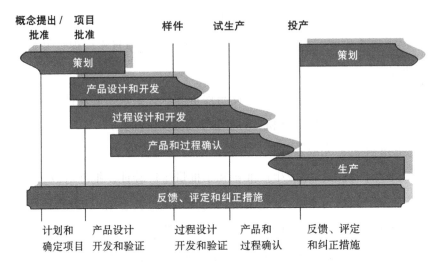

图 2-7　小型简单产品（零部件）开发流程

计划和确定项目：识别顾客的需要和期望，了解、收集项目所需的各种信息；确定顾客的需要和期望，并将顾客的需求转换成可衡量的设计目标和质量目标，以提供比竞争者更好的产品和服务；策划和定义质量项目，评审并规避项目的风险。

产品设计开发和验证：包括确定计划过程中设计特征与特性发展到最终形式时的要素，涵盖从样品制作到验证产品/服务满足客户要求的所有环节。可行的设计应满足产能、交期和工程要求，并兼顾满足质量、可靠性、投资成本、重量、单件成本和进度等目标要求。

过程设计开发和验证：包括开发有效的产品实现过程系统，以确保能够满足顾客的要求和期望。

产品和过程确认：通过试产评估来验证制造过程的主要特性，在量产前测试，查找和解决所有可能影响产品质量的问题。

反馈、评定和纠正措施：本过程的目的是产品批量生产之后确保产品的一致性得到保障。对产品在制造中存在的变异进行原因查找分析，对计量和计数数据进行评估，评估质量策划的有效性，调整生产控制计划以满足客户要求。

APQP 不同于其他产品研发流程的一点在于，APQP 中的 10 项原则，包括项目管理的思想和方法，在使用 APQP 工具时是要关注的。这 10 项原则比较简单，所以我只做一个简单的诠释。

◀ 组成小组：在组织的职能部门中通过组建虚拟小组的形式来推进项目。

◀ 确定范围：明确与项目有关的事项，包含且只包含哪些事项。

◀ 顾客和供方的参与：建立组织与顾客以及组织与供方小组之间的联系。

◀ 培训（要求与技能）：对于参与项目的人员进行必要的技能培训。

◀ 产品质量进度计划：明确产品质量各业务模块要做什么，做到什么程度。

◀ 与进度相关的计划：除了项目进度计划之外的其他计划，如资源管理计划、沟通管理计划、风险管理计划等。

◀ 同步工程：强调在设计开发过程时，制造开发业务提前介入，实现同步实施。

◀ 组对组沟通：各项目小组之间信息共享，知识经验传承与分享。

◀ 控制计划：对零件和过程进行控制的书面描述，包括样件、试生产和投产三个阶段。

◀ 问题解决：强调开发过程中的问题解决，采用小组和多方论证的方法，尽量早期发现和解决问题。

关于 APQP 的内容我就不做过多阐述了，因为这个工具在汽车行业是一个非常成熟的"通识性"工具，也有很多培训课程介绍 APQP 及其使用方法，这也是我的主讲课程之一，大家如果想进一步了解，可以去学习这门课程。

2.3.4　快速迭代类产品开发流程

关于快速迭代类产品的开发，最具代表性的流程当数华为的 IPD 流程。华为 IPD 流程是全生命周期管理的概念，包括前期的产品规划、中期的产品开发管理、后期的生命周期管理的全过程。中期的产品开发管理有明确的阶段与节点定义，各阶段设置及主要交付内容如图 2-8 所示。

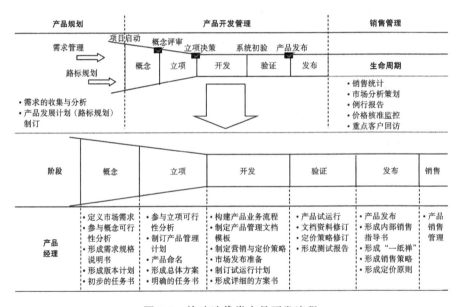

图 2-8　快速迭代类产品开发流程

产品开发管理过程其实是在反复回答两个问题：第一个问题是我们能不能开发出一款满足顾客要求的产品，我们称之为"需求满足主线"；第二个问题是我们能不能制造出来，从而实现我们的商业目标，我们称之为"商业价值主线"。我们从这两个维度来看一看各阶段的定义。

概念阶段：需求满足主线——明确和基线化产品需求，在此基础上构思和完善产品概念或总体方案。商业价值主线——明确商业目标和各领域策略，进行盈利分析，形成初始产品包 / 解决方案业务计划（IO/ SBP），进行概念决策评审。

立项阶段：需求满足主线——细化总体方案，即系统设计。如果系统由不同的子系统构成，还需要进行子系统设计——概要设计。商业价值主线——制订各领域的详细实施计划，特别是产品开发计划、市场营销计划、供应链计划。最终，形成产品包 / 解决方案业务计划，进行决策评审。

开发阶段：需求满足主线——分别进行各子系统的详细设计，在此基础上构建各子系统。同时进行模块和子系统测试，最后在企业内部测试整个系统。商业价值主线——实施产品开发计划，着手构建 / 优化能够支撑订单履行的供应链、售后服务、质量保障、营销等体系。着手制订营销计划和上市计划，进行财务核算和评估，更新盈利计划，进行上市预评估。

验证阶段：需求满足主线——对产品进行验证，包括客户验证、第三方认证、监管机构认证等。同时对企业内部的供应链系统进行验证。商业价值主线——继续实施产品开发计划，构建 / 优化能支撑订单履行的供应链、售后服务、质量保障、营销等体系。制订营销计划和上市计划，进行财务核算和评估，更新盈利计划，进行上市决策评审。

发布阶段：需求满足主线——产品上市或交付给委托方，最终满足产品包 / 解决方案需求。商业价值主线——实施上市计划，产品逐步上量销售，通过各领域的日常运营，实现商业目标，不断优化产品包 / 解决方案业务计划。

2.4 技术规划与开发流程

关于技术规划与开发管理，大多数人想到这部分内容时总感觉很虚，没什么内容。这是因为大多数企业的主要业务集中在产品开发过程，而在技术规划与开发阶段投入的资源和精力都是非常有限的。另外，也因为技术开发投入巨大，而短时间内又难以看到效益（见图 2-9）。由于在技术与产品预研方面投入较小，也没看到大量有价值的输出，所以相对来说，管理机制也相应地参考借鉴产品开发的管理机制。

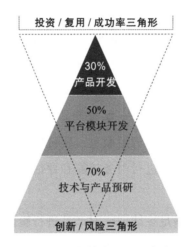

图 2-9　产品开发与技术开发投资效益对比

　　技术规划同样有相对规范的流程，前端接市场研究，主要阶段包括技术分析、制订技术开发计划、管理技术开发计划三个阶段。虽然技术开发也需要团队，但是不会像产品开发那样需要那么大的团队，主要集中在研发部门，所以流程的复杂程度相对较低。技术开发工作的管理基本上也是偏向于微小项目管理，甚至日常工作项目的管理。

　　技术开发的流程（见图 2-10）实际上可以看作产品开发流程的剪裁版。剪裁从两个维度进行。一方面是阶段的剪裁，显然技术开发流程没有发布阶段，而是未来面向产品的推广应用。至于验证，则要视情况而定，有的技术在开发交付后，在还没有搭载产品前，如果有可行的验证手段就可以进行初步的预验证，否则需要等到搭载产品开发时才能进行验证，而实际上还是要以最终搭载产品上的验证为准。另一方面是流程角色的剪裁，如市场、销售、生产、质检、采购、财务等人员可能不需要，那么就要根据实际情况对这些角色进行剪裁，所以技术开发多数情况下采用的是小项目管理模式。

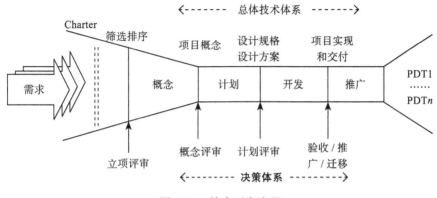

图 2-10　技术开发流程

注：Charter = 项目开发计划书。

　　介绍完上述产品规划、产品开发以及技术规划与开发的流程，我相信它会让大家对自己企业的流程现状有所启发。因为通过咨询辅导我发现，绝大多数企业没有规范化的产品开发价值链流程体系，其中不乏国内的主流整车企业，它们时而借用这家标杆的流程，时而学习另一家标杆的流程，经常是谁当大领导就推行其原来所在企业或者其熟悉的流程体系，这势必导致企业管理混乱不堪。我想很多人已经体会到了流程未结构化之苦，大家都期望有一套统一结构化的流程来规范和指导工作，所以如何构建公司的产品开发价值链流程就成为大家面临的一个问题。我们到底要不要导入产品开发价值链流程？什么样的情况下才更加适合导入该流程呢？在培训和辅导企业时，我通常和大家从四个方面探讨：一是项目的周期长短；二是团队的范围和规模；三是组织内的项目多少；四是有没有平台化的可能。你需要根据企业自身的情况特点来确定。

　　至于流程体系的构建，这可不是一个简单的事情。例如公司质量管理体系的构建或者产品开发流程的构建，对于公司来说都是革命性的事件，要谨慎决策和实施。无论是以质量管理体系 ISO9001 和 IATF16949 为出发点通过"过程方法"来构建质量管理体系，还是以行业标准为出发点进行产品开发流程的再造，都是系统性的重大工程，并且要从最顶层（Level 0）的业务框架一直往下构建，包括业务模型（Level 1）、业务流程（Level 2 ～ 4）直到最后的作业手册 / 表单，这样才能保障流程落地（见图 2-11）。只有这样构建起完善的流程体系，才能通过业务流程层层分解业务目标，才能将流程体系转化为执行的标准，管理和约束员工的行为，这就是所谓的企业管理机制。至于具体构建质量管理体系或者进行产品开发流程再造，最好还是通过咨询项目解决，内容很多很复杂，我就不在此——阐述了。

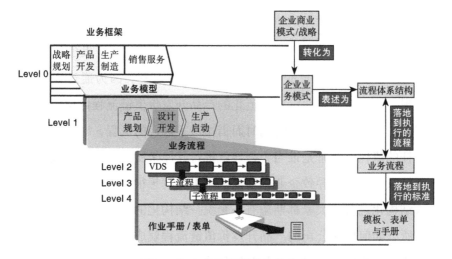

图 2-11   企业流程体系构建方法

| 第 3 章 |

Chapter 3

项目规划与选择

选对方向比努力更重要。

3.1 企业战略规划

本书的主题是项目管理，那我为什么谈企业的战略管理呢？我们还是来看一下PMI的组织级项目管理成熟度模型（OPM3）（见图3-1）。先解释一下，什么是愿景/使命，什么是战略目标。简单地说，"愿景/使命"是组

资料来源：PMI的组织级项目管理成熟度模型（OPM3）。

图 3-1 组织级项目管理成熟度模型

织或个体期望达成的一种状态的概念性构想；"战略目标"是组织或个体追求与要达成的具体量化的结果。也就是说，组织的愿景／使命更加宏观，而战略目标更加具体。从图 3-1 可以看出，所有项目的最终目的是支撑组织愿景／使命和战略目标的实现，也就是说，所有项目来源于组织的愿景／使命和战略目标的触发。所以我们在谈项目之前，先谈一谈企业的战略目标管理。

传统的管理方式是根据企业过去的经营情况与现在的发展状态来决定企业未来的发展方向，战略管理则是根据未来可能发生的变化和挑战来思考当下需要做什么来应对。普林斯顿大学博弈论专家阿维纳什·K.迪克西特在其著作《策略思维》中提出了一个重要的哲学思想和理念：战略管理是"向前展望，向后推理"。也就是说，先要基于未来向前思考，确定一个未来要奋斗的目标，再倒过来推理如果去实现这样的目标，需要我们做什么。换句话说，战略管理是面向未来的管理，这个观点与《高效能人士的七个习惯》的作者史蒂芬·柯维的"以终为始"是非常吻合的。

至于如何制定公司的战略目标，这要结合社会的宏观环境、行业的发展趋势及企业自身的状况，进行系统化的分析才能确定，所以我在这里不去详细探讨如何制定公司的战略目标。但是我要强调的是，组织的战略目标管理是非常重要的，一个开展战略目标管理的企业，基本上能够从容面对未来的挑战，更好地把握住市场机遇，从而获得长期稳定的发展，至少不会出现"突发性死亡"；一个没有开展战略目标管理的企业，通常只是活在当下，对未来则处于一种未知的被动应对状态，其结果是勉强艰难地维持现状。

庆幸的是，从我的工作经历和辅导过的企业来看，多数企业的战略管理做得还是不错的。这也可能是因为我工作和辅导过的企业多数是龙头企业，得益于中国的传统文化，相当多企业的高层管理者比较喜欢做战略规划，虽然在落地执行层面稍差了一些，但是规划做得还是不错

的。我们来看一个例子，某企业的"十三五"规划的目标是 2020 年成
为行业领导者，业务结构上民用产品占绝对优势，规模上中高端产品总
销量第一，同类产品市场占有率第一，如图 3-2 所示。具体包含五个要
素：一是竞争位次第一梯队；二是中高端产品销量规模行业第一；三是
盈利水平行业中上；四是品牌价值行业第一；五是行业标准制定者。战
略目标则根据国家层面的五大转型制定了五大发展方向：第一是军用产
品类向民用产品类转型；第二是制造业向服务业转型；第三是低端向高
端转型；第四是国内向海外延伸；第五是业务上下游价值链拓展。这个
战略目标是基于国家"十三五"规划的方向制定的，如果公司按照这个
既定的战略目标去实施，未来不会出现方向性的大问题。现在"十三五"
已经结束，我们回过头来从实际结果和数据来看，这是明智的布局。

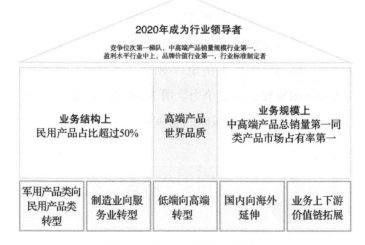

图 3-2 典型企业战略目标模型

3.2 市场竞争分析

企业战略是企业的宏观布局，是确定企业未来的发展方向，是策略

性的而不是措施性的。它好比在一幅业务地图上画了一个圈，我们在这个圈里发展，而这个圈就是企业未来长期参与市场竞争的区域，我姑且称之为"细分市场"，那么在这个细分市场上具体要打造一个什么样的产品，还需要进一步进行市场竞争性评估分析。市场竞争性评估分析采用的典型工具为"市场竞争性评估矩阵"。特别说明一下，我们常见的工具是产品竞争力评估矩阵，它是以产品为主体的分析工具，而市场竞争性评估矩阵是以组织为主体的分析工具，两者大不相同。

　　我们来看市场竞争性评估矩阵（见图 3-3），一个维度为市场引力，即这个市场的发展趋势，包括市场规模、市场增长率、利润潜力、竞争对手数量及市场份额、进入威胁（资金、技术等）、客户对价格的敏感度、市场对公司的战略价值等。比如 2002 年以后快速发展的互联网、2005 ~ 2015 年的中国房地产、近 5 年来的互联网教育，都属于高市场引力的领域。另一个维度为竞争地位，包括公司历史收入及增长情况、与最佳竞争对手在 $APPEALS 上的对比、与业界标杆企业的差异程度 LACU 分析等。比如长城汽车在 SUV 领域、比亚迪在电动车领域、华为在自动驾驶领域有较强的竞争力。图 3-3 中的 A、B、C、D、E 分别表示公司（产品）处于不同区域时的竞争力。

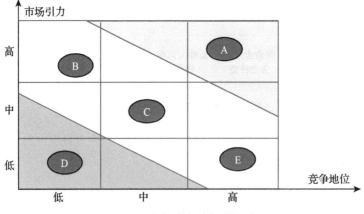

图 3-3　市场竞争性评估矩阵

市场竞争分析的目的是搞清楚市场容量及发展趋势，搞清楚竞争对手的状况、客户的需求、购买力等诸多因素，以便公司对是否在这一细分市场参与竞争做出决策。市场竞争分析的内容及使用的工具方法如下。

1. 营销环境分析

营销环境是指直接或间接影响组织营销投入和产出活动的外部力量，是企业营销职能外部不可控制的因素和力量，如竞争、经济、政治、法律规定、技术和社会文化等。这些因素和力量是与企业营销活动有关的影响企业生存和发展的外部条件。这里所说的外部，是指企业的外部，有时也指企业营销部门的外部。营销环境可以分为宏观营销环境和微观营销环境。宏观营销环境是指影响微观营销环境的一系列巨大的社会力量，主要是人口、经济、政治与法律、科学技术、社会文化及自然生态等因素；微观营销环境是指直接影响与制约企业营销活动的各种国家和力量，多半与企业有或多或少的经济联系，也称"直接营销环境"。

2. 环境威胁与市场营销机会分析

环境威胁是指企业所处的环境中阻碍企业发展、对其发展趋势带来挑战、对企业的市场地位构成威胁的因素。企业的环境威胁是客观存在的，企业有责任和义务对企业所处的环境进行系统的扫描，识别并记录对企业有不利影响的环境因素，并作为企业发展创新决策的依据。市场营销机会是环境威胁的对立面，是从未来的趋势看对企业营销富有吸引力和具有竞争优势的领域或动向。企业同样有必要对这些机会加以识别，并分类记录每个机会的可获得性及成功概率，并确定是否投入资源以匹配这些机会。

3. 企业微观营销环境分析

企业微观营销环境分析包括对企业内部、市场营销渠道客户、顾客、竞争者和社会公众的分析，其中竞争者分析应包括对愿望竞争者、属类竞争者、产品形式竞争者、品牌竞争者等多个方面的分析。企业的微观营销环境是大家比较了解和比较好把握的因素，相对来说比较容易对其进行影响和控制。

4. 企业能力分析

在做市场竞争分析时我们自然会关注市场趋势及竞争对手状况，但由于我们自以为对企业自身的状况很了解，一般不会花较多时间做自我剖析，以更准确地掌握企业自身的状况，所以我们对自身情况的掌握有可能不及我们的预期，因而对企业自身能力的分析还是有必要的。进行企业分析诊断的常用工具是企业能力分析7S法，分析维度包括共同的价值观（shared value）、战略（strategy）、企业风格（style）、组织结构（structure）、人力资源（staff）、人员技能（skill）、系统（system），如图3-4所示。

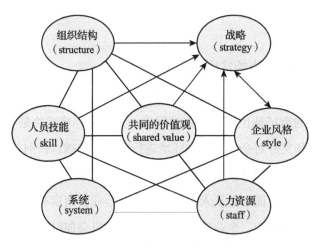

图3-4　企业能力分析7S法

共同的价值观：企业共同追求的使命或目标是什么，我们为什么存在，我们的存在对于其他人或组织能产生什么价值。

　　战略：企业从全局考虑，统筹谋划实现长远目标的规划。战略是一种长远规划，是远大的理想目标，战略实现的时间往往比较长，这是在制定战略时必须考虑的问题。

　　企业风格：企业风格主要包括但不限于企业上下级部门的授权程度、企业文化等。

　　组织结构：企业的组织结构形式，自上而下的管理组织，集团、事业部的模式以及一个组织内部的部门设置等。

　　人力资源：企业的人力资源状况，人员类型，不同层级、类型人员的规模数量等。

　　人员技能：各类人员受教育的程度、经验、能力状况等。

　　系统：企业的管理流程、制度等管理体系文件。

　　5. 行业竞争态势分析

　　行业竞争态势分析主要使用"波特五力模型"，也称"5F 竞争力分析法"（见图 3-5），是迈克尔·波特（Michael Porter）于 20 世纪 80 年代初提出的。5F 竞争力分析包括现有竞争强度、买方、卖方、潜在竞争者和替代品五个方面，都从竞争性的角度分析，如现有竞争强度是指行业内竞争者现在的竞争能力，买方是指购买者的讨价还价能力，卖方是指供应商的讨价还价能力，潜在竞争者是指潜在竞争者进入的能力，替代品是指替代品的替代能力。

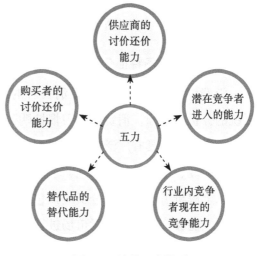

图 3-5　波特五力模型

6. 企业宏观营销环境分析

宏观营销环境分析是企业制定战略时常用的手段，一般使用 PESTEL 分析模型（见图 3-6），即从政治、经济、环境、法律、技术、社会六个方面做全面的分析。

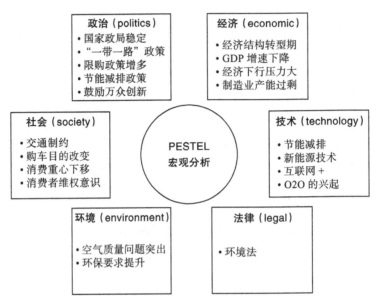

图 3-6　宏观营销环境 PESTEL 分析模型（以汽车行业为例）

7. 消费者市场特征分析

消费者市场特征分析是对消费者的特征、行为模式及决策行为做系统的分析。例如，消费者是习惯性购买还是复杂性购买，是否受营销刺激，市场是否具有广泛性、分散性、复杂性、易变性、发展性、情感性、伸缩性、替代性、地区性、季节性等特点。

以上解析了市场竞争分析应该包含的内容及具体的工具方法，如果一个企业能够从多个维度对市场进行系统的分析并形成数据，持续更新并长期积累，相信该企业能够对市场有深入的研究和把握，能够精准地把握市场机会。

3.3　项目评估与选择

在对市场进行了充分的分析与评估后，下一步就是具体规划与选择对哪一个产品立项开发。项目的评估与选择应该从两个维度去评估和分析：一方面从市场竞争的角度去评估和分析，我将其称为产品竞争力评估；另一方面从组织利益角度去评估和分析，即我们为什么要做这个产品，我将其称为"项目价值评估"。二者缺一不可。

3.3.1　产品竞争力评估

产品竞争力评估代表性的工具是 $APPEALS 分析法（见图 3-7），$APPEALS 由八个一般客户购买产品的重要理由的首字母组合而成，具体为价格（price）、可获得性（availability）、包装（packaging）、性能（performance）、易用性（ease of use）、保证（assurances）、生命周期成本（life cycle costs）、社会接受程度（social acceptance）。

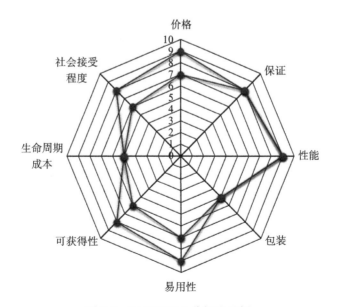

图 3-7　$APPEALS 分析法示例

价格（$）：指产品最终客户购买的价格，需包含获得成本等。比如买一辆沙滩车，这类产品不在经销商处销售，而是通过网络销售，由于道路法规的限制，这类产品在物流发达的城市地区不能使用，使用场所之一的农村山区物流又不能直达，产品通过网络销售到这些地区时，中间的物流周转成本在总成本中占相当的比例，因此这个成本就要包含到产品的价格中。

可获得性（A）：指客户是否可以通过方便的途径购买到产品，或者指产品的销售渠道是否畅通。也许我们有很受欢迎的产品，可是如果客户需要的时候我们不能交付，或者客户需要克服很多困难才能买到，那么这种产品在市场上是难以成功的。还是以购买沙滩车为例，"我想在我所在的城市找销售店体验一下沙滩车，结果经销商反馈没有货，甚至我提出去产品生产地体验产品都行不通"。这就是可获得性差的表现，像这样的销售渠道和体验，产品很难打开市场。

包装（P）：包括外观造型及其他配置。这一点在很多电子产品和食品、日用品上发挥得淋漓尽致。例如手机、笔记本电脑，以及月饼、酒类等，在外观造型及包装上都下足功夫，就是为了提升体验。

性能（P）：指产品的性能指标是否先进，在同行中技术水平的高低，包括功能、可靠性、耐久性、可维护性等。对于很多产品，性能是客户购买的最为重要的原因，但不是决定性原因。

易用性（E）：是考查产品操作是否简便的指标。20 世纪 90 年代的"傻瓜相机"，就是一个很成功的易用性促进了产品市场普及的例子。现在有些家电产品在易用性方面对老年人显得不友好，这也是老年人不愿意更换电子产品的原因之一。

保证（A）：产品用起来是否让人放心，比如出了问题是否能够得到很好的解决。所以企业要注意，要对产品承诺怎样的售后服务，是否能够及时兑现这种承诺。比如现在有些电动汽车企业提出"终身维护保养"的口号，就是为了让用户放心使用，从而促成购买。

生命周期成本（L）：指为拥有产品所需的总费用，即客户在从购买到废弃该产品的整个过程中的全部投入，包括购买花费和维护开销等。比如汽车就是典型的要考虑生命周期成本的产品，以一般家用轿车（15 万元）使用 10 年来估算，其生命周期成本通常是购车价格的两三倍。特别说明一下，普通车和豪华车后期的维护保养费用差别很大，在这个方面我们关注的一个指标是"零整比"，即在售后市场更换所有零部件的费用总和占购买一辆整车的费用的比例。有的车企零整比高达 600% ～ 700%，这样的产品就要留意了，显然它们采用的是通过售后市场攫取暴利的商业模式。

社会接受程度（S）：反映产品在同类产品中是否处于领导地位，同时也反映产品的提供者在客户心目中的地位和印象，即产品及其提供者在社会上的形象和声誉，主要体现在产品品牌和口碑方面。比如手机领域的苹果和华为，就有比较好的品牌形象和口碑，有比较高的社会接受程度。

为了便于大家更好地理解和应用 $APPEALS 分析法，我以汽车为例进一步解析，如表 3-1 所示。

表 3-1　$APPEALS 分析法解析示例（以汽车为例）

维　　度	解　　析	示例说明
价格（$）	客户购买产品付出的成本，包括获得成本等	裸车价（产品销售价格）、税收等
可获得性（A）	客户是否可以方便快捷地获得产品	经销商数量、布局以及货品的储备数量等
包装（P）	产品的外观造型及产品包装形式（含包装盒）	造型、内饰、颜色、皮纹、材料及装饰品等
性能（P）	产品功能、可靠性、耐久性、可维护性等	满载重量、扭矩、百公里加速时间、制动距离等
易用性（E）	产品是否操作简便	操控面板人性化设计、人机交互设计、自动驾驶等级等

（续）

维　度	解　析	示例说明
保证（A）	产品使用起来是否让人放心	产品不易出问题，出了问题以后售后服务维修方便
生命周期成本（L）	产品从购买到后续使用的所有成本的总和	油费、维修保养费、各类保险、年检等费用
社会接受程度（S）	社会上大众如何看待产品	品牌认知程度、口碑评价等

在运用 $APPEALS 分析法分析产品的竞争力时，一般来说要对多个产品进行类比分析，对比评价哪个产品更具竞争力。在分析单一产品时则选择竞争对手的产品进行对比分析，以判断分析产品是否具有竞争优势。在评估分析产品竞争力时，可以依据公司对各个维度的关注度不同对每个维度赋予不同的权重，并且要关注是否存在短板项。

3.3.2　项目价值评估

产品竞争力评估的一个维度是从客户的角度去思考，我们策划的产品是否充分考虑到了客户的需求；另一个维度是，我们做这样一个产品，对于组织本身是否"有利可图"，毕竟企业有利润才可以持续发展。所以企业要从自身利益出发，系统分析立项开发这样一个产品是否可行，可以使用项目价值评估雷达图（见图 3-8），从经济回报、战略符合度、战略力度、商业成功概率、技术成功概率五个维度进行系统评价。

图 3-8 中五个维度共有 19 项评价标准，企业在对多个项目进行规划与选择时，可以用项目价值评估雷达图对多个项目的各项指标进行评估、排序，以确定项目的优先级，为公司项目的规划与选择提供决策依据。详细操作方法如表 3-2 所示。

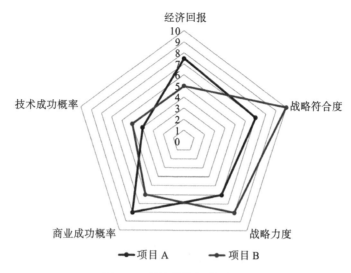

图 3-8　项目价值评估雷达图

表 3-2　项目规划选择评估工具表

序号	指标	评价标准	权重	项目 A	项目 B	项目 C	备注
1	经济回报	略	20%	15 亿元（1）	1.2 亿元（20）	×	
2	战略符合度	略	10%	×	×	×	
3	战略力度	略	10%	×	×	×	
4	商业成功概率	略	30%	×	×	×	
5	技术成功概率	略	30%	×	×	×	
项目得分							
项目优先级							

| 第 4 章 |
Chapter 4

项 目 启 动

良好的开端是成功的一半。

第 3 章我谈了项目的规划与选择，这些对项目进行的分析与评估通常都是部门的日常业务，即便有公司管理层参与，也由于信息不全面，不能也不会作为公司的决策意见。所以，项目如果要正式启动，需要进行项目的立项申报，走立项审批的流程。

4.1　项目立项

企业中项目的立项审批不同于那些申报政府审批的项目，报政府审批的项目通常来说各方面都已经准备就绪，等审批下来就可以直接开工了，而企业中的立项审批是一个厘清项目信息、获得管理层许可的申请论证过程，一般按表 4-1 所示的步骤进行。

表 4-1 项目立项审批流程

步骤	活动	责任单位或责任人	输出物
1	提出立项申请	承研单位 / 主管	立项申请书
2	审核	承研单位 / 总监	审核意见
3	审定	项目管理部	审定意见
4	会签	综合部 / 财务部	会签意见
5	批准	业务副总裁	审批意见
6	回发	综合部	立项申请书
7	编制项目任务书	项目管理部	项目任务书
8	签发	公司管理层	项目任务书

项目立项审批是一个非常重要的流程，起到多方面的作用：一是进一步厘清项目的需求；二是制订总体的框架性计划；三是向企业内部相关部门通报；四是获得公司管理层的支持。立项审批是设有淘汰机制的，企业中的项目立项会有不确定的淘汰比例，以确保审批的项目是基本具备可行性的，所以立项申请书的制定就显得非常重要。那么立项申请书包含哪些内容呢？

（1）项目背景与目标。这部分描述拟启动项目的背景、目的和意义、国内外同类项目的现状、相关领域的发展趋势等。需要进行对比分析，比较详细地阐明项目的必要性、充分性及可行性，尤其应着重全面、详细、准确地说明项目的可行性。

（2）交付成果与预期效益。这部分描述项目最终的交付成果，以及预计可能产生的经济效益和附加效益（如管理成果）。

（3）总体实施方案。这部分描述项目包括的主要内容、总体目标及分阶段、节点的目标（具体日期及需要达成的状态指标等）。

（4）实施计划。这部分描述项目计划实施的总进度，分阶段目标及具体进度要求，年内按节点、季度、月度详细分解的时间进度安排。

（5）协作单位。这部分要明确描述需要企业内外部各单位协作支持的任务和内容、协作的方式或合作关系、应达到的目标等。

（6）委托工作计划。这部分描述明确要委托企业外部合作的具体内容、时间进度、经费预算、推荐合作单位等。

（7）人员需求。这部分列出项目对人力资源的需求，特别是对关键岗位人才的需求，列出项目团队核心成员的获取情况以及部署安排。

（8）经费预算。这部分基于项目级别和历史经验数据，对项目总体投入情况做预评估，虽然不要求准确，但是总体应该控制在一定的偏差范围内，不宜有较大的出入。对于大额费用部分，给予填写模板，需粗略估算并明确估算依据。

（9）审批意见。这部分是留给各角色人员签署审批意见的，填写选项有"同意"和"不同意"，如果不同意，需明确写出具体理由。

"立项申请书"填写完毕后，经各层级岗位人员审核审定，经公司领导正式批准后返回给项目管理部整理成"项目任务书"签字发布。这里有两个重要文件，分别是"立项申请书"和"项目任务书"，它们有什么不同呢？"立项申请书"含有丰富的过程描述，需让审批人员了解整个项目的背景、依据等各方面的情况，而"项目任务书"是为了让项目相关方清楚项目任务，起到明确项目范围的作用，所以"项目任务书"是呈现项目最终要交付的结果及要求的文件，具体内容示例如图 4-1 所示。

4.2   制定项目目标

项目立项过程中的重要输出物为"项目任务书"，其中第二部分重点描述了项目目标。那什么是项目目标呢？项目目标与产品目标有什么区别呢？这是很重要的知识点，我有必要重点解析一下。

项目任务书

一、项目基本情况

项目名称：　　　　　　　　　制作日期：　　年　月　日

制作人：　　　　　　　　　　签发人：尹义法

二、项目目的

1. 项目需解决的商业问题

本部分需说明业务需要、技术要求、法律法规等；所有的项目均起始于某个商业问题，该部分简要描述这些问题。

2. 项目工作内容

本部分描述项目工作范围的初步限定，以及完成项目的主要工作内容和方法。

3. 项目目标

本部分包含工期目标、费用目标和交付产品特征与特征的主要描述。对产品范围进行简要的描述。

三、项目的关键成功要素

本部分对确保项目成功的关键环节和关键资源、关键方法、度量标准等进行概念性的简要描述。

四、项目影响范围

本部分包含对企业战略的影响、对技术的影响和对财务的影响。

五、项目主要里程碑计划

本部分包含主要里程碑的时间、费用和成果目标。

六、项目假设

本部分说明项目的主要假设条件。

七、项目约束条件

本部分说明项目启动和实施过程中的限制性条件。

八、项目评价标准

本部分说明项目成果在何种情况下将被接受，何时项目将被终止或取消，项目成功标准的度量或验收规程。

九、项目主要利益相关者

本部分说明主要相关方及相关方的需求、期望。

图 4-1　项目任务书（模板）

先看项目目标和产品目标的定义：项目目标是指"为交付具有规定特性与功能的产品、服务或成果而必须完成的工作"；产品目标是指"某项产品、服务或成果所具有的特征和功能"。看完这两个定义大家可能也没有看出到底有什么区别。那么简单来说，项目目标是对组织（企业）负责的，产品目标是对用户负责的。再通俗点说，企业关注的是项目目标，能不能通过这个项目实现企业的目的，比如交付后获得销量、利润、市场占有率、品牌价值等；产品目标是用户关注的，比如产品的质量水平、工艺水平、功能性能水平等。我们来看一下国际主流车企对项目目标与产品目标的区别解析（见图4-2）。

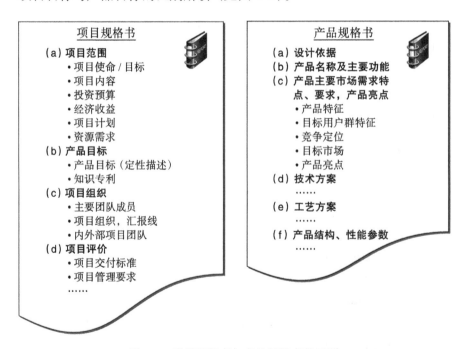

图 4-2　项目规格书与产品规格书的区别

上述案例中"产品规格书"（产品目标）是"项目规格书"中产品目标的详细阐述，在"项目目标书"中只对产品目标进行高阶描述，即框架性内容，或者说只列一级目标，而"产品目标书"才是对产品目标的详细

描述。我们来看一下"项目目标书"的实际应用版本案例，为了避免泄
露企业产品的商业数据，部分指标及数据略微做了删减，如表 4-2 所示。

表 4-2　项目目标书案例

类别	指标	目标值	竞品值	备注
进度	SOP 偏差	/	/	以历史数据为参考
	节点偏差	/	/	
质量	AUDIT	/	600	基础产品
	DPU	/	/	基础产品
	淋雨试验	/	/	基础产品
	功性能指标	/	/	基础产品
	试验通过率	/	100%	基础产品
预算	费用化偏差	/	15%	历史数据
	资本化偏差	/	10%	历史数据
成本	材料成本占比	/	/	历史数据
	辅料占比	/	/	历史数据
销售	新产品销量	/	/	
	市场占有率	/	/	
收益	新产品收益	/	/	
	生命周期收益	/	/	

　　表 4-2 是典型的项目目标的描述，不同的企业在具体指标值上会稍
有不同，但是进度、质量、预算、成本、收益等几个方面基本上是通行
的分类。通过咨询辅导我了解到，大多数企业的项目指标体系基本可以
概况为 FQCDS：财务类（Finance）、质量类（Quality）、成本类（Cost）、
交货期（Delivery date）、服务类（Service）。这个项目目标的指标设计
与项目管理六要素[⊖]的要求如出一辙，如图 4-3 所示。

　　产品目标则是项目目标中质量维度的具体展开，所以项目目标范围
更广，产品目标属于项目目标之一。比如一个整车产品的功性能目标雷
达图（见图 4-4），就是将产品的功性能的 23 项指标做明确的定义。

　　　⊖　六要素是指度、质量、成本、范围、风险、收益，欧系标准中将收益改为资源，
　　　　而国内多数制造类企业在实践中增加预算的控制，风险一项由于无法量化未作为量
　　　　化指标管理。

图 4-3　项目管理知识体系中的项目目标

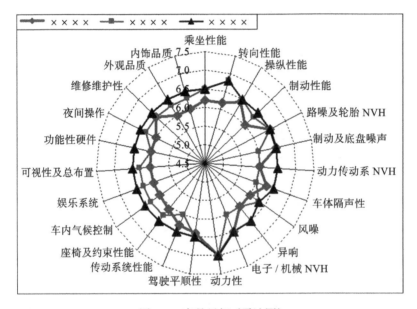

图 4-4　产品目标（雷达图）

图 4-4 只是对产品的功性能目标做一个直观的呈现。实际上一个产品的目标制定是一个复杂的过程，其中衡量目标的指标项也非常多（见图 4-5），需要依赖长期经验的积累，才能够比较高效地制定出产品目标。那么产品目标如何制定呢？制定的依据是什么呢？通常来说，产品目标的制定最为重要的考虑因素是组织规划、客户需求、市场竞争和政策法规等。其中基于市场竞争分析和定义产品目标是常用的做法，详见图 4-5 的"产品目标书"。

一、项目总体市场目标

JDPOWER 指标				
序号	指标	目标	高档中型车平均	竞品
1	IQS	18	18.7	19.82
上市索赔指标				
序号	指标	目标	量产发动机最低值叠加	菲亚特
2	IPTV（3 个月）	7	6.6	9
3	IPTV（12 个月）	28	13.6	40
4	CPV（3 个月）	7.5	/	11
5	CPV（12 个月）	30	/	44
备注：此项是在项目 P9 阶段进行核查。				

二、开发阶段分解目标

1. 动力性与经济性目标

序号	指标	单位	产品	竞品	核查阶段					
					P3	P4	P5	P6	P7	P8
1	最大功率 / 转速	kW	/	125/6 000	√	√	√	√	√	√
2	最大扭矩 / 转速	Nm	/	240/1 750	√	√	√	√	√	√
3	低端扭矩 / 转速	Nm	/	/	√	√	√	√	√	√
4	机械效率（额定功率下）	> %	/	/	√	√	√	√	√	√
5	急速转速	r/min	/	/	√	√	√	√	√	√
6	急速燃烧稳定性 COV	< %	/	/	√	√	√	√	√	√
7	2bar/2 000rpm 燃油消耗率	g/kWh	/	/	√	√	√	√	√	√
8	4bar/2 000rpm 燃油消耗率	g/kWh	/	/	√	√	√	√	√	√
9	3bar/1 500rpm 燃油消耗率	g/kWh	/	/	√	√	√	√	√	√
10	指标名称 N									

2. 排放目标

序号	指标	目标	一次值	产品目标	核查阶段					
					P3	P4	P5	P6	P7	P8
1	满足法规	欧 V	/	欧 V	×	×	×	√	√	√
2	NOx(g/km)	0.06	70%	0.026 2	×	×	×	√	√	√
3	HC(g/km)	0.1	70%	0.053 8	×	×	×	√	√	√
4	NMHC(g/km)	0.068	70%	0.036 6	×	×	×	√	√	√
5	指标名称 N									

图 4-5　产品目标书案例

3. 紧凑性目标

序号	指标	目标	产品	竞品	核查阶段					
					P3	P4	P5	P6	P7	P8
1	重量（kg）	136	/	/	×	√	√	√	√	√
2	比质量（kg/kW）	1.17	/	/	×	√	√	√	√	√
3	长 × 宽 × 高（mm）		/	/	×	√	√	√	√	√
备注：1. 此处发动机重量不含悬置、冷却液、润滑油、动力转向泵及其附件、空压机及其附件、离合器总成、预催及其附件。 　　　2. 竞品 1.4TSI 宽度尺寸为估算尺寸，理由是双增压器，测量标准符合 DIN 70020A-7。										

4. NVH 目标

序号	指标	目标	产品	竞品	核查阶段					
					P3	P4	P5	P6	P7	P8
1	1m 最大功率下噪声（dBA）	96	96	—	×	√	√	√	√	√
2	1m 最大扭矩下噪声（dBA）	77	77	—	×	√	√	√	√	√
3	1m 怠速下噪声（dBA）	65	65	—	×	√	√	√	√	√
备注：NVH 部分指标在热力学开发定型后进行摸底测试才能确定，详细的阶段性分解目标另附附件。										

5. 性能及系统开发试验

序号	试验项目	试验标准	核查阶段						
			P2	P3	P4	P5	P6	P7	P8
1	冷却系统试验	冷却系统试验规范	×	×	√	√	×	×	×
2	润滑系统试验	润滑系统试验规范	×	×	×	×	√	×	×
3	曲通系统试验	曲通试验规范	×	×	√	√	×	×	×
4	倾斜试验	倾斜试验规范	×	×	√	×	√	×	×
5	发动机原排试验	内部试验规范	×	×	√	×	×	×	×
6	NVH 试验	见附件 4	×	×	√	×	×	×	×
7	活塞拉缸试验	活塞拉缸试验规范	×	×	√	×	×	×	×
8	摩擦功分析试验	分解摩擦功试验规范	×	×	√	√	×	×	×
9	附件轮系试验	内部试验规范	×	×	√	×	×	×	×
10	正时系统试验	内部试验规范	×	×	×	√	×	×	×
11	火花塞匹配试验	内部试验规范	×	×	√	×	×	×	×
12	指标名称 N								
备注：公司最新修订版的试验标准均适用于本项目各阶段试验。									

图 4-5 （续）

6. 开发阶段可靠性目标

为了提高开发阶段发动机的可靠性，重点控制以下指标。

CAE 计算：由于后期实物可靠性验证均属于小样本验证，因此前期的 CAE 计算对降低可靠性风险尤为重要，通过对各大系统及部件 CAE 的准确计算，不仅可以大量减少试验项目和台数，更能及时有效地降低整机的可靠性风险。

序号	指标	单位	P2	P3	P4	P5
1	CAE 分析通过率	100%	×	√	√	√
2	CAE 关键项通过率	100%	√	√	√	√

备注：CAE 分析通过率 = 本阶段实际通过项数 / 应通过项数，应通过项数主要来自 DFMEA 的要求。

可靠性试验：发动机可靠性试验可以充分暴露各种潜在的可靠性问题，通过对最少试验项目和最少台数的限定，控制可靠性风险。

序号	试验项目	核查阶段试验时间及台数						
		P2	P3	P4	P5	P6	P7	P8
台架试验项目（h/ 台）								
1	循环交变负荷	/	/	/	800 h /2	800 h /1	800 h /1	/
2	全速全负荷	/	/	200 h /1	500 h /2	500 h /1	500 h /1	/
3	超速试验	/	/	50 h /1			/	/
4	活塞开裂试验	/	/	/	300 h /1	300 h /1		
5	循环冷热冲击试验	/	/	1 500 次 /1	3 000 次 /1	3 000 次 /1		
6	排气管开裂试验	/	/	/	150h/1	150 h /1		
7	共振试验	/	/	/			/	/
8	中国低速循环试验	/	/	/	400h/1	400h/1		
9	机构磨损试验	/	/	/				
10	油泥试验	/	/	/	√	√		
11	气门机构拉伤试验	/	/	/	200h/1	/	/	
12	指标名称 N							
搭载整车试验项目（台）								
1	10 万公里高环	/	/	/	2	2	/	/
2	3 万混合路试（OTS）	/	/	/	/	2		
3	环境适应性试验（三高）	根据项目进展及气候条件适时开展，要求在项目 SOP 前完成						
4	城市工况试验（整车项目组做）	/	/	/	/	√	/	/
5	2 万混合路试（质保做）	/	/	/	/	/	2	

备注：以上台架试验累计大于 11 060 h，搭载整车试验累计大于 50 万公里（因各种问题导致的试验反复，时间不计）。

图 4-5 （续）

7. 产品 AUDIT 及清洁度目标

按现行 AUDIT 检验标准，该项目投产前的 AUDIT 目标。

序号	指标	基础产品	产品	竞品	各阶段目标			
					P6	P7	P8	+3 月
AUDIT								
1	AUDIT 等级	1.5		1.5	√	√	√	√
2	B 类以上问题个数	0		0	√	√	√	√
1	缸体总成	25		25	√	√	√	√
2	缸盖	12		12	√	√	√	√
3	曲轴	10		10	√	√	√	√
4	凸轮轴	5		5	√	√	√	√
5	气门室罩盖	8		8	√	√	√	√
6								
7								
8								
9								

8. 生产线规划质量目标

序号	指标	核查阶段	
		P7	P8
1	加工设备能力，KPC	$Cm \geq 2$，$Ppk \geq 1.67$	
2	加工设备 CMK，除 KPC 外的其他特性	$Cm \geq 1.33$，$Ppk \geq 1$	
3	量检具配备率	90%	100%
4	关键工序量检具及测量设备 Cgk	≥ 1.67	
注：加工设备精度 < 0.01 时，单独评价（①要求加工在线 100% 检测；②公差压缩至 80% 进行验收）。			

图 4-5 （续）

大家可能觉得产品目标怎么这么多而且这么复杂，其实我只是摘选了其中一小部分示例罢了。一方面是想给读者比较直观的感受，另一方面是想给汽车及制造业的读者一个参考的案例。实际上一个整车开发项目的"产品目标书"模板就有几十页之多，填写完之后是一本名副其实的"书"。

4.3　启动项目

我们再来回顾一下项目启动阶段的主要工作，包括识别需求、收集数据、可行性研究、识别相关方、任命项目经理、组建团队、制定项目章程、召开启动会等。前面两节项目立项和制定项目目标部分已经介绍了识别需求、收集数据、可行性研究等内容。项目启动阶段的一项重要输出是项目章程。项目章程是业内的通用名称，它是由少数重要相关方制定的，有的专家说项目章程是由多数项目出资人或项目发起人制定的，这并不是一个严谨的观点。大家可以试想一下，项目章程是指导项目实施和管理的基本纲领，而由绝大多数人制定的规则将是难以操作和实施的。前面所讲解内容中的"项目立项"和"项目任务书"是项目管理实践的做法，已经很好地解决了这个问题，所以我在这里就不再赘述这部分内容了，而项目团队的组建与运营放在后面的章节解析。所以本节仅对任命项目经理、召开启动会和营造项目环境进行阐述，并补充说明一下组织过程资产的概念，因为这一点很重要且容易被忽略。

4.3.1　任命项目经理

项目经理对项目的成败起着至关重要的作用，这是众所周知的浅显道理，我就不再解析了。什么时候确定项目经理呢？这个问题我在现场培训过程中问过学员很多很多次，但发现极少有人深入地思考过这个问题。有的人说在项目启动之前就确定了，有的人说在项目启动之后才能确定，有的人说在项目启动会当天确定，以上各种说法及做法都有一定的缺陷，并不是理想的方法。例如，第一种情况在项目启动之前确定项目经理，此时属于项目定义阶段，提前确定的项目经理可能正式参与并"干扰"正常的项目目标的制定，比如项目经理可能以有利于项目目标的实现为出发点，主导降低项目目标及要求；第二种情况在项目启动后确定项目经理，是不是又会觉得前期项目经理参与度不够，或者项目经理后期参与到项目中来会显得很被动，所以也不是合适的选择；第三种情况在项目启动会当天正式确定项目经理，这是更不好操作和实现的方式，也会让项目经理觉得很唐突！

之所以觉得这三种方式都不完美，是因为选择项目经理看似简单，实际上并不简单。我把确定项目经理分成四个步骤：一是物色人选；二是拟定人选；三是确定人选；四是正式任命。

第一步是物色人选。物色人选就是从众多的备用人员中找出潜在可行的项目经理人选。这个物色的过程要从多个维度来考虑和评价，在企业项目管理实践的案例中我们会用"项目经理能力评估表"来评估，项目经理能力评估表从四个方面 16 个要素评估项目经理的胜任度。这个评估表与第 1 章 1.3.3 节中讲到的项目经理能力评估模型不同，1.3.3 节中的项目经理能力评估模型是以 PMI 人才三角形为主体展开的，更多地用于项目经理能力资质的认证，而项目经理能力评估表是从实战应用角度出发的，更具体和实用一些。在对项目经理人选进行评估时难免会跟拟定人选进行接触，会让对方知晓我们在进行人选物色的工作，这个时候把项目的一些信息告知对方，对方如果不是特别拒绝或者认为根本就不可能接手这个项目，都会主动去了解这个项目的信息。这就达到了提前让项目经理了解项目情况，但又不至于干扰项目的目的。

第二步是拟定项目经理人选。拟定项目经理人选是在初步物色出的项目经理人选中，选出几个有相对优势的人选报给主管部门进行进一步的评审裁定。特别说明一下，这里不是说按项目经理能力评估表进行评定，选择完全符合要求的人员，因为"完全符合"是一种理想状态，符合要求的人极少甚至没有。所以我们遵循"矮子里拔将军"的原则选择具有相对优势的人员作为拟定人选进行推荐，这个过程需要尊重对方的意愿。如果对方认可接手这个项目，势必会更加关注这个项目的情况，必要的情况下参与项目的活动，参与项目目标的制定，提出建议等，可以保证后续正式任命为项目经理时已提前对项目有了足够的了解。

第三步是确定项目经理人选。谁来确定，怎么确定项目经理的人选呢？一般来说，由项目管理部来物色项目经理的人选，并推荐至少三名拟定人员给项目管理委员会决策。这三名人员是有推荐顺序的，即从项目管理部前期的调研摸底情况来看，谁更适合担任这个项目的负责人，谁就排第一顺位，谁是次顺位、谁是后备人选等都要做出说明。项目管理委员会一般采用民主集中制的形式来决定谁来担任这个项目的项目经理。我再次强调，项目经理对项目的成败起着至关重要的作用，所以项目经理人员的选择对项目管理委员会来说也是一个需要谨慎决策的重大事项。很显然，选到一个好的项目经理后期会让项目管理委员会省很多心，如果没有物色到一个好的项目经理，后续会给项目管理委员会带来很多麻烦，会让项目管理委员会很被动。所以项目管理委员会采用投票的形式来决定项目经理人选是比较值得推荐的做法。那什么时候确定项目经理呢？一般以项目启动会作为参照，以项目启动会日期为界限，留好一定的提前量就可以了，这个提前量的预留是为了更好地衔接项目启动会的工作。从确定项目经理到组织召开项目启动会，一气呵成、顺利进行是比较理想的节奏。晚于项目启动会肯定是不可以的，否则这个会开起来也起不了什么作用；过早似乎也不合时宜，拖延久了会失去一鼓作气的锐气。

第四步是正式任命项目经理。前面的三步都完成后才到任命项目经理。项目经理的任命分为口头任命和正式文件任命。什么是口头任命？一般来说是在项目启动大会上，由公司管理层代表（一般是公司总经理）代表公司公开正式地宣布任命某人为某项目的项目经理，这叫"公开任命"和"公开授权"。公开授权的目的在于让公司各职能部门的必要人员知道项目经理后续将代表公司对这个项目负责，项目上的业务都要给予他必要的支持。正式文件任命，虽说口头任命有很好的效果而且高效快捷，但是严格意义上讲它不具备"法律"效应，所以需要公司以正式的红头文件的形式发布任命，追求"法理"上的合规。

关于项目经理的任命，之所以用了这么多篇幅来阐述，是因为我们通常不太重视项目经理的选择与任命，没有按规范要求去做，这样在项目启动之初就为项目失败埋下了隐患。

4.3.2　召开启动会

项目启动会代表项目正式运行的开始，是触发项目一系列工作的信号。所以开好一个项目启动会尤为重要。

项目启动会不同于项目过程中的会议，项目过程中的会议的主要目的是研讨决策和解决问题，而项目启动会更多是象征性的，是一个动员大会。PMBOK 中把项目启动会分成两个概念：一个是项目启动会议（initiating meeting），主要目的是发布项目章程、任命项目经理、明确赋予项目经理动用组织资源的权力等，这个会议在项目启动结束前进行；另一个是"项目开踢会议"（kick-off meeting），主要目的是让团队成员彼此认识，自上而下提出要求，自下而上做出承诺，建立成员之间的沟通联系，建立成员之间的责任关系等。其实，在企业项目实际实施过程中这两个会议很难分清，实际做法是一个项目启动会就达成了上述两次会议的全部目的。

从大多数企业的项目实际来看，项目启动会一般是在项目立项获得审批之后，主要目的是明确团队成员的角色和职责，将责任分解到人。所以这个时候已经构建了项目的团队组织，虽然这些成员的职位还没有正式任命，但是已经经过物色和洽谈。

项目启动会的召开有几项主要工作：一是要准备好公司对团队的

任命文件，一般是没有正式公开发布的研讨修订过的终稿；二是市场管理部门要准备好市场分析报告，这个报告主要用于介绍项目的背景和目标；三是项目管理部门要确定项目团队及项目管理要求；四是技术部门要确定产品项目的技术路线。所以项目启动会报告的目录框架是非常规范的，具体示例如图 4-6 所示。

（1）项目背景
（2）项目团队
（3）市场方案
（4）总体开发方案
  ·产品概念与定位
  ·性能目标
  ·技术路线
  ·制造方案
  ·法规
  ·专利
（5）项目计划
  ·总体开发周期
  ·近期工作安排
（6）项目管理要求
  ·计划管理
  ·会议管理
  ·信息管理
  ·保密要求

图 4-6　项目启动会报告目录

　　具体的会议组织工作需要提前准备，对于参会的重要相关方人员，如投资方和公司管理层等人员，一定要提前预约，确保他们能够到场，以表示对项目的支持，这是很重要的。可能我们做了充分的准备，提前预约过重要的相关领导，但会前对方通知这次不能参加，在这种情况下，会议改期比将就进行是更好的选择。如果确认后续重要相关方还是不能参会的情况下，让其派代表参会也不失为一种解决方案。会议一般按下面六个步骤进行：

◀ 由项目经理介绍项目背景及团队成员。
◀ 由项目经理对项目总体情况做概述。
◀ 由项目管理部门（如项目管理办公室）提出项目的工作要求。
◀ 邀请项目团队代表发言并做出承诺。
◀ 公司领导代表公司与项目组签订项目合同。
◀ 项目经理与职能部门签署保密协议。

项目启动会要简短、精练、高效，不宜过长，但要开得正式，旨在让项目组成员、职能部门及相关方了解与掌握项目情况，重视和支持项目，激励大家投入到项目工作中去。一个良好的项目启动会是一个项目成功的开始。

4.3.3   营造项目环境

其实在项目启动之前就应该进行组织环境分析，因为这些内外部的条件都是影响项目成败的关键因素。虽然我们可能并不能改变它们，但是我们可以就这些环境因素做分析，看其对项目有利还是有弊，从而做出更准确的决策。

影响项目的环境因素包括事业环境因素和组织过程资产（见图 4-7）。事业环境因素是指外部的市场条件、社会和文化影响、法律限制、商业数据库、学术研究、政府或行业标准、财务考虑因素、物理环境要素，以及内部的组织文化、结构和治理、设施和资源的地理分布情况、基础设施情况、信息技术软件资源、可用的资源以及员工的能力水平等。组织过程资产包括管理体系文件、组织知识库等，管理体系文件就是组织的质量管理手册、员工行为守则，制定的各种业务和管理过程所要遵守的程序文件和管理办法、各类技术标准及设计规范、各类操作指导文件，以及各类授权文件等要求公司各层级人员遵守的规则的文件。组织知识库是企业在业务运作过程中积累的经验教训、历史项目的信息资料、问题与缺陷管理数据库、配置管理的知识库、财务数据库等。怎么区分这两个内容呢？其实，如果读者稍有一些工作经验就知道，ISO9001 标准中对"文件与记录"的要求，每个企业都有具体的管理办法，这里的文件就是管理体系文件，记录就是组织知识库；或者，更好理解的说法是，一旦形成就不可以更改的是记录，即形成组织知识库，而可以更改的属于文件，属于管理体系文件部分。

图 4-7　项目环境因素结构图

要获取哪些组织过程资产，又如何获取组织过程资产呢？

管理体系文件包括但不限于：

◄ 产品开发流程。

◄ 项目管理规范。

◄ 会议管理规范。

◄ 保密管理规范。

◄ 质量控制规范。

◄ 企业标准。

组织知识库包括但不限于：

◀ 以往同类项目信息。

◀ 以往同类产品数据。

◀ 行业竞品分析数据。

◀ 基础产品数据（基于基础产品升级的项目）。

◀ 基础产品质量问题信息（基于基础产品升级的项目）。

◀ 项目应规避问题清单。

◀ 企业经验教训数据库。

以上罗列的组织过程资产只是经验的总结，每个项目的实际需求可能会有所不同，在实际开展项目时还需进一步明确。这些组织过程资产不仅是制定项目章程的依据，也是编制项目计划时需要考虑的因素之一。随着企业对项目认知的加深，对项目环境改造的不断完善，以及对组织过程资产的不断积累，项目的事业环境因素和组织过程资产会不断地变化，知识数据会不断地更新和叠加，所以每个项目启动时都很有必要审查和获取公司当前的事业环境因素和组织过程资产，只有这样才能帮助项目逐步明确，才能更好地支撑项目实施。

关于如何获取项目组织过程资产的问题，其难点在于没有比较规范的知识经验可以获取。所以有效获取组织过程资产的最好方法是对自己负责或者参与的项目做好知识的归集和积累，企业在日常运营过程中要注重知识经验库的建设。通过为大量企业咨询我了解到，很多企业在知识管理方面非常薄弱，没有定义知识的范围，没有进行知识收集、整理和入库，没有构建知识查询的数据库，没有形成知识的传递与分享机制，在知识管理方面基本处于失控状态。行业里也有做得比较好的企业，以某企业产品研发项目为例，其任何一个项目的数据都在服务器上运行，也就是说，项目的文件不是储存在个人电脑上，而是储存在公司的服务器上，相当于云办公的模式。每个项目的文件结构是统一标准的，比如，某项目根目录下面的子文件设置依次为综合管理、项目计划、项目会议、质量管理、交付物管理、样品管理等，我们称为"一级文件"；往下展开的二级文件也做了具体要求，这就保证了各项目的文件从最开始就是规范化的。这样，在后续项目信息共享时也便于大家检索查询，很好地做到有效的传递。再如，某企业员工从供应商、客户现场出差回来后，在报销差旅费用之前，要在系统上记录两个以上问题。不要小看这两个问题，由于企业人员数量庞大，通过日积月累，自然而然就形成了企业的问题数据库，这个问题数据库为后续项目的问题排查及风险管理提供了很好的输入参考。这些都是企业实际进行知识经验数据库建设的良好做法，值得参考借鉴。

项目团队管理

没有完美的个人，只有完美的团队，而
事在"人"为。

5.1 项目组织管理模式

我们在咨询辅导了很多企业后发现一件很有意思的事情，很多企业
负责人都声称公司在推行项目管理模式，但是没有人清楚公司到底是在
按哪种模式运行，职能型模式、矩阵型模式还是项目型模式？关于组织
管理模式，PMBOK 中有十余种之多，那么有代表性的就是职能型、矩
阵型（弱矩阵、平衡矩阵、强矩阵、混合矩阵）、项目型这三种，其他
的类型可以算作这几种类型的变形或者拓展。

5.1.1 职能型组织

职能型组织就是传统的按专业分工形式组建的组织模式，将各专业

分工相近的人员整合在一起形成一个个职能部门，如研发部、生产部、采购部、质量部等，如图 5-1 所示。各部门成员之间虽然可以沟通，但是没法形成"任务流"。职员与职员之间的任务协同需要先由发起部门内部升级到职能经理，由发起部门的职能经理向接受部门的职能经理做沟通协调，对方职能经理认同后再下达给所在部门具体的执行人员。在职能型组织下推行的项目管理中没有项目经理角色，只有一个负责联系的"联络员"，项目成员之间的协调工作还是由职能经理负责。这种模式的特点是：有一位明确的上级，人员按专业分组，职能工作优先于项目工作，项目成员之间沟通协作困难。多数企业和军队属于这类管理模式。

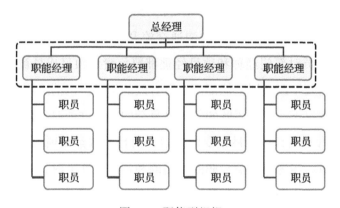

图 5-1　职能型组织

职能型组织结构是一种常规的线型组织结构。采用这种组织结构时，项目是以部门为主体来承担的，一个项目由一个或多个部门承担，一个部门也可能承担多个项目。组织中有职能经理也有项目经理，表面上看项目成员有两个负责人，但实际上项目经理只负责联络，项目成员主要还是听从职能经理的安排。这种组织结构适用于主要由一个部门完成的项目或技术比较成熟的项目，对于需要跨部门协作的项目，这类组织就很难保障效率。

职能型组织的优点是，以职能部门作为承担项目任务的主体，可以充分发挥职能部门的资源集中优势，有利于保障项目需要资源的供给和项目可交付成果的质量。职能型组织在人员的使用上具有较大的灵活性，职能部门内部的技术专家可以被该部门所承担的不同项目共享，有效地节省了人力资源，减少了资源浪费。同时，同部门的专业人员易于交流知识和经验，相互支持，对创造性地解决技术问题也很有帮助。另外，职能型组织有利于项目的稳定，比如当项目组成员调离项目或者离开公司时，其所属职能部门可以安排其他人员补齐，这样可以降低项目成员变动给项目带来的不确定性。

职能型组织的缺点是，项目成员在行政上仍隶属于各职能部门，项目经理对项目成员没有控制权，不利于项目的推进。职能部门的权力分割也不利于各职能部门之间的沟通交流和团结协作。当项目经理强势时，小组成员对部门经理和项目经理都要负责，项目成员被双重领导，项目经理需要不断地同职能部门进行有效的沟通，以消除项目成员的顾虑。这种情况下，项目团队的管理是复杂的，对这种双重报告关系的有效管理常常是项目成功最重要的因素，而且通常都是项目经理的责任。这种模型下，当客户利益与职能部门的利益发生冲突时，职能部门会更加关注本部门的利益而忽视客户的需求，项目及客户的利益往往得不到保障。特别是当项目需要多个职能部门共同完成时，或者一个职能部门内有多个项目需要完成时，资源的平衡就会出现问题。

5.1.2　矩阵型组织

1. 弱矩阵型组织

弱矩阵型组织是在原有职能型组织基础上成立一个项目组，授权项目组成员之间进行沟通与协作，为完成项目目标而共同努力。弱矩阵型

组织模式（见图 5-2）一般是在初步导入项目管理模式的企业过渡性存
在，在这种管理模式下，没有项目经理，只有一个协调员的角色，项目
业务既依赖于项目团队成员，又非常需要职能部门的大力支持。在这种
既有职能又有项目的环境中，"项目经理"由于没有权力，很难获得职
能部门的支持，而且项目成员面对多个上级的管理，工作中很容易出现
冲突，资源分配矛盾加剧。在这种模式下，项目经理要把项目管理好是
有很大阻碍的。

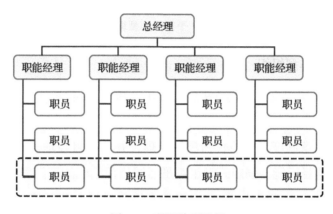

图 5-2　弱矩阵型组织

2. 平衡矩阵型组织

平衡矩阵型组织（见图 5-3）是建立在职能型组织基础之上的，但
这种模式的最大特点是明确了项目经理，授权项目经理统筹协调项目内
的资源和业务。虽然同样面临着项目与职能双头领导，面临着资源分配
的矛盾，但是项目经理可以在项目上投入较多的时间和精力，所以是有
助于项目成功的。但是，由于没有 PMO 部门，项目经理在制定规则、
协调资源和培养人才等方面就显得势单力薄、力不从心。特别是对于一
些有助于项目运营的管理规章的制定与推进，没有 PMO 部门的支持，
项目经理在制定规则方面往往会难以成功。

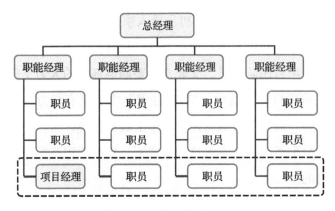

图 5-3　平衡矩阵型组织

3. 强矩阵型组织

强矩阵型组织（见图 5-4）是指在公司中成立专门的 PMO 部门，或者明确赋予某个部门 PMO 的职责。PMO 部门负责制定与项目管理相关的管理规章制度，选拔任命项目经理，并为项目经理提供支持服务，同时行使监督职能。强矩阵型组织虽然同样面临职能部门和项目两个维度的管理冲突，但是由于 PMO 部门在构建项目运营环境方面的贡献，以及对项目经理的支持，公司在项目管理环境上明显好于之前介绍的几种类型。同时，相对来说，项目经理具有较大的权力，比如对职能部门的评价权力，以及对项目成员的绩效评价权力等，这些在权力上的平衡对于项目经理做好项目工作有很大的帮助。

4. 混合矩阵型组织

混合型矩阵型组织（见图 5-5）是在各职能部门中设置有 PMO 部门，项目上也设置有项目经理。不同于强矩阵可以管控项目团队的所有资源，混合型矩阵的项目经理在部分职能资源中只能管控有代表性的资源。例如，一个重大项目需要 20 个采购工程师支持，受资源约束等原因，组织不能够为其配置 20 个采购人员作为项目组专职成员，因为这些人员既要为这个项目服务，还要同时服务于其他项目，也就是说，这些资源是多个项目共有的，所以不能把这些资源全部分配给项目组，但是可以为项目选派一两名人员作为这些共享资源的协调人，专职协调和调度这些共享资源。这种模式可以简单理解为强矩阵模式中的下级资源共享，而不是专有的模式。简单总结是，有 PMO 支持项目经理，项目组织中部分资源与其他项目共享，但是委派人员统筹负责。

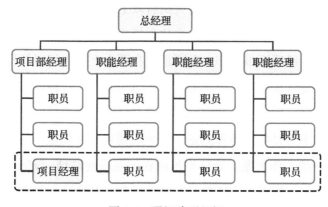

图 5-4　强矩阵型组织

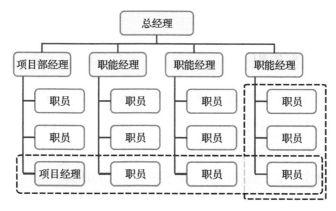

图 5-5　混合矩阵型组织

总结来说，矩阵型组织是根据项目的需要从不同部门中选择合适的人员组成一个临时性的项目组。其优点是，在最短的时间内调配人才，把不同职能的人才集中在一起组成一个团队。专职的项目经理负责整个项目，以项目为中心，能快速高效地解决问题。在矩阵管理中多个项目可以共享各个职能部门的资源，人力资源得到了更有效的利用，减少了人员冗余，有利于项目目标的实现。同时，由于项目结束后他们仍然可以回到原来的职能部门，所以项目成员的顾虑减少了，有利于公司目标方针的贯彻。

矩阵型组织的缺点是，项目人员行政上虽然属于职能部门，但是在项目期间主要受项目经理管理，在这种模式下，项目团队成员需要向职能经理和项目经理汇报工作，需要适应在两个上司之间保持平衡，即员工必须要接受双重领导，因此经常有焦虑与压力。这种模式容易引起职能经理和项目经理的权力冲突，资源共享可能引起项目之间的冲突，所以这种模式下需要项目经理具备良好的谈判和沟通技能，与职能经理之间建立友好的工作关系。矩阵型组织在加强横向联结、充分整合资源、实现信息共享、提高反应速度等方面的优势，恰恰符合当下企业竞争对效率的要求，所以适合于组织结构规范、分工明确的公司或者跨职能部门的项目。

5.1.3　项目型组织

项目型组织（见图5-6）摒弃了原有的职能部门，它以项目团队为主体运行。这种组织模式相对于传统的职能型组织是具有变革性的，项目型组织具有很大程度上的自主性，项目经理拥有项目成员的所有权力，包括绩效评定、奖励额度，甚至在项目组的任免。所以，在项目管理组织模式下，项目经理对项目有完全的控制权，团队成员对项目的忠诚度高，这种模式可以有力地保障项目的成功。但这种模式不利于项目成员在专业上的发展，较大可能会导致资源重复配置，项目成员对组织没有归属感。

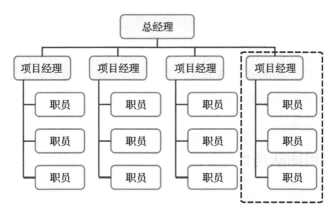

图 5-6　项目型组织

　　项目型组织的优点是，项目经理可以对项目全权负责，可以根据项目需要随意调动项目的内部资源或者外部资源。项目型组织的目标单一，完全以项目为中心安排工作，决策的速度得以加快。项目型组织能够对客户的要求做出及时响应，使项目组的团队精神得以充分发挥，有利于项目的顺利完成。项目经理对项目成员有全部权力，项目成员只对项目经理负责，这就避免了职能型组织下的项目成员处于多重领导、无所适从的局面；项目经理是项目真正、唯一的领导者，组织结构简单，易于操作。项目成员直接属于同一部门，彼此之间的沟通交流方便快捷，提高了沟通效率，同时加快了决策速度。

　　项目型组织的缺点是，对于每一个项目型组织，资源不能共享，即使某个项目的专用资源闲置，也无法应用于另外一个同时进行的类似项目。这样，人员、设施、设备重复配置会造成一定程度的资源浪费，公司里各个独立的项目型组织处于相对封闭的环境之中，公司的宏观政策、方针很难做到完全、真正地贯彻实施，可能会影响公司的长远发展。在项目完成以后，项目型组织中的项目成员要么被派到另一个项目中去，要么被解雇，对于项目成员来说缺乏一种事业上的连续性和安全感。项目之间处于一种条块分隔状态，缺乏信息交流，不同的项目组之间很难共享知识和经验。项目成员的工作会出现忙闲不均的现象。所以项目型组织只适用于比较大的项目，或者进度、成本、质量等指标有严格要求的项目，如国家战略部署的军事用品项目，而不适合人才资源匮乏的企业或规模较小的企业。

5.2　项目团队角色与职责

通常大家会认为项目不成功是执行的问题，执行因素导致的项目失败的确占到一定的比例。但是从美国权威机构 Standish Group 跟踪研究的 1484 个项目的数据来看，项目团队组织上的问题导致项目失败的比例高达 23%，具体表现为团队人员配置不当、职责不明、团队负责人不得力等。所以构建与运营好项目团队是做好项目管理的基础工作。

5.2.1　项目团队组织

1. 项目管理委员会

按照一般的公司组织架构（见图 5-7），最顶层的组织为董事会，下面由总经理管理各职能部门。那么根据项目业务需要，一般来说需要成立项目管理委员会作为常设虚拟组织来管理所有项目。项目管理委员会由项目相关的职能部门的上级管理者组成，如在汽车及制造业的项目管理委员由市场部门、研发部门、生产部门、采购部门、质量部门等的上级分管副总裁组成。那么对于项目管理委员的职责，如果公司没有把技术规划与开发业务单独分职的话，一般来说包括产品规划与产品开发管理决策，甚至包括技术规划与开发决策。具体职责如下：

◀ 负责产品平台的战略规划与布局。
◀ 负责产品的路径规划与决策。

◀ 负责（产品开发）项目立项决策。

◀ 负责项目团队的资源与配置。

◀ 负责（产品开发）项目过程中的节点评审与决策。

◀ 负责项目过程中重大问题的协调处理。

◀ 负责项目绩效的评价与激励。

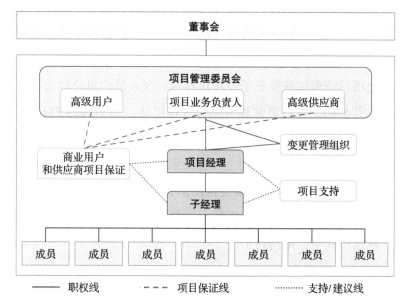

图 5-7　企业项目管理的组织示意图

2. 项目团队

上面所说的项目管理委员会是管理项目的常设虚拟组织，是为所有项目服务的；项目内的具体业务，只有当项目团队处理不了时才上升到项目管理委员处理，绝大多数问题还是由项目团队内部自行解决。对于一个项目来说，涉及各专业职能模块的方方面面，而且项目层级也比较复杂，所以必要时需要一个团队来管理项目，而不是项目经理一个人。

具体的项目团队以汽车及制造业为例，项目团队设置三层角色。一是项目经理层，对应的角色为项目经理。二是子经理层，对应的角色包

括市场经理、规划经理、开发经理、质量经理、采购经理、财务经理、
人事专员、投产经理、营销经理、服务经理。特别说明一下，在这个层
级上，由于公司的产品不同、管理模式不同，角色的设计是按需配置
的，这里只是提供了一个比较通用的案例。三是业务主管层，这个层级
按需要设置，如开发团队业务量较大，需要一个团队来支撑，那么开发
团队下就设置造型、设计、工艺、试制、试验几大模块；投产业务由于
涉及多个生产车间的组织与协同，在项目的投产阶段再配置下面的团队
成员也是常见的做法。

我把项目经理加各业务子经理这种两层级人员的组合称为项目一级
团队（见图 5-8），业内通常称为项目管理团队，如华为的 PMT 项目管
理团队，而把上面的管理组织——项目管理委员会，称为 IPMT 集成交
付管理团队。我们把子经理加上各模块组长（主管）及其支撑人员称为
二级团队，业内通常称为产品交付团队，如华为的 PDT。由于产品的
复杂程度不同，设立的层级也不同，如整车产品开发项目中成立的三级
团队，在这里就不详细阐述了。

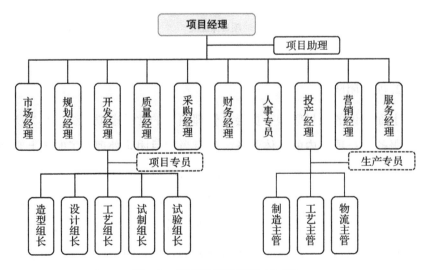

图 5-8   项目组织机构图（示例）

3. 项目角色与职责

关于项目角色的职责，内容很多、很具体，而且各个企业的性质不一样，语言描述上也会不一致，所以我这里以产品开发项目为例，选择几个有代表性的角色，其职责的描述如下。

（1）项目经理：

◀ 负责整个开发项目的规划及项目开发过程的控制策划。

◀ 根据产品开发计划，负责从项目立项开始到项目结束全过程的管理和控制。

◀ 负责在产品开发过程中协调各职能组织开展工作。

◀ 负责项目的各阶段目标的管理。

◀ 负责产品开发项目的计划、质量和成本控制以及重大问题的决策。

◀ 负责产品开发过程中主要节点的控制及调整的批准。

◀ 负责产品开发全过程各业务工作绩效的评价及激励。

◀ 负责新产品前期的市场推广及产品的试销协调。

◀ 负责定期召开并主持项目经理例会。

（2）开发经理：

◀ 负责开发模块项目二级计划的制订以及工作推进和全面管理。

◀ 负责组织产品的开发设计，对开发过程进行管理和有效控制。

◀ 负责组织产品试制、试验工作，确保在试制、试验过程中及时发现问题，并进行跟踪、验证、关闭问题，对验证的有效性负责。

◀ 负责产品的设计质量和成本控制，保证产品达到设计目标。

（3）采购经理：

◀ 负责供应商资源体系的规划、供应商质量保证能力的评估，以及供应商的选择和确定。

◀ 负责组织供应商零部件开发的策划，完成重要零部件开发的计划。

◀ 负责供应商零部件开发过程中的质量控制，按期提供不同阶段满足产品开发要求的零部件。

◀ 对供应商零部件 PPAP 和实物质量负责。

◀ 负责采购零部件的总体成本控制。

（4）质量经理：

◀ 负责质量策划方案的制订。

◀ 负责质量目标的设计和过程质量目标的控制。

◀ 负责开发各阶段的质量评审与确认。

◀ 负责项目质量流程符合性审计。

（5）财务经理：

◀ 负责项目开发费用的预算评估、确认及总量控制。

◀ 对产品盈利能力进行分析评价和跟踪管理。

◀ 负责产品目标成本的分解和管理控制。

◀ 负责项目财务与成本控制流程符合性审计。

5.2.2　项目团队组建

上一节解析了项目团队组织只是为项目团队设置好了岗位，俗话说"一个萝卜一个坑"，上面是提前把"坑"挖好了，现在就需要往里装"萝卜"。项目团队中最为重要的角色——项目经理，在本书第 4.3.1 节关于项目经理的选择与任命中已经阐述过了，所以这里只分析项目团队如何构建。

我们辅导很多企业发现，多数企业的做法就是根据项目岗位需求物色人员，确认后就开工了，项目团队的组建没有严谨规范的过程。通过多年的项目管理实践，我总结出项目团队构建和管理的九个流程，分别为项目岗位设置、项目岗位审批许可、物色人选、项目人员的基本评估、项目人员的确认、项目人员配置情况的提报申请、项目人员的审批批准、项目角色的任命发布，以及项目团队成员的管理维护和变更管理，如图 5-9 所示。

图 5-9　项目团队的组建流程

在项目实践过程中，组建团队的过程可能比较快捷，大家也没有分清是否有那么多的步骤。我是基于多年的实践经验设置了项目团队组建流程，这个流程图并不复杂。基于本流程大家可以系统地思考一下，为什么项目启动时设置岗位，这不是在项目组织机构图中都已经明确了吗？为什么又要对岗位进行审批？谁来物色人选？谁来做人员的初步评估？谁来做人员的最终确认？如何进行人员的选择与评估？这些都是值得思考的问题。

上述所说的项目团队构建适用于大家熟悉且有经验的项目，因为这类项目我们知道需要哪些岗位和角色，就好比参照其他公司的组织结构来设计自己公司的组织机构一样。实际上在不同的行业、不同的环境下我们面临的可能是一个陌生的领域，是一个没有经验的全新项目，不知道项目团队角色配置的，那又怎么办呢？这就回到了项目管理的基本面，基于创新环境下的新项目如何构建团队的问题。解决这个问题有五个步骤。第一步，基于项目目标做工作结构分解。特别说明一下，工作结构分解（WBS）是项目管理的一个基本工具，甚至是日常工作中常用到的方法，在 PMBOK 及很多书籍中都有详细解析，在这里我就不再赘述了。第二步，基于分解的任务识别需要的业务角色与工作量。比如其中一项任务是召开项目启动会，这就需要提前准备场地，确定参会人员范围，提前通知和确认参会人员，准备会议资料等，还有启动会当天的会议组织工作及会议后的工作事项落实与跟踪管理等。那么基于这样的一项工作任务，需进行角色及数量的评估以确定需要的资源。第三步，基于某类角色的工作量总和以及允许的工期来估算需要该类角色人员的数量，比如工作任务中评估出来我们需要 900 个人·天的设计开发工作量，而我们初步评估产品设计工作能给定的时间通常是 4 个月，如果每个设计工程师一个月能够有 22.5 个工作日参与该项目工作，那么我们可以粗略估算出，本项目需要产品工程师的数量为 10 个人。第四步，根据工作难度来确定所需人员的资质和能力要求。基于成熟有经验的项目来说，我们一般都会配置基本符合项目条件的人员加入项目，所以这个步骤我们为了减少工作量，仅对有特殊能力要求和资质的人员来做评估。前面这几个步骤我们已经识别出了人员的需求，包括能力、资质、数量等，那么第五步就是将已经识别的人员按照组织管理的模式构建成项目团队，如图 5-10 所示。

本节谈到的项目人力资源只是项目资源的一部分，项目资源包括工时资源、成本资源和材料资源，其中工时资源就是指项目所需人员所占用的工时。工时资源在建筑行业的项目中相对比较好估算，而在制造业的项目中，不同于建筑行业人员主体是体力劳动者，它投入的资源更多是知识分子，所以这种知识输出型的工作是难以用工时估算的。本节中我们仅以制造业的工时资源为例，谈了项目人力资源的获取与配置，成本资源和材料资源我在后面的章节中再做解析。

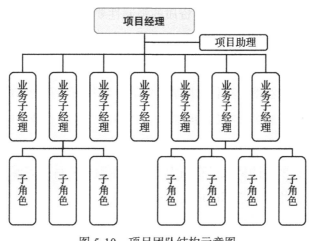

图 5-10　项目团队结构示意图

5.2.3　项目人员评估

显然，项目团队组建时，项目成员是否能够满足项目要求是十分重要的。在实际过程中，项目选人还存在很多误区：其一，职能部门安排谁就是谁，而没有主动去物色和选择合适人员；其二，习惯性地用亲近关系找人，跟谁比较熟悉就用谁，跟谁关系好就选谁；其三，谁有空闲精力就选择谁。这些都是人员选择时常犯的错误。可能大家看到这里的时候在想："在我们公司，能给你一个人就不错了，你哪还能挑人呢？"其实这是长期以来没有进行人力发展规划和人才培养导致的人才匮乏问题，是关于人力资源的话题，不在这里探讨研究。

在多数项目管理体系中都提到要对项目资源的满足性进行评估，例如 VDA6.3 标准中明确要求对项目经理和项目团队成员的资质、能力是否满足客户要求做出评估。那如何进行人员能力评估呢？在我的项目管理实战课程中，我教授的方法是从以下六个维度进行评估，如图 5-11 所示。

◀ **可获得性**：资源能否在项目所需时段内为项目所用。

◄ **资质**：某些岗位是否有资质的强制性要求，如电力安全、工程监理等岗位有明确的资质要求，很多企业对担任项目经理的人员也有资质认证的要求。

◄ **知识经验技能**：项目团队成员是否了解执行项目所需的相关知识，是否有从事类似项目的经验，是否掌握开展项目业务的必备技能。

◄ **价值观**：项目团队成员是否有符合客户和主要相关方要求的价值观。

◄ **精力**：项目团队成员在精力上是否能满足项目的需要。

◄ **成本**：使用项目团队成员的成本额度。

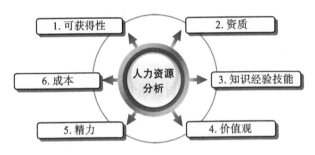

图 5-11　项目人力资源满足性评估

以上是评价项目团队成员的六个维度，不同的企业关注的重点不一样，大家可以选择使用。比如在一些比较传统的企业中，他们会非常关注资质而忽视成本。比较务实的做法是，除了必要的需强制资质要求以外，项目成员的知识、经验和能力更为重要。项目成员的成本也应该是重点考虑的要素之一，尽管这个维度在企业中暂时还不适用。

5.3　相关方管理

5.3.1　相关方管理概述

我们都知道，项目的终极目标是追求相关方满意。我们在咨询辅导与培训中发现，多数企业在项目管理中很少开展规范化的相关方管理，多数项目经理在相关方管理方面也是更多地将目光聚焦在项目团队成员身上，稍好一些的会关注支持项目的领导，再进一步的会关注强相关的职能部门，但没有开展系统的相关方管理。

那么什么是相关方？相关方管理包含哪些内容？它的价值在哪里？

我们先看相关方的概念，相关方是指"会受项目的积极或消极影响，或者能对项目施加积极或消极影响的个人或组织"。定义说得很清楚，是指"影响项目或被项目影响的个人或组织"，所以相关方涉及的范围是比较广的。特别补充说明一下，那些实际上不会被项目影响但自认为会被项目影响的人或团队也要纳入相关方管理，因为他们会形成对项目的推进或阻碍因素。具体相关方有哪些呢？例如组织内的员工、投资方、供应商、监管机构、金融组织、媒体以及一些社会组织等。

相关方管理就是要对相关方进行系统的识别，如在项目中扮演的角色。分析相关方与项目的利害关系、期望、态度，对项目的支持程度，以及对项目信息的兴趣等，通过引导相关方合理地参与项目，来发挥相关方的价值，提升相关方对项目的支持程度。相关方管理的意义有三个方面：第一，帮助项目定义成形。在项目的早期，邀请相关方参与，他们的需求和建议可以作为定义项目目标的重要依据，也是改善项目质量的重要参考。第二，获取项目资源。相关方是项目的既得利益者，他们希望项目获得成功，所以相关方是项目的重要资源提供方，比如提供人员、资金、关系渠道等。第三，获取支持。项目的成败对相关方的利益影响巨大，同时项目也受相关方的影响，所以在项目执行过程中可能会碰到这样或那样的阻力，那么相关方的态度和影响就显得尤为重要，相关方的态度及其发挥的作用足以影响项目的走向，成为项目成败的关键因素。

获取重要相关方的支持将是项目成败的关键，那么如何做好相关方管理呢？相关方管理遵循"四步法"原则，即识别、规划、管理与监督。相关方识别的方法有很多，主要有数据收集工具（如头脑风暴、思维导图、问卷调查等）、数据分析工具（如相关方分析、文件分析等）、数据表现工具（如相关方映射分析等）。在相关方识别方面我补充一种我认为非常好用的工具 SIPOC（见图 5-12），SIPOC 是质量管理专家戴明提出来的**组织系统模型**，后被美国汽车工业小组 AIAG 收录并作为一个标准化的工具推广使用，也可以看作 IATF16949 倡导的过程方法"乌龟图"的简化版本（见表 5-1）。它是将业务过程按照供应商、输入、流程、输出、客户关联识别的工具方法，以业务本身为基础，通过 SIPOC，结合头脑风暴发散思维就可以系统地识别出项目的相关方。SIPOC 是基于业务去识别输入、输出并找出业务上下游的关联角色或团体，而头脑风暴法是组织项目团队成员基于本部门业务去发散性地思考与哪些外部角色和团体关联，从而识别出相关方角色。

❑SIPOC 的构成

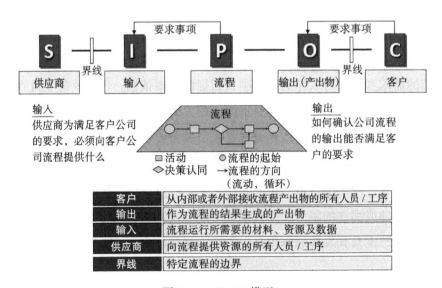

图 5-12　SIPOC 模型

表 5-1 SIPOC 相关方识别法

供应商	输入	流 程		输出	客 户	
每项输入物由谁提供	输入物	流程对每一项输入的期望是什么	流程步骤	输出物	客户对输出物的要求是什么	客户名称

相关方的识别会产生相关方清单，关于相关方的记录，业内通常的做法是记录在相关方登记册中（见表 5-2），相关方登记册包括相关方身份信息（姓名、职位、角色等）、评估信息（主要需求和期望、对项目的潜在影响、与生命周期哪个阶段关系最密切等）、相关方分类（内部/外部）、相关方态度（支持者/中立者/反对者）。表 5-2 是企业实际应用版本的相关方登记册，表中我列了一个示例，比如财务部门经理的诉求是项目预算的使用在受控范围之内，属于企业内部相关方，他属于中立者或者弱支持者的角色，对项目有较高的影响度，但利益影响度较低。

表 5-2 项目相关方登记册

序号	相关方名称	需求期望	分类	态度	影响度	利益度	优先级	管理策略	管理措施
1	财务部门经理	项目预算受控	内部	中立者	高	低	II	令其满意	
2			外部	中立者					
3				反对者					
4									

注：相关方的态度按积极极程度由高到低排序分别为领导者、支持者、中立者和反对者。

特别说明一下，关于相关方的管理，遵循的理念是"越早越好，越全越好"。越早越好，是指在项目章程批准、项目经理被委任及项目团队开始组建之后，应尽早识别相关方并引导其参与，这样对项目更加有利。越全越好，是指我们要系统地识别相关方，抓住重要相关方，也避免因遗漏导致对某些相关方的失察，从而导致相关的抵制。

5.3.2　相关方管理策略

相关方管理的工作内容很多，可以归结为四个步骤：识别、规划、管理与监督。其中管理环节包括了解关键相关方所需参与的程度和当前参与的程度、相关方变更的范围和影响、相关方之间的相互关系和潜在交叉关系、项目各个阶段相关方的沟通需求、需要分发给相关方的信息、分发信息的理由，以及可能对相关方参与产生的影响、向相关方分发所需信息的时限和频率、随着项目进展更新相关方计划等。其中的重点在于我们如何进行相关方的分类，分类之后选择采用什么样的策略。这里我重点解析相关方分类及采用的策略和工具方法，包括权力－利益矩阵、权力－影响矩阵、影响－作用矩阵、权力－知识矩阵、认知－态度矩阵，这些方法有些不太推荐使用，最常用的是权力－利益矩阵。

权力－利益矩阵：将所有相关方按照权力大小和项目的成败对其利益相关程度做高低区分，分成 I 类（高权力、高利益）、II 类（高权力、低利益）、III 类（低权力、高利益）、IV 类（低权力、低利益），共计四类（见图 5-13）。下面以正在建设的一个房地产项目为例，我们来分析相关方并进行分类。

开发商：有权力推进项目开发，项目成功后是主要受益对象，所以开发商属于高权力、高利益的 I 类群体。

建筑承包方：在权力上受开发商的指示进行项目开发，项目交付后也是主要受益群体，也属于高权力、高利益的 I 类群体，但是权力上弱于开发商。

政府部门：很多审批权限都在政府主管部门手中，虽然项目做得好不好与当地政府有关系，但是利害关系不大，所以政府部门属于高权力、低利益的 II 类群体。

业主：这里指的是已经购买了期房但是还没有拿到房子的群体，很显然在项目过程中业主没有什么权力，其微弱的声音很难影响到项目，但是项目的成败他们非常关心，因为项目失败可能让他们半生的心血付诸东流，所以业主属于低权力、高利益的Ⅲ类群体。

银行：一般来说业主通过贷款买房，投资方也在银行贷款，大家可能会认为银行是非常重要的利益相关方，但在这里我们要把银行归为Ⅳ类，为什么呢？因为不管通过什么形式贷款，银行都是有保障措施和风险规避的，比如说抵押贷款等，银行利益损失的风险是可控的，所以划归到低权力、低利益的Ⅳ类群体。

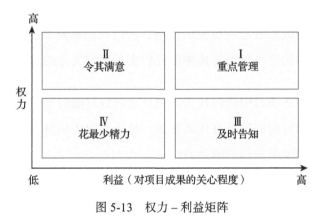

图 5-13　权力 – 利益矩阵

当然，上面所划分的权力大小和利益相关程度都是既要考虑到绝对值，又要考虑到相对值。权衡各相关方的利益时，必然需要有取舍的态度。

把相关方的分类划分好后，那么策略上就很好处理了。

Ⅰ类（高权力、高利益的人）：要充分考虑到他们的利益和需求，并尽最大努力引导他们，诉说利害关系以获取他们的支持。这类人员相对来说是好管理的，因为他们和项目经理一样，属于绝对的支持者。

Ⅱ类（高权力、低利益的人）：这类群体是相关方管理中最为困难的一部分，因为项目成功对他们没有驱动力，所以对这个群体我们要努力做到让对方满意，尽量满足他们的要求，尊重他们的意见，以获取他们的支持和理解。

Ⅲ类（低权力、高利益的人）：由于这类群体对项目没有较大的正面的影响，也不对项目负责，所以对项目的成败起不了太大作用，因而是比较好管理的。相对来说，这个群体属于弱势群体，那么项目经理应该尽量考虑他们的感受，比如及时告知项目的进展信息等，让对方放心。

Ⅳ类（低权力、低利益的人）：在相关方分析中，这类群体占相当大的比重，所以对这类群体的管理，原则上尽量少占用时间和精力，对于这类群体的诉求"应付一下"或许是最好的选择。

在相关方管理中，第Ⅰ、Ⅱ类群体是我们要特别关注的，因为他们对项目的成败起着至关重要的作用，所以我们需要了解他们的具体诉求。以下这些问题可以很好地帮助我们去了解相关方的诉求：

◀ 他们想从项目中获得什么，项目完成后对他们来说有什么价值？

◀ 他们对目前的项目有什么看法，是正面的还是负面的？

◀ 什么能够激发他们的动力？

◀ 通常来说，谁会影响他们的看法，这些影响他们的人我们是否能够影响他们？

◀ 如果沟通交流的话，他们希望是什么形式，他们想获得什么信息？

◀ 如果他们不太积极主动，我们能做些什么以赢得他们的支持？

◀ 如果你不认为自己能够赢得他们的支持，那么你将如何应对他们的反对？

◀ 他们的意见还可能会影响谁？那些人本身是否会成为利益相关方？

通过以上分析能够得出结论，他们中谁是领导者，谁是支持者，谁是中立者，谁是反对者，对他们进行归类或者进行颜色状态标识。

在相关方管理工具中，权力－利益风格是最有价值的工具，大家若能学习掌握并熟练使用，一般来说就够用了。对于其他的相关方分析工具，我本意不太想做解析，因为讲那么多不太实用的工具方法有"卖弄风骚"之嫌，也不符合我做事的风格，但是不分享又好像讲得不全面、不系统，所以对其他工具方法只是粗略介绍。

权力－影响矩阵，先看图 5-14 权力－影响矩阵，即按照相关方权力的大小以及对项目产生影响的大小将相关方分成以下四类。

Ⅰ类（权力大、影响大）：对这类群体要重点管理，充分发挥其权力对项目的正面影响力。

Ⅱ类（权力大、影响小）：对这类群体要引导他们合理参与，避免因权力大而带来负面影响。

Ⅲ类（权力小、影响大）：这类群体权力不大，但能够发挥较大影响力，这正是项目经理需要下功夫去管理协调的对象，要充分体现他们的价值。

Ⅳ类（权力小、影响小）：对这类群体进行适当的监督关注即可，同样遵循尽量少付出精力的原则。

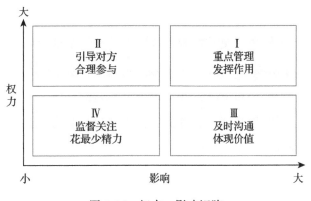

图 5-14　权力－影响矩阵

影响－作用矩阵：是按照相关方发挥的作用及产生的影响两个维度将相关方分成四类，与上述权力－影响矩阵没有太大区别。

权力－知识矩阵：是按照相关方的权力和知识掌握程度两个维度将相关方分成四类。知识掌握程度是指与项目相关的知识掌握程度，如产品的了解程度、技术的掌握程度、相关的商业信息敏感度、相关法律法规的了解程度、与项目相关的工作业务流程的掌握程度等。那么关注相关方的知识维度，主要是考虑如何激发高知识度的相关方为项目建言献策，为项目提出更有价值的建议。

认知－态度矩阵：是按照对项目的认知程度和支持态度两个维度将项目相关方分成四类。认知是指对项目的了解程度，态度是指对项目的支持或反对程度。其实认知和态度是我们管理相关方要努力达成的结果，而不是他们的自然属性，所以以认知－态度矩阵来区分相关方，价值不大，也不实用。

上面各类矩阵的目的在于对不同的相关方要分析和确定采用什么样的应对策略。应对策略既要考虑相关方的自然属性，也要考虑他们当前对项目的实际参与程度和态度，表 5-3 将相关方当前的态度分成五类，并标记了实际参与程度（C）和期望参与程度（D）。五类态度分别为：

◀ 不知晓：对项目情况不了解导致没有态度的相关方。

◀ 抵制：了解项目及其影响，或者不了解但是抵制项目的群体。

◀ 中立：了解项目情况，对项目既不明确支持也不持反对态度的群体。

◀ 支持：了解项目情况，并支持项目实施的群体。

◀ 领导：了解项目情况，并能够推进项目且有意愿去影响其他人支持的群体。

表 5-3　项目相关方管理跟踪表

序号	相关方名称	不知晓	抵制	中立	支持	领导	管理策略	行动计划
1	财务经理	C			D		II	·邀请其参加某会议 ·某信息抄送通知
2	投资方			C	D			·参与阶段评审控制 ·参与项目总结验收
3	客户				D、C			·参与样件确认 ·参与产品发布体验
4	……							

相关方管理就是与相关方进行沟通与合作，以满足其需求与期望，并促进其合理参与的过程。让项目经理能够提高相关方的支持，并尽可能降低相关方的抵制。简言之，就是把实际参与程度低于期望参与程度的群体调动起来，达到期望参与程度。这里有两个难点。一是不可能所有的人都是支持者甚至是领导者，所以我们在规划相关方管理时要比较务实地去分析和设置期望值。比如对于一个抵制者群体，我们规划通过努力让他们变成中立者就可以了，当然有能力让他们变成支持者甚至领导者更好，但是通常来说这是难以实现的。二是改变相关方的态度是一件很难的事情，需要我们多下功夫研究解决问题的方法，更多的是要从利益设计方面，而不是在情感方面下功夫。比如上述案例中公司的产品开发项目，作为职能部门的财务经理，属于高权力（项目预算的审批及费用支出的审核）、低利益（项目成功后分配的过程奖励和结果奖励都不会分到职能部门财务经理头上）的Ⅱ类群体，实际情况表现出来的就是对项目不了解，基本处于知道有这么个项目但是具体什么情况不知晓的状态，我们如何做到让他表示支持呢？其一，我们可以通过项目开重要会议时邀请其参加，来体现项目对他的需要和项目团队对他的尊重；其二，将项目的相关信息定期抄报给他，让他有渠道了解项目情况；其三，在项目团队建设活动时邀请其参加，即便对方不参加也让他感受到项目把他作为一分子了；其四，必要时项目经理和对方进行联系沟通，以请求他关注和支持项目。通过上述多种方式让对方了解项目信息，以获得对方的支持，最终目的在于引导相关方合理参与项目的过程，从而保证相关方参与活动的效率和效果。

5.3.3　相关方管理案例

我从事项目管理这么多年，关于相关方管理的案例很多，但也很复杂。如果我讲一些整车开发项目的相关方管理案例，大家未必能够很好地理解。所以这里我选择一个众所周知的历史故事——《三国演义》中诸葛亮"安居平五路"的项目来看相关方管理，我这里只谈演义，至于其历史真实性不做深入研究。

公元 223 年 6 月 10 日，刘备因伐吴不利在白帝城忧郁而终，临终托付大事于诸葛亮。曹丕趁蜀主新亡，听取司马懿的建议起五路大军伐蜀。懿曰："若只起中国之兵，急难取胜。须用五路大兵，四面夹攻，令诸葛亮首尾不能救应，然后可图。"丕问何五路，懿曰："可修书一封，差使往辽西鲜卑国，见国王轲比能，赂以金帛，令起辽西羌兵十万，先从旱路取西平关：此一路也。再修书遣使赍官诰赏赐，直入南蛮，见蛮王孟获，令起兵十万，攻打益州、永昌、牂柯、越嶲四郡，以击西川之南：此二路也。再遣使入吴修好，许以割地，令孙权起兵十万，攻两川峡口，径取涪城：此三路也。又可差使至降将孟达处，起上庸兵十万，西攻汉中：此四路也。然后命大将军曹真为大都督，提兵十万，由京兆径出阳平关取西川；此五路也。共大兵五十万，五路并进，诸葛亮便有吕望之才，安能当此乎？"

军情来报，蜀后主刘禅吓得面如土色，想问相父诸葛亮如何退敌，但诸葛亮以"染病"为由连日不出，后主刘禅只得亲自登门求教。见诸葛亮"独倚竹杖，在小池边观鱼"，后主求问时，诸葛亮大笑，扶后主入内室坐定，奏曰："五路兵至，臣安得不知，臣非观鱼，有所思也。"

结果是诸葛亮"对症下药"，不露声色地平定了五路大军。为了便于大家理解当时的军事情形，建议大家查一下三国时期的地图。其中一路以"神威天将军"拒之。西番国王轲比能，引兵犯西平关；臣料马超祖籍西川人氏，素得羌人之心，羌人奉马超为"神威天将军"，臣已先遣一人，星夜驰檄，令马超紧守西平关，伏四路奇兵，每日交换，以兵拒之：此一路不必忧矣。其二路以"疑兵"拒之。南蛮孟获，兵犯四郡，臣亦飞檄遣魏延领一军左出右入，右出左入，为疑兵之计：蛮兵惟凭勇力，其心多疑，若见疑兵，必不敢进：此一路又不足忧矣。特别说明一下，魏延一直驻守汉中，这次把他从蜀国东北方向调到西南方向，也是大跨度调防。其三路以"关系"拒之。孟达引兵出汉中；达与李严曾结生死之交；臣回成都时，留李严守永安宫；臣已作一书、只做李严亲笔，令人送与孟达；达必然推病不出，以慢军心：此一路又不足忧矣。其四路以"坚守"拒之。对于曹真引兵犯阳平关，此一路是主力，不可计取，只能讨谋；此地险峻，易守难攻，臣已调赵云引一军守把关隘，并不出战；曹真若见我军不出，不久自退矣。其五路以"外交"拒之。吴这一路兵，未必便动：如见四路兵胜，川中危急，必来相攻；若四路不济，安肯动乎？现只需用一舌辩之士，径往东吴，以利害说之，便可令东吴退出。后备队居中保障，"臣尚恐不能全保，又密调关兴、张苞二将，各引兵三万，屯于紧要之处，为各路救应。此数处调遣之事，皆不曾经由成都，故无人知觉"。

我曾经看过多遍《三国演义》书籍、电视剧以及各类三国评说，还有有关三国的管理学书籍，为了究其真也看过《三国志》。其中诸葛亮的安居平五路同空城计、草船借箭等都是非常精彩的故事，这些故事不仅体现出诸葛亮宏观战略上的谋略，也体现出微观上的相生相克的智慧，用现在的视角来看就是相关方管理的思维，根据五路大军的不同弱点"对症下药"，巧用谋、交之法，各自退之，把相关方相生相克的策略运用得淋漓尽致。比如刘备新亡后面对吴国这个最为重要的相关方，诸葛亮的策略是抛开仇恨，重新修好。后来派出能言善辩之士邓芝前往东吴，陈述利害，吴蜀重归于好，以保蜀国几十年的延续。

5.4 项目团队运营

在讲解项目团队运营之前，我们首先要搞清楚什么是团队。那什么样的组织模式才是项目团队呢？群体、团队和项目团队的区别是什么？只有把这个问题搞清楚，才不至于把很多适用于行政职能团队的管理方法拿到项目团队中来。基于行政职能的部门团队是稳定的，成员之间是有明确的隶属关系的，上下级之间是有明确的权力区分和约束的，而项目团队之间并没有这些特征。

先看看什么是群体。不同个体按某种特征结合在一起，进行共同活动、相互交往，就形成了群体。比如早些年证券交易大厅里的炒股人员、候车厅里一起等车的旅客、一起旅游的旅行团、广场上一起跳舞的大妈，这些都是群体。群体中的成员往往通过群体性活动达到参加社会生活并成为社会成员的目的，并在群体中获得安全感、责任感、亲情、友情、关心和支持。

再了解什么是团队。团队是从任务角度来定义的，团队是由少数有相互互补技能，愿意为了共同的目的、业绩目标而相互承担责任的人组成的群体。余世维老师在《打造高绩效团队》中提出团队有三种特征，只有具备这三种特征才算得上是团队，否则只是一个伪团队或者伪工作群体而已。其一，具有自主性。自主性是指团队成员能够主动承担任务，主动执行任务，为达成目标主动寻求沟通。比如一个部门的员工，在其他人问到这个部门的事情时，他能够主动地承担起来，帮助解决，这就体现出了他的自主性。其二，具有思考性。思考性是指能够根据岗位的需要去思考如何做得更好，基于收集的信息做出决策，能够指导他人开展工作，能够评价业务的运营情况，能够去改进业务现状等。其三，具有协作性。协作性好理解，就是与他人合作达成目的的行为，能够与团队成员很好地配合以达成目标。关于团队的组织类型，如图 5-15 所示。

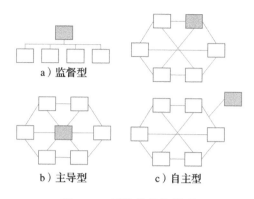

a）监督型

b）主导型　　　　c）自主型

图 5-15　团队的组织类型

5.4.1　项目型团队

那什么是项目团队呢？项目团队除了有团队的自主性、思考性和协作性三大特征之外，还兼有另外三大特征，即临时性、多样性和开放性（见图 5-16）。第一，临时性。临时性是项目团队最为明显的特性，项目组织按需成立、按计划解散，它的起始和终止是依据项目生命周期而定的。所以项目团队是实体组织与虚拟组织之外的一种临时性虚拟组织。这种临时性的特征也决定了项目团队成员的归属感不强，而且这种临时性组织通常在权力设计方面也存在不足。第二，多样性。项目团队成员不同于其他类型的团队成员。一些团队需要人员统一，而项目团队通常需要人员有差异化，所以项目团队成员的来源就比较广泛，这种多样性表现为不同的年龄、专业、经验、能力、兴趣、爱好、价值观、地区、文化等。项目团队成员的多样性势必会给项目管理带来更大的难度和挑战。第三，开放性。开放性是指项目团队成员的边界不会像职能部门团队成员那么明显，作为职能部门的人员，你属于哪个部门是不会存在不清楚的情况的，而作为项目组成员有时会感到困惑。核心组专职成员清楚自己是项目团队的成员之一，而往外延伸到非核心成员甚至到支持人员就不一定清楚自己是否属于项目团队的一员了。这显然增加了项目团队对边界区域人员管理的复杂性，势必会增加对项目团队成员管理的难度。

图 5-16   项目团队特征

搞清楚了项目团队的特征之后，就清楚项目团队的管理难点了。很多项目经理花了很长时间管理团队，但是发现这像是一个虚假的团队。一般来说有以下特征之一的都是不优秀的项目团队。

◀ 任务流不能通过项目角色传达。

◀ 项目成员不能出现在项目现场，如只在项目会议上出现。

◀ 项目成员工作中不主动、不积极，不能形成协同。

◀ 在需要额外付出时总是表现出不能合作的态度。

◀ 项目人员未从其他任务上解脱，不能按时完成工作。

◀ 会为一些琐事争吵、发牢骚和抱怨。

◀ 多数人想离开这个团队。

究其原因可能是发现自己没有被公司重视，个人诉求长期得不到满足，没有明确项目目标与成员职责，团队控制过严被束缚，项目内难以沟通协作，长期被批评教育而缺乏自信等。如果说团队出现这样或那样的问题，首当其冲是项目经理的责任。那么作为项目经理应该如何应对呢？下面谈谈项目团队的建设与管理。

5.4.2　项目团队建设

　　项目团队的组成与发展基本遵循布鲁斯·塔克曼的团队建设理论模型，即项目团队会经历组建、震荡、规范、成熟和解散五个阶段，也可称为启动、磨合、发展、成熟和收尾五个阶段，这两组名称只是翻译不同，其实它们有相互对应的关系。项目团队的绩效是随着项目团队得发展逐步提升的，但是团队的士气却会有一个上下波动的过程，如图 5-17 所示。

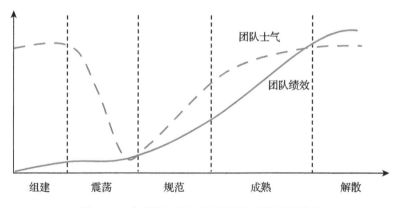

图 5-17　布鲁斯·塔克曼的团队建设理论模型

◀ **组建阶段**：项目团队刚刚组建，大家士气高涨，有一种撸起袖子加油干的冲动。但是初期大家互相不太熟悉，在工作上表现为个人主义，相对独立地工作，并没有按照团队去运作，因而绩效表现通常不会太好。

◀ **震荡阶段**：项目团队之间需要协同工作，但由于大家彼此不熟悉、不信任导致工作效果没法体现。比如这个阶段大家的典型反应是，"他怎么是这样的人""他为什么就是听不进我的意见"这种不理解很难形成良好的配合，从而使团队士气受到影响，绩效出现下滑。

◀ **规范阶段**：经过一段时间磨合之后，大家会反应过来，不能都按照自己的想法来办事，认知要提升到组织或项目的高度上来。并且，大家熟悉起来之后，相互之间的配合也出现了好转，能够更加理解和包容对方。这个阶段士气得到回升，绩效也开始出现增长。

◀ **成熟阶段**：经过相当一段时间的熟悉，大家已经相互很了解，项目团队成员之间基本相互信任，工作上能够做到相互支持，能够实现很好的配合协同，这个阶段团队士气得到进一步提升，表现出高绩效的状态。

◀ **解散阶段**：由于项目接近尾声，这个时候大家会去思考自己的未来何去何从。如果未来要加入的团队已经确定，他们通常会把关注点转移到未来的项目上去；如果还没有确定未来的项目，他们也会谋划下一步的安排。这个时候的绩效可能不会受很大的影响，但项目的凝聚力会有所下降。

针对项目成员的多样性及项目不同阶段的特点，我们如何做好项目团队的建设工作，从而提升项目的效率？关于项目团队建设的方法有很多，我总结了以下五个比较紧要的方面。

（1）**明确项目角色**。这一点大家通常认为自己在项目中做得比较好，其实这一点是经常容易忽略的。我们都知道项目中有组织机构图，每个项目的角色都有明确的职责分工，在实际项目组建过程中，大家只要对应一下角色，大体了解一下即可。具体每一个角色在项目中担任什么职责，作为项目的上级是否与其确认过，项目组成员在项目中的汇报关系及业务关系是否明确过，项目的职责分工是否明确确认过？通过多年的项目经验我发现，这是一个薄弱的环节，需要加强管理。

（2）**明确项目纪律**。依据我多年的项目经验来看，多数项目并没有进一步明确项目纪律，只是按照公司统一的员工行为规范来实施。公司的员工行为规范是大众化的，关于项目中各成员应该遵循什么原则，这些是不可能在统一的员工行为规范上说明的。在项目管理规章制度中也不好明确，毕竟不同的项目经理会有不同的特殊要求，也就是管理的个性化特点。所以对于项目应该遵循什么规章要求，在项目初期就要明确，比如我管理项目时对于开会的要求是"议而决，决而行，行而果"，这就属于我所负责项目的特殊纪律要求。

（3）**鼓励项目沟通**。项目中有两种常见现象：一是习惯于在会上沟通，而平时疏于沟通；二是两个角色之间的问题习惯于找项目经理沟通，而不是直接沟通。针对这两点，我早些年管理项目时就曾明确要求：先水平沟通，再垂直沟通。水平沟通，首先是各业务之间先横向协调，协调无果后才可以进行问题升级；其次是会议上只协调整个项目组共同的事项，对于只是两个人之间的事情，尽量会下解决，实在解决不了的才找项目经理协商解决，不可以将两个人之间的事情拿到那么多人的大会上来讨论，因为那样会浪费大家宝贵的时间和精力。

（4）**调整管理方式**。一方面，由于项目团队成员的经验和能力不同，作为项目上级主管要根据下属的具体情况有针对性地辅导；另一方面，由于从项目组建到项目解散，项目团队成员之间关系和团队士气都是不一样的，工作形式与作风也有差距，所以不同时期应该采用适宜的管理方式。比如刚组建时项目成员的士气高但是工作作风不统一，这个时期宜采用指令型方式；震荡阶段大家处在磨合期，宜采用教练式管理方式；规范阶段大家合作已比较顺畅，宜采用授权型管理方式；解散阶段由于大家可能会提前放松下来，适宜采用指令型管理方式。

（5）**适时营造氛围**。营造团队氛围的方式有很多种，我这里提倡两种类型的营造氛围的方式：一种属于重量级的，如聚餐、娱乐性的团队建设活动；另一种是轻量级的，如办公室茶话会的活动形式。先说第一种重量级的聚餐娱乐活动，这种是在项目取得重大成果时，例如通过了重要的里程碑节点，或者项目成功交付等重大事件情况下开展的。这种活动不宜多，毕竟需要投入较大的成本，也不宜少，假如项目过程中一次都没有搞过的话，显然无法很好地改善项目团队氛围。其多少要根据项目的规模和周期来综合分析和规划，如果单纯按时间来说，半年一次是比较理想的选择，具体量级要根据项目成果来配置。另一种轻量级的办公室茶话会，这种团队建设活动的频次同样不宜多也不宜少，这种活动多了起不到效果。一般来说是项目遇到问题时，如团队之间协作不好的情况下，选择一个适当的时机大家坐在一个轻松的环境氛围中"聊一聊"，让大家各抒己见发表自己的观点和看法，让大家来个思想的碰撞与交融。

5.4.3　调整管理风格

关于管理者风格的知识派系很多，如领导风格、领袖性格、人物性格等，各不相同也各有道理。我比较认同的有两种。一是关于人物性格方面的。这个方面的知识体系有希波克拉底气质学说、FPA® 性格色彩、MBTI 16 种人格类型、九型人格、PDP 行为特质动态衡量系统，以及 DISC 人物性格。在这个领域，我认为最有代表性的是 PDP 行为特质动态衡量系统，国内培训领域比较主流的是 DISC 人物性格。这两者极为相似，我一直感觉 DISC 是从 PDP 上移植过去的。PDP 行为特质动态衡量系统可以简单地理解为五种动物性格，这个后续我们在项目沟通章节中再讲述。二是关于管理风格方面的。这个方面有代表性的是丹尼尔·戈尔曼在《哈佛商业评论》发表的 *What Makes a Leader* 中提出的六种领导风格，即专制型、权威型、关系型、民主型、领跑型、教练型。各种管理风格的工作方式及对氛围的影响都不一样，比如说专制型要求立刻服从；权威型强调远景目标，号召员工为之奋斗；关系型注重建立情感纽带，创造一种和谐的上下级关系；民主型希望通过大家共同参与来达成共识；领跑型会设定很高的绩效标准，让大家按照这个标准来要求自己；教练型则强调无为而治，重点目标放在为未来培养员工上。

1. 专制型领导风格

专制型领导会设定组织和个人的目标，强调组织及员工以绩效为导向，不注重人性关怀。这种类型的领导给你制定必须达成的任务目标，至于你，如果因为身体原因需要调整，通常来说是不会同意的。所以专制型领导风格在大多数情况下是最没有效果的，因为它没有灵活性，扼杀员工的创新思想，员工没有被尊重，对报酬体制也会产生破坏作用。大多环境下我们不推荐使用这种管理模式。但是，当公司正处于扭亏为盈的关口，或者面临恶意收购时，或者处于其他危急时刻，或者对待问题员工时，或许采用这种模式是能够马上收到效果的。

2. 权威型领导风格

权威型领导是个有远见的人，他会制定并且分解组织的目标，让员工清楚地知道自己的工作是组织远景目标的一部分，从而激励员工。每位员工都清楚自己合格的标准是什么，也知道奖励的依据是什么，并且会为此而努力。这种领导强调最终的目标，但他们不会问清员工如何达到这一目标，而是给员工充分施展自己才华和能力的机会。所以权威型领导风格适用于几乎任何商业环境，尤其适用于目标不明确的企业。但是，当权威型领导面对的是一群比自己更有经验的专家或同事时，大家就会认为他自高自大或装腔作势，这样就会难以起到正面的作用。另一个局限性是，当领导因为过于追求权威而变得傲慢专横时，就会破坏团队氛围，从而影响到团队的状态。

3. 关系型领导风格

关系型领导会以员工为中心，他认为人和情感比任务和目标更重要。关系型领导会想方设法让员工感到开心，并在员工中创造一种和谐的关系，通过建立牢固的情感纽带进行管理，从而让员工忠心耿耿。他们从不吝啬溢美之词，对优秀的工作表现总是及时给予正面的反馈或是奖励。所以关系型领导风格在创造团队氛围、提高员工士气、加强交流与沟通或者修复信任关系等情形中尤其能发挥作用。但是不宜单独使用，一味地表扬容易使员工认为平庸是可以接受的，当员工遇到复杂的问题时就会失去方向，从而无所适从。

4. 民主型领导风格

民主型领导认为花时间去了解别人的想法和意见，就会赢得他人的信任、尊重与支持。让员工参与工作目标和评估标准的制定，增强员工的灵活性和责任感，倾听员工的呼声可以知道如何使他们保持高昂的士气。民主型领导风格的不足之处在于，达成共识的时间会比较长，甚至有些领导会因为大家意见不统一而拖延决策，让员工无所适从，尤其在危急时刻容易造成延误和人心混乱。所以民主型领导风格适用于领导自己无法确定最佳方向，需要优秀员工出谋划策时，或者需要延后决策宣布的时间时，或者事件不紧急的情况。

5. 领跑型领导风格

领跑型领导会制定极高的业绩标准，而且总是身先士卒，他要求每个人都要做到与他同样出色。对工作表现差的员工会立即要求改进，如仍不符合要求，会用能力更强的人取而代之。所以领跑型领导风格的不足之处在于会破坏工作氛围。员工对领跑型领导的过高要求望而生畏，士气随之低落。由于领跑型领导从不明确讲出工作的指导原则，而是希望员工自己领会，因此员工总是在揣摩领导的心思，而不是尽心工作，工作缺乏灵活性和责任感。所以领跑型领导风格适用于领导有高超的技能，员工受过良好的教育，或者员工在优秀企业系统培训过后成为一名优秀员工的情形，比如擅长自我激励的专业人士组成的团队——咨询顾问团队、研发小组或法律小组等。

6. 教练型领导风格

教练型领导会帮助员工认识自己独特的长处与短处，并将其与个人的抱负和职业发展联系起来。他们鼓励员工树立长期的发展目标，帮助员工制订实现目标的具体计划，并就员工在实施计划时的角色和职责与员工取得一致意见，同时给予充分的指导与反馈。教练型领导十分擅长授权，他们将挑战性的工作分配给员工，容忍下属失败，只要这个失败对今后有警示作用和借鉴意义。所以教练型领导风格适用于多种商业环境，但是也许只有在员工"心甘情愿"时才最有效，如果领导不能做到循循善诱，那么也发挥不出作用来。

总的看来，六种领导风格对团队氛围有正面或负面的影响（见表5-4）。我们不提倡经常使用专制型和领跑型，而需要掌握多种领导风格，在权威型、民主型、关系型与教练型等多种领导风格中按场景需要切换使用。作为项目经理，在没有获得行政权力或者只被赋予微小的权力管理项目组成员时，更需要娴熟掌握这些领导方法。另外，虽然这四种领导风格相对较好，但也不提倡只使用或者只会使用其中一种风格，或者一成不变地沿用这种风格，否则对员工士气和情感的漠视将对工作氛围造成毁灭性影响。只有根据场景需要灵活使用，才能营造出更好的氛围，创造出更佳的业绩，保障项目成功。

表 5-4   领导风格对团队氛围的影响

类别	专制型	权威型	关系型	民主型	领跑型	教练型
灵活性	−0.28	0.32	0.27	0.28	−0.07	0.17
责任感	−0.37	0.21	0.16	0.23	0.04	0.08
标准	0.02	0.38	0.31	0.22	−0.27	0.39
激励	−0.18	0.54	0.48	0.42	−0.29	0.43
明确性	−0.11	0.44	0.37	0.35	−0.28	0.38
投入程度	−0.13	0.35	0.34	0.26	−0.20	0.27
对氛围的影响	−0.26	0.54	0.46	0.43	−0.25	0.42

注：数据来源于丹尼尔·戈尔曼在《哈佛商业评论》发表的 *What Makes a Leader* 一文。

5.5   项目绩效管理

5.5.1   项目绩效管理概述

谈绩效管理大家首先想到的就是员工绩效考核，比如划分 A、B、C 绩效档次与工资挂钩，这在业内称为员工绩效。另外还有组织绩效，也就是体现公司整体运转如何，部门整体目标实现得怎么样，用来评价公司和各级部门的目标达成情况的指标体系，在行业里称之为组织绩效。通过多年辅导发现，有的公司连员工绩效管理都没有，还有相当一部分公司的员工绩效管理只是走走形式。管理稍微规范点的企业即使有员工绩效，也没有组织绩效，而实施了项目绩效的企业更是凤毛麟角。大家可以思考一个问题，公司的整体运转情况是不是应该包含如产品开发等核心业务的情况，公司的销量好坏是否也依赖于公司及时投入的新产品研发项目？这是显而易见的，所以公司的组织绩效应该包含项目绩效。关于员工绩效和组织绩效管理，这方面的知识体系已经很丰富、很完善了，我就不再赘述，这里只谈项目绩效。

首先要清楚的一点是，项目绩效对于组织、项目管理者及项目组成员来说，都是不可或缺的。第一，我们都知道公司远景目标的实现最终要落到单个项目及企业的生产运营中，这一点在《组织级项目管理成熟度模型》(OPM3®) 中也有定义（详见图 3-1），所以项目运行良好对于公司远景目标的实现起着至关重要的支撑作用；第二，对于项目管理者来说，要管理好项目，也需要有绩效管控的手段，不能只让项目经理担责任，同样也要赋予项目经理相应的权力；第三，对于项目组成员来说，在项目中的表现也希望获得客观的评价、反馈和相应的回报，这样才能形成良性循环。所以项目绩效管理对于组织、项目管理者和项目组成员来说都是非常有价值、有意义的事，具体来说包括以下五个方面。

第一，达成企业的战略规划和远景目标。项目绩效管理是为企业战略规划和远景目标的实现服务的，这是企业管理的大局，也是项目绩效管理的努力方向。

第二，提高项目组成员的业绩水平。与达成企业的战略规划和远景目标一样，提高项目成员的业绩水平是项目绩效管理的目标。通过绩效评价考核，可以对项目组成员绩效水平的高低有精准的把握，为其后续职务晋升、薪酬调整、培训发展等提供依据。而且，项目绩效管理既是项目的需求，也是组织的需求。

第三，提升项目组成员的业务能力及自我管理意识。在项目中实施绩效管理，对于多数长期在项目中工作的人来说，是一种很好的自我提升。

第四，培养项目管理的人才队伍。项目管理规范了项目组成员的行为，使项目管理趋于规范化和科学化，同时也培养了项目队伍。

第五，是管理项目组成员的有效手段。项目绩效管理将项目目标传递给项目团队中的每一个成员，并取得他们对项目目标的认同，使整个项目团队成员能够共同朝着目标努力。并且项目组成员可以了解上级对自己的工作期望，知道自己要做什么，做到什么程度，使得项目管理者不必过多地介入具体的工作，从而节省大量的时间和精力。

项目绩效管理很重要，但是由于项目临时性的特点，所以项目绩效管理就不同于组织绩效管理，它是有周期性的。我们需要激励一个高效的团队来完成项目目标，但是又不宜将项目绩效管理另起炉灶，搞出一套新的绩效管理体系，否则势必会让管理增加复杂度。最为合适的做法是把项目绩效融合到组织绩效体系中去，或者按照组织绩效管理体系的原则去实施，所以在设置项目绩效时要考虑到周期性和岗位的匹配性。

5.5.2   确定项目绩效指标

确定项目目标按下面三个步骤进行：一是制定总体项目目标，二是分解目标，三是达成共识。目标确认之后就进入监控测量与评价反馈阶段了，后续的内容不在这里讨论。

第一，制定总体项目目标。总体项目目标的制定并不困难，因为项目目标通常是有参考的，比如项目进度、项目成本投入、产品质量目标、项目收益目标、项目范围目标等。行业内通常使用的 FQCDS 指标体系，就是把项目财务类指标、质量指标、成本指标、进度指标和服务指标进行整合，示例如表 5-5 所示。

表 5-5   产品研发类项目目标清单

序号	类别	指标	指标值	参考值	备注
1	项目进度	进度节点偏差			
2	项目收益	收益预测			
3	产品成本	采购成本占比			
4	产品预算	费用化支出偏差			
		资产化支出偏差			
5	产品质量	性能			
		外观			
		可靠性			
6	项目范围	项目范围偏差率			

通常来说，项目目标是项目管理部门制定并发布的，多数情况下

项目目标制定得比较高，太富有挑战性，以至于项目组人员抱怨强烈。所以我们在制定目标时还是要遵循 SMART 原则的，它能够帮助我们把目标制定得更加合理可行。SMART 原则由五个要素组成：其中 S 是目标的明确性（Specific），M 是目标的可度量性（Measurable），A 是目标的行为导向性（Action-oriented），R 是目标的现实性（Realistic），T 为目标的时间限制性（Time）。我们在制订计划时要参考 SMART 方法反复讨论并进行调整，以确保制定的目标符合每一条 SMART 标准。

第二，分解目标。确定了项目总体目标以后，后续分解到业务模块及项目角色是比较难的。我们做项目都会进行工作结构分解 WBS，分解出来的各项工作是我们制订计划的一部分，那么针对项目各业务模块及项目角色具体采用什么样的评价指标是比较难的。比如整车产品开发项目的指标清单已经制定了，那么对市场业务模块、产品设计开发业务模块、生产制造模块、采购模板等在项目中设定什么样的指标合适呢？设定的项目指标与职能部门的组织绩效指标又有什么区别呢？这是值得思考和探讨解决的问题。当然，关于项目中各模块的指标有哪些，有详细的最佳实践企业的案例，但是这属于企业的商业信息，我在这里就不展示了。

第三，达成共识。我们先来看美国著名管理学家彼得·德鲁克（Peter F.Drucker）关于目标管理的描述，他在《管理的实践》中就提出，"目标管理和自我控制"是由管理者与被评定者共同制定可测量的绩效目标，并定期检查其完成情况的方法。其中重要的一点是"共同制定目标"，就这一点我们通常做得不太好。比如，实际上无论是管理企业还是管理团队，通常来说都由上级来制定目标，而且很容易忽略与目标负责人探讨并达成共识，以至于目标责任人对目标没有认同感，虽然在努力地去实现这个目标，但是意愿比较低，驱动力不足。所以关于分解后的目标，管理者与目标责任人就需要实现的目标在胜任能力及可行性上要达成共识，个人的胜任力与目标的高度要保持在一个可行的范围内，具体可以通过讨论会等形式达成共识。讨论过程是至关重要的，讨论过程中可以协商那些具有现实挑战性的绩效目标中的不同意见，找出对每个绩效目标的结果有最大影响的因素，最终使管理人员和员工就绩效目标的设定达成共识，及时修正不合适或超量的目标，确保目标的合理，以通过共同努力最终实现既定目标。需要指出的是，在识别制定绩效指标时，不仅要关注项目结果，同时还要关注项目过程；不仅要关注项目，还要关注整个企业组织。总的来说，各项目的目标要考虑到对企业组织的总体贡献，各模块的目标要考虑对项目目标的贡献。只有各模块的目标实现时，项目目标才能实现；项目目标实现才能支撑起企业组织总体目标的实现。

纵观诸多企业的项目绩效管理，多数处于空白状态的原因是没有人担起项目目标制定与分解的职责。项目组通常认为项目绩效管理是项目管理部门的职责，因为作为项目组人员没有谁愿意主动把自己捆绑起来。项目管理部门习惯性地认为绩效管理是人力资源部门的职责，项目管理部门以前没有这个职能，自然也不愿意主动揽责。人力资源部门往往也不承认这是他们的工作，虽然绩效管理归他们管。一方面，人力资源部门可能无法承担这个职责，因为人力资源部门管个人绩效和组织绩效；另一方面，项目绩效对于他们来说一个新的领域，应该是项目管理部门的职责。实际上项目绩效的设计需要企业管理者、项目团队和项目管理部门来共同制定，并且绩效管理目标的制定必须透明、公正，做到由上而下多沟通。只有这样，所要完成的目标才能形成自上而下的传递、自下而上的支撑，层层关联，相关责任部门、责任人才会有积极性地去实现目标。

5.5.3 项目绩效管理案例

制造业领域的多数企业在进行项目管理时会采用矩阵式管理模式，如图 5-18 所示。

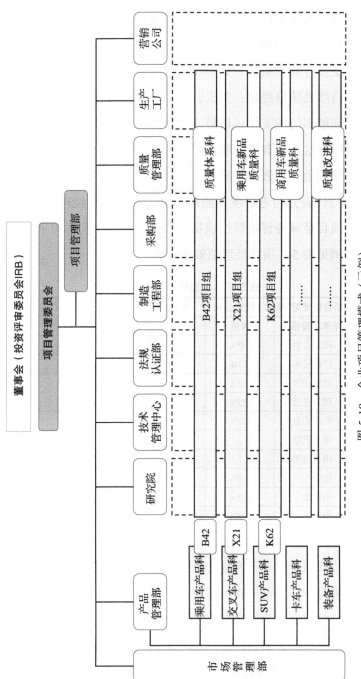

图 5-18 企业项目管理模式（示例）

横向是各职能部门，负责专业技术支持；纵向是项目，通过项目管理推动项目在跨部门中运行。我们这里谈项目绩效，首先，要了解项目的成败是受多方面约束的，如果项目没有取得相应的交付成果，承担首要责任的自然是项目经理；其次，项目经理如果要管理好项目，自然离不开各个职能部门的支持；最后，项目经理还依赖于项目团队成员的大力支持。所以这几个群体是项目成败的重要相关方。

我选择的最佳实践案例采用了三层次绩效体系的设计：第一层为项目管理部门代表公司考评项目经理，第二层为项目经理考评职能部门，第三层为项目经理考评项目组成员。关于第一层如何考评项目经理，代表性的案例见表5-6项目经理绩效考评表。

表 5-6   项目经理绩效考评表

责任主体	项目管理部 PMO（代表公司）		考核对象	项目经理	
	评审决策维度	权重	目标	实际	评分标准
项目结果	项目收益	10%			
	产品成本	10%			
	项目预算	10%			
	项目进度	20%			
	产品质量	20%			
	项目风险	/			
	项目范围	/			
能力成长	指标 1	10%			
	指标 2	10%			
工作量	指标 3	10%			
考核点	阶段节点 \SOP+6（12）				

第二层项目经理如何考评职能部门，不同的企业有各自的做法，有的设置非常具体、详细的指标，有的则非常简化。实践表明，复杂的指标体系未必好用，因为统计起来需要大量的数据，会增加管理成本，如果绩效管理不规范，就会越来越趋于形式化。所以，如果采用了复杂的评价指标体系，建议绩效指标合并统一做简单化处理，免得增加管理

成本。

　　第三层项目经理考核项目组成员，强烈建议合并到人力资源绩效管理体系中，切不可另起炉灶搞出一套项目组内的绩效管理体系。行业内的通常做法是由项目经理和职能经理对项目组成员做绩效评价，赋予项目经理一定的打分权限，如占比40% ～ 70%，具体占比看公司想赋予项目经理的权力大小，如果公司的项目业务比重较高，建议向项目经理倾斜，反之则向职能经理倾斜。至于评价的工具方法，采用公司人力资源绩效管理的工具模板即可，各公司在这个领域的模板大同小异，基本上都是专业的，所以我就不在这里展示了。

| 第 6 章 |
Chapter6

项目进度管理

任何事情都需要进行构思和实施，进度
管理能够保障两者一致。

　　项目管理计划对于项目及项目团队来说有多重要，是不言而喻的。如果说项目经理只有精力做两件事情，那么其一是沟通，其二就是计划了。项目管理计划是后续项目执行的主要依据，也是项目得以实现目标的保障。项目实施过程中预先制订计划就是进行项目预演，能够提前识别项目风险；预先制订计划时集中研讨，能够有效促进团队成员之间的沟通；共同制订的计划还能够获得大家的认同，为计划的执行奠定基础。但是我在多年的辅导过程中发现，多数企业说项目管理计划很重要只是停留在口头上，并没有真正地当回事。在制订项目管理计划过程中并没有下功夫，导致项目管理计划很粗放、不严谨，只是一个交付物，计划与执行"两层皮"现象严重。这样就导致项目管理出现了"三边行动"——边计划、边实施、边修改。没有项目计划的有效指导，项目执行过程就像哥伦布探险——走的时候不知道去哪儿，到了不知道自己在哪儿，回来之后不知道去过哪儿。

6.1　项目计划管理概述

这个小节来解读项目计划的管理。关于项目计划有"项目管理计划""进度管理计划""项目计划管理"等几个名称极为相似的专业名词，即便是项目管理专业人士对这几个概念都容易混淆，就更别说一般的读者了。下面我对这些概念进行解读。

6.1.1　项目管理计划

项目管理计划包括范围管理计划、需求管理计划、进度管理计划、质量管理计划、成本管理计划、资源管理计划、沟通管理计划、风险管理计划、采购管理计划、相关方参与计划，以及三大基准（范围基准、进度基准、成本基准）和其他组件（变更管理计划、配置管理计划、绩效测量基准、项目生命周期描述、开发方法和管理审查说明）。所以项目管理计划是项目各类计划的统称，而项目进度计划属于项目管理计划的一部分。项目管理计划与项目进度计划的区别如图 6-1 所示。

图 6-1　项目管理计划（左）与项目进度计划（右）的区别

什么是项目进度计划呢？项目进度计划是指为各个相互关联的活动标注计划日期、持续时间、里程碑和所需资源等的星系图表，它包含项目任务名称、具体描述、起止时间、使用资源、交付及交付标准等一系列因素。图 6-1 中右侧是一个典型的可视化项目进度计划的示意图。我们日常所说的项目管理计划或项目计划都是指项目进度计划，标准名称应为项目进度管理计划。

6.1.2　项目计划分类

通常来说项目是庞大的，其计划也是复杂的。在一个组织中，公司管理层使用的项目计划与项目管理员使用的计划不能是一样的，项目经理使用的计划与质量经理使用的计划也不能是一样的。所以除了上述所说的项目管理计划按专业模块（需求、进度、质量、成本等）划分外，还要依据管理的不同层级对计划进行分层设计，依据使用的不同场景匹配设计。只有遵照"计划分层，管理才能分层"的思想将项目计划进行分类与分级，并匹配不同的层级与人员，才能使项目计划具有实用性和做到管控的针对性。

1. 按表现形式分类

项目管理计划，根据使用环境的需要或组织的习惯可以有不同的表现形式，总体可以分为同步图计划、列表计划和网络图计划。

（1）同步图计划。以时间为轴线将项目周期分为若干等份，比如用 Excel 的一格宽度表示一个时间单位（一个月、半个月、一周、5 天或 1 天等），将项目工作项以点的形式标记在地图上。横向对应相应的职能，纵向对应工作发生的时间。时间可以标记为开始某项工作或完成某项工作。其优势（S）在于能够直观展示全貌，能够展示任务的前后关系；劣势（W）在于计划中能描述的任务量有限，准确度欠缺，不便于匹配到具体的责任人。

（2）列表计划，以工作列表的形式，用文字逐条描述任务、时间与工期、匹配的资源等内容的计划。其优势（S）在于能够全面展示信息，制作简便；劣势（W）在于不够直观。

（3）网络图计划，用任务代号和箭头连线来表示活动之间的网络关系，展示活动之间网络关系的图形。网络图计划的优势（S）在于直观、任务逻辑清楚；劣势（W）在于复杂度相对较高，制作困难。小的网络图可以手工完成，复杂的网络图则需要使用专业工具制作，如 Project。

以上三种表现形式的计划解读完后，大家可能会说还没有介绍甘特图。其实甘特图计划是一种复杂的综合性计划（见图 6-2），既有同步图计划的功能，又有列表计划的特征，还兼具网络图计划的风格，所以甘特图是一种综合性计划。甘特图的制作非常依赖于 Project 这类非基本办公软件，靠手工很难实现。甘特图在绘制完成之后可以按需转化为以上三种计划形式。对于这三种类型的计划，你认为哪一种计划更好呢？其实这里无所谓哪一种好、哪一种不好，因为它们各有各的优点，各有各的使用场景，具体的转化选择要看哪一种计划适合于你所在的组织了。比如项目经理及以上层级的人员习惯使用同步图计划，项目管理员层面的人员习惯使用列表计划，而甘特图是用 Project 开发的，这类软件不是谁都能够掌握的，所以在条件不成熟的情况下强推项目计划的工具，可能会存在较大的阻力。

2. 按时长分类

项目管理计划按照时间周期可以分为全周期计划、阶段计划、节点计划（见图 6-3）。所谓项目全生命周期计划，就是包含从项目开始至项目结束全过程内容的计划。比如一个汽车产品开发项目的启动时间是 2017 年 9 月 1 日，结束时间是 2020 年 8 月 30 日，项目周期是 36 个月，全周期计划就是自始至终的项目计划。阶段计划分为年度计划、季度计划、月度计划或周计划等，也可以更长，比如国家的"十三五""十四五"

规划就是五年的阶段计划。节点计划也是阶段计划的一种，只是节点计划是按照项目节点（或称"阈点""里程碑"）来划分的，而不是按照自然时间段来划分的，所以我把它单列出来作为一种形式。

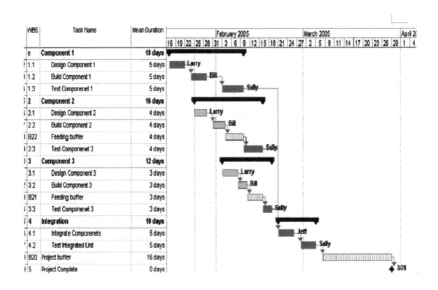

图 6-2　甘特图计划

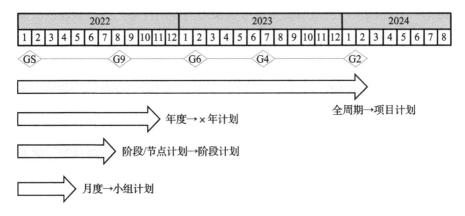

图 6-3　时长分类进度计划示意图

3. 按计划层级分类

不同层级的管理人员对项目的关注点不同，比如公司管理层、项目集经理只是关注项目的投产时间及关键阶段节点，项目经理需要了解主要工作内容，而项目管理员及成员需要了解更加详细的内容，所以需要对项目计划做必要的分级（见图 6-4）。那么项目实践中我们把只表现出项目节点而没有具体内容的项目计划称为 0 级计划；把含有项目各职能领域主要工作内容的计划称为 1 级计划；在 1 级计划基础上对某一领域（如设计开发、质量管理、采购管理、生产启动等）进行详细展开的计划称为 2 级计划；把 2 级计划往下详细再分的计划称为 3 级计划，如设计开发计划中的造型开发计划、试制试验计划等。当然项目计划还可以往下再分层级，但是项目计划层级不宜分得过多，因为计划的层级应该对应项目组织中的管理层级来设置。如果项目组织成员分为项目经理、系统经理、组长、成员，那么项目计划可以分为 3 个层级分别对应项目经理、系统经理和组长层级，成员层级执行计划中规定的内容即可。

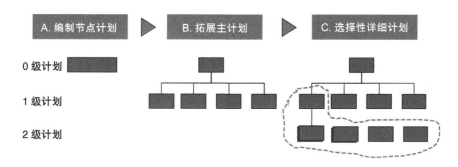

图 6-4　项目管理计划分级

4. 按制订方式划分

项目计划的分类方式有很多，还可以按计划制订的形式来分，称为滚动波计划（见图 6-5）。这种计划在《项目管理知识体系指南》(PMBOK® 指南)(第六版) 中没有重点提及，按上述分类规则放在哪一类都不是太合适，所以我将其单列出来作为一个分类。所谓的滚动波计划，是指在项目全生命周期中选择近期比较熟悉和确定的工作内容进行详细的分解，对后续时间的工作项只做粗略的分解，形成一个"前细后粗"的特殊的项目计划。这种计划形式符合项目渐进明细的原则，除了省时高效，也能避免因项目中止或者重大调整造成已投入工作资源的浪费，所以在项目实践中这种计划非常适用。

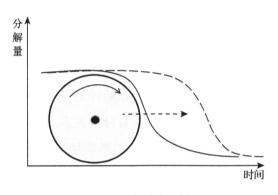

图 6-5　滚动波计划

6.1.3　项目计划管理

什么是项目计划管理？它包含如何进行项目计划的定义、分类、编制、审核、批准、变更及维护等一系列要求。以项目进度计划管理要求为例，它包含关于进度计划制订的各项要求。例如，采用什么样的项目进度模型；基础的模板是什么，是同步图式的、任务列表式的还是网络图式的；计划发布与迭代长度怎么来确定，是按阶段、节点还是按固定周期；准确度的允许值是多少，如活动持续时间估算的可接受区间是 ±3 天还是 ±10 天；项目应该储备的数量，即备用的时间是多少，这个是根据公司不同管理水平而做的预留；项目计划中对计量单位要求、控制临界值、沟通报告的要求等。我讲的这些大家可能很难理解，如果你有企业工作经历，那么企业中关于项目计划管理的程序文件或管理办法这类体系文件应该包含上述内容。比如企业中的项目计划管理办法应规定项目计划由谁来编制、审核、批准，以及变更管理要求等，所以你把项目计划管理的相应体系文件理解成项目计划管理方法就可以了。

6.2　项目进度计划制订

6.2.1　计划制订方法

关于进度计划的制订我讲三个方面：一是实际中企业常用的计划制订方法；二是 PMBOK 提供的标准的计划制订方法；三是我们推荐的计划制订方法。

第一，企业常用的计划制订方法。通过多年企业咨询辅导我们发现，企业通常会找一个类似项目的项目计划作为基础，然后在此基础上做补充和删减，经过大家的一番讨论就确定下来了，这种方法称为经验参照法或类比法。这种计划制订方法非常依赖于基础项目与新项目的相似程度以及基础计划的水平，如果能够有一个相似度很高的项目，那计划制订起来就容易得多；反之，如果没有极为类似的基础计划作为参考，那么制订计划的工作量就不会小，并且这个基础计划的水平很大程度上影响着新项目计划的水平。由于新的项目团队过于信赖基础计划，以至于没有投入时间和精力对新项目计划做周密的评审，导致项目计划制订不严谨和后期问题频发，这种项目计划制订方法为项目的失败埋下了伏笔。

第二，PMBOK 提供的标准的计划制订方法（见图 6-6）。第一步，规划进度管理，就是之前讲到的如何进行进度管理计划；第二步，活动定义，就是进行工作结构分解，将目标分解成工作包和具体活动；第三步，排列活动顺序，就是识别活动之间的输入输出关系及逻辑顺序并标示出来；第四步，估算活动资源，就是估算项目所需的资源，如工时、费用和成本等；第五步估算活动时间，就是估算基于现有资源项目活动所需要的时长；第六步，制订进度计划，就是将项目活动根据逻辑关系汇总加工成书面化的项目计划；第七步控制进度，即进入了项目进度监控与管理的过程。

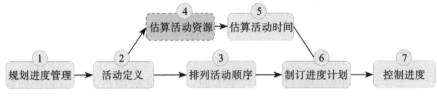

图 6-6　项目计划制订流程

项目管理标准中提出的项目进度计划制订方法是比较系统和完整的，但是从逻辑上看与现实情况不符。所以标准中推荐的项目计划制订方法在落地执行方面还是有待商榷的。下面介绍我们推荐的项目计划制订方法。

第三，我们推荐的计划制订方法。汽车行业多年的实践经验表明，多数大型企业，在项目管理方面是有一定的基础的，只是水平高低不同而已。比如有些企业关于项目计划的管理办法是有的，即便是没有，也有了约定俗成的经验做法。所以实际中企业的项目计划制订方法并不是按照上述项目管理标准中的步骤来制订的。比如，第一步，规划进度管理是已经完成的日常工作，不会在项目启动时再去制定。第二步，项目的活动定义对于已经有经验的项目来说，有类似的经验数据做参考，不需要当下去分解和制定。第三步，排列活动顺序这个步骤会做，不过也是基于经验对一小部分业务做关联识别；至于估算活动资源和活动时间，在项目实际实施过程中，逻辑顺序是颠倒过来的，因为现实中做项目时极少有允许开放性地评估项目时间的情况，都是"以终为始"式的倒排项目计划，即已经确定了最终的产品交付时间，基于这个时间去分配时间资源，再基于允许的时间去解决资源问题，甚至通过非常规手段去推进项目进度，如长期的加班加点、删减工作环节及工作外包等。制订计划的实际流程我在下文重点阐述。

6.2.2　计划制订流程

1.策划进度计划的层级结构

制订项目进度计划，首先要思考的就是计划的层级设置。一个项目计划设置多少个层级合适呢？根据项目最佳实践的经验来看，计划的层级应该对应项目中的管理层级来配置。例如，汽车产品开发项目中设有项目总监、业务经理、系统经理、模块主管、项目成员 5 个层级，其中项目总监是项目经理的概念，上面有项目管理委员会负责指导，那么把项目计划策划为 4 个层级比较合理。

- ◄ 1 级计划：包括项目各方面业务的重点内容，如整车开发项目 1级计划，使用对象为项目总监（项目经理层）。
- ◄ 2 级计划：包括项目单一业务内容及其展开，如技术开发 2 级计划、质量管理 2 级计划，使用对象为开发经理、质量经理（业务经理层）。
- ◄ 3 级计划：单一业务下的分组（模块）业务内容的展开，如造型开发计划、项目试验计划（DVP），使用对象为造型经理、试验经理（系统经理层）。
- ◄ 4 级计划：单一模块业务的详细工作内容，如模型制作计划、道路试验计划，使用对象模型组长、试验组长（模块主管层）。

项目 4 级计划往下到项目成员层面，原则上还是要求有具体的工作计划来指导工作的，只是作为项目管理层面不要求那么细致罢了，所以这里没有做明确的要求。特别说明一下，项目 1 级计划往上还有 0 级计划。所谓 0 级计划，就是将项目 1 级计划中的时间节点挑选出来，形成一根时间轴上只体现项目节点的计划。实际中通常将多个项目的 0 级计划汇总起来形成类似于产品规划路径式的"作战图"，有利于公司领导层关注和了解项目进展，这种 0 级计划原则上不作为一个计划层级来管理。

2. 确定计划的表现形式

计划层级确定后要确定计划的表现形式及制作工具。计划的表现形式在第 5 章介绍过，在这里就不再赘述了。但是要说明的是，不同层级的计划要按需选择不同的表现形式，最为常见的是同步图计划和列表计划。为了直观，高层多用同步图计划；为了具体，基层多用列表计划。计划制订的工具按优劣势排序依次为 Project、Excel、Word、PPT。Project 固然好，但它是基于程序域设计的，熟悉 Office 的人员基于习惯去使用，往往一时难以掌握和熟练使用，所以推行用 Project 工具制订计划时一定要加强 Project 的培训；实际上，企业中使用 Excel 制订计划的居多，Excel 好用也好掌握；特别不推荐使用 Word 和 PPT 制订计划，因为这两种工具难以体现计划的全面性和使用的便捷性。

3. 任务分解与活动定义

任务分解自然离不开 WBS，WBS 是每位职场人士都应该掌握的工具，它可不只是应用于项目管理，在职场中各方面的应用都极为普遍。WBS 将一个目标分解成很多的具体活动，从而使目标变得更易操作与管理（见图 6-7）。WBS 分解与定义活动，理论上只有自上而下分解这一种方法，但是在实际工作过程中我们使用的是三种模式：一是自上而下法，即把项目从粗粒度的任务逐层细化，得到整个项目的分解结构；二是自下而上法，即将细小工作粒度的任务逐层归纳，得到整个项目结构树；三是类比法，即参考类似项目的 WBS 和以前的项目经验，根据现在项目的特点进行必要的调整，从而得出本项目的工作结构树。三种方法各有利弊，自上而下法的优势在于完整性较强，但是与执行层面的匹配性较差；自下而上法容易得到执行层面的理解与支持，但是容易有缺漏项，完整性存在风险；类比法相对于前两种方法快捷高效，但是需要前期有类似的项目作为参照源，对于新型项目来说，本方法就失效了。

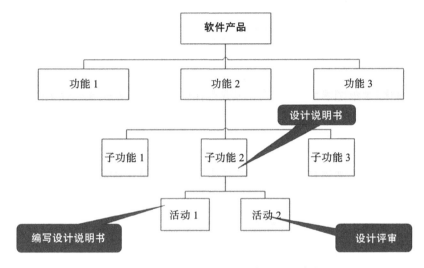

图 6-7　WBS 示意图（以软件产品为例）

那么对于一个复杂的汽车产品开发项目，如果没有基础的 WBS 怎么办？我们需要组织资深的项目组成员，通过自上而下的分解、自下而上的匹配形式完成。先按项目周期进行阶段性分解，如汽车产品开发项目分为方案与概念阶段、开发与验证阶段、生产启动与量产阶段。方案与概念阶段又分为项目启动、目标纲要、方案确定、项目批准四个节点，这是基于时间周期维度的 WBS 分解。选定其中一个节点区间，如目标纲要到方案确定之间，再按业务模块分解，如市场业务、设计开发业务、采购业务、过程开发业务、质量管理业务等。其中设计开发业务又分为造型开发、总布置、车身、底盘、电子、动力附件。底盘业务接着往下分解为制动、悬架、转向领域等。当然还可以接着往下分解，直到形成最小的交付成果为止。WBS 要遵循的一条基本原则是分解到最小的交付成果。交付成果与项目活动之间还有一步本质性距离，那就是活动是指为完成项目的各个交付成果所必须进行的诸项具体行动。以 WBS 的最小的交付成果——设计任务书为例，活动就包括编制设计任务书、组织评审、发布等（见图 6-7）。

4. 活动排序

在确定了项目活动之后，需要识别活动与活动之间的逻辑关系。活动之间的逻辑关系有四种，即结束与开始（FS）、结束与结束（FF）、开始与开始（SS）和开始与结束（SF），具体情况如图 6-8 所示。这里需要补充说明基于任务逻辑关系的两个时间概念——提前量与滞后量。提前量是指在前后逻辑任务中后续任务的开始时间早于前置任务的结束时间的时间间隔；滞后量为前后逻辑关系任务中后续任务的开始时间晚于前置任务的结束时间的时间间隔。这两个概念大家在此先了解一下，后续制订计划时要用到。

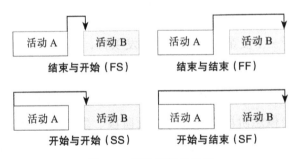

图 6-8　活动逻辑关系图

5. 确认许可时间

估算活动时间最为常用的方法就是经验法、类比法以及三点估算法等。所谓经验法，就是依据专家的经验进行估算；类比法则是通过借鉴以往项目经验数据进行评估。这两者其实本质上没有什么不同，都是参照以往经验，前者在脑子里，后者在文件中。在时间估算中用得比较多的是三点估算法，三点估算法就是依据最可能时间 t_M（基于最可能获得的资源、最可能取得的资源生产率、对资源可用时间的现实预计、资源对其他参与者可能的依赖关系及可能发生的各种干扰等，所估算的活动持续时间）、最乐观时间 t_o（基于活动的最好情况所估算的活动持续时间）、最悲观时间 t_p（基于活动的最差情况所估算的活动持续时间），加权平均计算出一个时间值的估算方法。

在项目实践过程中，由于有些活动是全新的，没有以往经验可以参考，这种活动的时间估算就比较麻烦。那么对于这种活动，需要进一步拆解成更小的活动，以便于估算和保持较小的误差。再采用自下而上相加的形式，即估算下层的活动时间，相加成为整体活动的时间；再基于总体活动的时间估算工作包的时间，小工作包的时间相加成为大工作包的时间，依此类推形成整个阶段的时间及项目工期。特别说明一下，所有活动时间的预估都应基于现有匹配的资源在"额定"的工作负荷下进行。

6. 匹配活动资源

基于项目的任务和进度的需求，估算为实现项目目标最为合理的资源需求。所谓最为合理的资源需求，是基于项目目标、进度计划和资源投入的平衡，追求利益最大化的资源投入。资源中包括项目投入费用，样件材料、工具设备等的规格及数量，以及最为重要的人力资源数量及能力要求，其中对项目目标实现影响最大的是人力资源。

7. 可视化呈现

制订进度计划是将定义的活动，在考虑活动资源及逻辑关系的前提下进行整合，形成项目计划的过程。在制订计划时有两个原则：一是项目进度紧前策略，是指项目前后关系任务中对有滞后量的工作任务尽早开始，形成"先紧后松"的进度计划策略，为后期项目的开展及突发事件预留更多的弹性空间和缓冲时间；二是项目进度紧后策略，即采用"先平后紧"的方式，前期项目进度相对平缓，当风险降低、阻力和限制减弱甚至消除时，通过增加资源投入和项目团队赶工的形式，加速推进项目的完成。紧前策略和紧后策略适用于不同类型的项目，紧前策略适于前期工作容易实现、自主工作内容较多的项目，为后续不可预见或难以掌控的工作内容预留更多的时间，即风险在后期的项目；紧后策略适用于风险在前面或者在中间的项目，在平衡度过风险期后加快赶工完成项目。

项目计划的制订看起来很简单，实际上很复杂。因为在计划制订的过程中需要考虑资源、能力、进度、成本、质量、风险等多方面的因素，其中某些方面没有考虑到就会导致后续计划执行过程中出现问题，造成混乱。我在项目管理实战课程中有一个只有 6 个活动的计划制订实操练习，告知这些有项目经验的学员所有的条件，他们只需把计划排出来即可。就这样一个活动很少的计划，通常需要花二三十分钟的时间才能排出来，而且还不能保证是最佳方案。

8. 承诺与评价机制

项目计划制订后，要把项目计划变成大家共同的承诺，要组织进行项目计划的评审与意见签署。确定项目计划的更新频次、项目进度的监控机制、计划执行的评价与应用机制。比如对延期的确认，延迟多长时间算延期，这需要事先定好，避免事后产生纠纷。汽车行业最佳实践企业的产品开发项目在原计划节点前后 5 个工作日通过即为按计划完成，这种情况既不算提前也不算延期，这样评价的优越性不用多讲。再如，对项目任务有没有定义关键任务，关键任务的延期与一般任务的延期如何评价与考核等，与上述问题相关的一系列规则制定好后，计划就可以开始实施与运行了。

6.2.3 计划制订技巧

关于项目计划制订方面的经验心得，我在项目管理实战课程中总结为七字方针——裁、拆、分、讨、留、全、省，在这里只做简单介绍。

"裁"字方针：以产品开发项目管理为例，绝大多数产品开发都不是完完全全的全新开发，只是在某个平台或者产品基础上做升级开发。产品开发流程是基于全新项目构建的，那么针对具体的非全新项目，务必进行工作内容的剪裁。

"拆"字方针：我们都知道，如果只是给你一个目标，你可能不知道为实现这个目标具体要做什么，那么目标拆解无疑是解决这个问题的最好办法，也就是前面所讲的 WBS，我们必须将大的工作包分解成具体的活动才具有可操作性。

"分"字方针：我一直强调计划分层，管理才能分层，所以计划要按层级、分类别制订。项目计划的时间跨度甚至要分阶段，项目计划内容根据项目计划层级的需要可以是粗略的或精细的。

"讨"字方针：项目计划在制订的时候需要充分研讨，尽可能地暴露问题、预测风险，为后续风险管理提供输入。研讨过的计划更具备严谨性和认同感。

"留"字方针：实践证明，相当比例的项目都会延期，既然项目延期是难以避免的事实，那么为什么不能给项目预留缓冲时间呢？因为延期的影响会扩大，而预留的风险是可控的。

"全"字方针：一是项目各模块的计划要齐全，这里所说的齐全不是要细致，重要的计划要做得细致，其他计划可以做得简要；二是层级类型要齐全，旨在满足组织及场景的需要；三是单一计划的要素要齐全，这是规范化的要求。

"省"字方针：我们都知道，完完整整地从头到尾做一个项目计划是需要投入较多的时间和精力的，所以我们制订计划时要考虑到为项目省工期、省工时、省成本及省人力的要求。

6.3　项目进度管控

项目进度管理被认为是项目管理中"最没有技术含量的",但是项目进度实际是一个综合性指标,各领域的问题最终反映为进度上不能通过节点,所以进度管理是最简单的(易管理)也是最难的(难达成),项目进度管理需要掌握技巧,下功夫才能达成。那么如何监控和管理项目进度呢?下面将做详细探讨。

6.3.1　项目进度监控

首先我们要清楚一点,不能只关注项目结果,因为"结果是过程的产物"。所以我们务必对过程进行监控,减少过程中的偏差,才能让结果不会有较大的偏离。过程监控遵循"收集信息—评价判定—准确反馈—达成共识"的循环逻辑。那么如何监控,监控到什么层级呢?

项目监控三环线。根据项目的总体周期和监控需要设计出不同的管理频次,一般为日监控、周监控或者月监控。如果项目周期特别长,项目短期内没有什么变化,那么监控可以设计为周监控、月监控和季度监控。对应的监控人员层级为项目管理员、项目经理、项目管理委员,对于监控的具体内容和逻辑待有机会现场授课时再做详细解析。

项目监控四层楼。我们在授课的时候经常被问到的问题是,作为项目管理人员,我要监控到哪个层级?如果监控层级太浅,难免不了解信息;如果监控层级太深,又恐精力不足。我把项目的工作分成四个层级,一是节点,二是关键任务,三是工作包,四是活动,共同支撑整个项目的目标。项目管理只有监控到活动层级才是有效的控制。大家可能会认为监控到活动层级精力不够用,其实这是大家没有理解项目管理团队这个概念,项目管理不是项目经理和项目管理员这两种角色在做管理,而是整个上层团队都在做管理工作,所以是分模块、分层级监控的。

项目进度管理过程中收集到的问题及信息除了产品本身的问题外，各方面的问题都会汇集到项目关键任务管理表（KTM，见表 6-1）中，而产品本身的问题会收录到项目质量管理跟踪管理表中。项目关键任务管理表是与项目计划相呼应的一个管理工具，项目计划中列示的是基于经验判断预先列示的工作内容，而项目关键任务管理表中是项目过程中发生的问题，需要记录下来并加以管控。具体的工具模板及填写说明在表 6-1 所示的项目关键任务管理表中都有明确说明，这个非常简单，就不解释了。

表 6-1　项目关键任务管理表

编号	任务活动	进度状态	状态跟踪（G/B/Y/R/N）	存在问题	行动计划	责任单位	协助单位	开始时间	完成时间
1									
2									
3									
...									
G			（绿色）表示目标完成						
B			（蓝色）表示项目活动正常进行中						
Y			（黄色）表示项目活动实施中存在一定的风险，但在可控范围内						
R			（红色）表示此项活动延迟或存在重大风险						
N			（状态跟踪为无色的活动）表示此项活动暂未到开始的时间节点						

说明一下，这里使用了五色标管理，比大家常见的三色标管理多了两种状态：一种是正常进行状态，用蓝色表示；另一种是刚刚录入还未处理、未进行状态，为无色。因为处于这两类状态的问题项很多，所以单独列出来不作为关注项，显然这样比标记为绿色更清晰。

6.3.2　项目进度保障

项目监控是对过程进行评价、反馈，达成共识以督促他人改进。那么作为项目经理，应该如何做才能让项目更加顺利呢？基于实践经验，我们总结出 7 个要点供大家参考。

（1）**解题文化**。在项目中营造一种高效解决问题的文化，而不是追责的文化。我了解到相当多的企业是一种追责的文化，也就是出了问题一定要找出是什么原因导致的，一定要找到当事人，一定要处罚当事人，不处罚不痛快。这种处事风格在追究责任的过程中投入了较多的时间和精力，而没有把高效解决问题当作重点。这种方法一般也会有效果，但是效率并不会很高。因为没有快速解决问题导致问题相互制约，从而影响项目的总体进展。

（2）**获取认同**。获取认同包括目标认同、计划认同和对管理者本身的认同。就目标认同来说，我们不仅要和大家强调项目目标，还要强调各自的目标是什么。显然，一个团队中项目经理的目标与生产质量控制人员的目标是不一样的。所以在同一个项目中也要搞清楚各自的目标，不要基于项目经理的视角，把项目目标当作所有项目组成员的目标，那样只能是自欺欺人。

（3）**关注过程**。我们都习惯了关注任务的终点。比如项目进度监控时通常选择有代表性的节点作为综合评估点，评估项目状态是否达成，进而判断是否可以开展下一阶段的工作。从参与的多个项目中，我们看到这种管理模式普遍存在的一个问题是，只关注目标达成，而忽略了下一阶段工作的准备情况。也就是大家习惯了把注意力放在终点而不是起点上。可以这么说，如果一项任务在活动起点受到足够的关注，启动条件准备充分并按时开始，那么活动结束时结果通常不会太差。而关注终点的结果是往往把终点当作起点。

（4）**把握平衡**。项目中有多方面的要素要平衡，有多方面的关系要平衡，所以项目是一个多方博弈的结果。比如项目资源是受限的，准确地说是不足的。那么在项目过程中如何平衡时间与资源的关系呢？有这样一条准则，即"向关键路径要时间，向非关键路径找资源"。在资源总体受限的情况下，可以从非关键路径上抽调资源到关键路径上来，以压缩关键路径上的时间。比如对关键路径上的工作，在风险可以接受的情况下增加资源、实施并行工作来压缩时间，以缩短整个项目的工期。把握平衡的原则，就是总体上把握资源的充分利用和时间的合理占用。

（5）**减法原理**。减法原理就是要减去项目中那些冗余的工作，合并那些类似的报表。项目中往往会面向多个部门或管理主体提交项目信息报表，如向管理层、运营部门、财务部门、人力部门以及其他职能部门提交项目的信息，那就需要将多个接口的项目信息形成一个结构化的、满足其基本需求的统一模板。比如最佳实践企业的做法是采用"项目直通车"的形式，即每个项目用一页纸的报告来满足多层级管理者的需求。这种对各类周期性报表采用统一结构化的模板，每次只需更新关键信息的模式，变被动提交为主动投递，可以大大减少项目的工作量，进而降低项目的负担，提升项目的工作效率。

（6）**高效沟通**。说到沟通，很多人的第一反应是如何打电话、如何开会、如何表达、聆听和发问等。殊不知沟通的主体是信息，而不是人。沟通管理用一句来阐述就是"将有用的信息传递给需要的人"，所以沟通要围绕信息去展开，比如有哪些信息，需要传递给谁，如何传递，频次如何，跟踪记录的方法等。围绕信息去展开沟通，才能保障沟通的及时性和有效性。

（7）**有效激励**。要做好项目显然需要激发团队成员的积极性。我在前面已经讲过项目的三层级绩效，那只是项目结果的评价反馈与激励，它的作用是有局限性的。作为项目经理，在项目过程中激发项目团队成员的积极性显得尤为重要。项目经理掌握必要的激励方法是必不可少的，关于激励的方法有代表性的是人员激励的五大理论：马斯洛的需求理论、麦克利兰的成就动机理论、赫茨伯格的双因素理论、道格拉斯·麦格雷戈的 XY 理论和弗洛姆的期望理论。这些激励理论是社会上

的主流思想工具，是大家都比较认同的激励方法，推荐大家去学习和
了解。

6.3.3 节点评价技术

1. 认识评审

阶段与节点评审管理技术是三大国际项目管理体系都倡导的管理法
则之一，特别是 PRINCE2 体系，把阶段管理作为项目管理的七大原则
之一，把阶段控制与边界管理（节点评审）作为七个流程中独立的流程
进行定义，重点阐述节点评审管理技术。节点评审管理技术在企业项目
实际应用中表现得参差不齐，有的企业节点评审管理做得很规范、很有
成效，有的企业节点评审管理只是邯郸学步，学了别人的样子，却没有
学到其中的精髓，知其然而不知其所以然，所以我再系统地介绍一下节
点评审管理技术。

制造业领域的同仁都熟悉 ISO9001 标准，其中有三个术语"验证、
确认、评审"，你能说出它们的区别吗？说实话这几个概念很容易让人
混淆。那什么是验证呢？验证是通过提供客观证据对规定要求已得到
满足的认定。也就是说，验证是对输出满足输入（这里输入可是他人定
的，也可以是自己定的）要求的满足性的认定，简单地说，验证表明满
足规定的要求。什么是确认呢？确认是通过提供客观证据对特定的预期
使用或应用要求已得到满足的认定。简单地说，确认检查产品满足顾客
要求的满足性。什么是评审呢？评审是为确定主题事项达到规定目标的
适宜性、充分性和有效性所进行的活动。所以评审是一个宽泛的概念，
凡是对有定义的内容进行检查复核的过程都可以算作评审，如图 6-9
所示。

2. 节点评审流程

节点评审是一个需要周密策划的关键业务过程。根据产品开发项

目实践经验来看，项目节点评审在上一个项目节点通过之后就要开始策划，发布节点评审计划与安排。一部分节点评审之前的专项评审工作在过程中就要付诸实施，最终的综合性评审工作也要提前进行准备，节点评审实施后还需对评审问题进行跟踪管理，评审管理过程如图 6-10 所示。

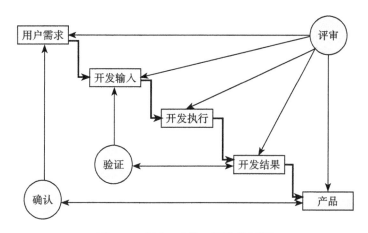

图 6-9　验证、确认、评审的区别

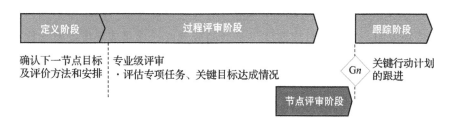

图 6-10　节点评审流程

特别说明一下，在评审实施过程中要做决策。我强调这么简单的一个问题并不是多此一举，因为我的工作经历表明，很多项目评审会上会议主持人并没有做出明确决策，这会对后续工作产生很多不利的影响。所以后来我所在的企业对于评审会有明确的要求，即在会议结束前会议主持人必须明确给出会议结论，A 表示通过，B 表示带条件通过，C 表示拒绝通过；不通过的类型又分为三种细分类型，C1 表示继续项目但对内容调整、变更（有条件地批准），C2 表示重新提交直到未完成内容全部达成，C3 表示项目中止（见图 6-11）。那么对于 C2、C3 两种类型，需要采用相应的方式进行回转。

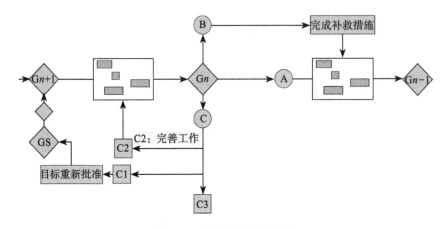

图 6-11　节点评审决策通道

节点评审是综合性评审活动，是在项目执行过程中，选定有代表性的时间点对项目成熟度的达成情况进行综合性评价与判定的活动。这里特别说明一下，项目成熟度不是产品成熟度，项目成熟度的概念比产品成熟度的范围要大，项目成熟度的评价范围包括项目范围、进度、质量、项目成本、项目风险及收益，而产品成熟度评价的是产品本身及其达成的质量，包括产品成本和产品风险。

3. 节点评审方法

关于节点评审应该向过程进行分解这一点，很多企业做得非常规范。通常的做法是将评审分到不同的层级，然后在各自层级上对相应的内容进行检查确认。很多企业实际上只有一个评审层次，前面的评审只是进行最终评审会议的预评。这种集中式的评审模式对于复杂项目来说是很难把握深度的，而作为项目最高管理者也不可能深入到项目中去了解每个细节，所以这种评审就容易象征性地走过场，无法真正实现对项目的有效控制。

最佳的实践做法是，对于一个复杂项目设置三个层级的评审，从上往下分别为公司级评审、项目级评审和业务级评审（见表 6-2）。其中公司级评审为公司管理层（一般以委员会的形式）对项目阶段性目标的达成情况进行确认与决策；项目级评审是项目经理或项目负责人对项目总体状态做评审与确认；业务级评审是由各业务部门组织的，是对项目中各业务完成情况的评审。以产品开发项目为例，项目中各业务模块分为产品规划、设计开发、制造工程、采购工程、质量工程、生产启动、营销服务等，那么业务级评审就是项目级评审前各业务模块对具体工作完成情况及风险进行评价与确认。这三个层级的评审都遵循一个原则，即下级评审结论报给上一层级只做确认，必要时才展开阐述。

表 6-2　项目节点评审设计

层级	评审决策维度	目标值	实际值	备注
公司级	项目进度			
	项目预算			
	产品成本			
	产品质量			
	项目收益			
	项目风险			
项目级	评审内容 1			
	评审内容 2			
	评审内容 2			
业务级	业务内容 1			
	业务内容 2			
	业务内容 3			
	业务内容 4			

项目成本管理

项目的终极目标是赚取项目收益。

7.1 项目成本管理概述

虽然说我们做一个项目有很多要实现的目标，但究其根本还是要保障项目盈利。就像我们所熟知的企业存在"以盈利为目的并持续创造更优顾客价值"的理念一样，如果不能保障项目盈利，那么多数项目就没有存在的价值了。

项目启动时我们需要对项目做商业论证，并且要定期对商业论证进行回顾分析，以确保项目具备经济可行性，这样项目才可以继续推进。项目最终是否盈利受诸多因素影响，首要因素是项目预算（即项目生命周期内的全部投入），PMBOK 中称之为项目成本，在制造业中普遍称之为项目预算；第二，受产品价格的影响；第三，受产品销量的影响；第四，受产品成本的影响。这几个概念比较重要，所以我再次规范化地描述一下。

项目预算：项目生命周期内为项目的实施所投入资源和费用的总和，包括人员工时、材料资源和投入的资金费用等。

产品价格：将产品提供给客户所获得回款的产品单价。

产品销量：产品生命周期内的累计销售数量。例如产品从投产开始销售了 5 年后停产停销，那么这 5 年内的所有生产并销售的产品数量的总和即为产品销量。

产品成本：即产品的单位成本，指生产制造本产品所发生的各种耗费的总和。产品成本有狭义和广义之分，狭义的产品成本是企业在生产车间内为生产产品而支出的各种费用，包括材料、能耗、人工及各项制造费用；广义的产品成本除狭义成本之外还包括生产制造所发生的各项管理费用和销售费用等。一般广义成本难以直接计算，通常用一定时期内为生产产品而发生的成本总额除以生产数量得出产品的单位成本。

有的人会说，项目收益中还有一个重要的组成部分，即项目交付后使用维护阶段的收益，而且这个收益还是相当可观的，不能忽略（见图 7-1）。

图 7-1　项目预算、产品成本与项目收益示意图

以汽车行业为例。汽车行业有一个专业术语"零整比"，即市场上该产品全部零配件的价格之和与完整产品销售价格的比值。根据中国保险行业协会和中国汽车维修行业协会发布的近年汽车零整比数据，高端品牌汽车产品中有相当多款型的产品零整比超过400%，其中奔驰GLC以667.04%高居榜首，这意味着奔驰的所有零配件加在一起可以买7辆全新的奔驰GLC。所以这个利润空间是巨大的，但是这个部分的收益归根结底还是以产品销售价格和产品成本为基础。至于后续的运营方式及实际销量如何，由于本文不计算具体收益值，所以可以暂不考虑。

需要说明一下，关于制造业的项目预算、产品成本与项目收益管理，与项目管理领域大家普遍了解的项目成本管理有很大区别，如PMBOK中的项目成本管理只是相当于这里的项目预算部分。至于产品成本的概念，PBMOK中没有详细内容，而项目收益的管理也只是简单提及，所以我这里讲项目成本管理是按企业的实际情况来阐述的，因为只讲项目预算显然是不完整的。

7.2 项目预算管理

7.2.1 项目预算制定的流程

以多年的经验来看，相当多的制造企业没有对项目进行预算控制，即便是制定了项目预算，实际执行情况与预算也有很大的出入。究其根本的原因，就是预算制定不准确、指导性不强，导致费用支出与项目预算脱节。这种情况已经成为制造业项目预算管理的普遍现象，所以，如何保证预算制定的精确性并控制支出是当前项目成本管理的主要问题。

项目预算是根据项目的目标与范围来制定的。从项目章程开始确定项目目标，再划定项目范围，再创建WBS，并进一步明确活动，这是制定项目预算的前期工作，详见图 7-2 制定项目预算的流程图。

图 7-2　制定项目预算的流程图

　　前面第 1~4 步属于项目整体及进度管理的范畴，后面第 5~8 步属于预算制定的内容。特别说明一下，PMBOK 中关于项目成本管理的第 1 步为规划成本管理，这是制定项目预算的管理要求和规范，在企业实际中属于项目预算管理办法中要体现的内容，而这类体系文件在企业中都是已经制定过的，即便没有制定也不属于项目中的业务范畴，所以项目中一般不涉及项目预算管理办法的制定，而是直接进行成本的估算。那么按照本流程图的顺序来解析，第 5 步成本估算，是指对要开展的活动所涉及的费用进行评估，具体评估方法后续会做详细的解析。第 6 步汇总预算，即采用自下而上的方法将所有估算出来的成本进行汇总，形成项目的总预算。第 7 步评审，即开展多轮项目预算的审查评议，这个审查过程在企业中是比较复杂的。举例来说，某主流整车企业的项目预算会有 5 层审查机制：一是项目经理要审查，二是项目管理部要审查，三是主管项目的业务领导要审查，四是主管财务费用的部门要审查，五是企业的老板要做最终的审批。当然预算审批是一个比较耗时的工作，所以我们在做预算管理的过程中要尽量模板化、标准化和 IT 化；审查过程尽量合并，以压缩环节、节省时间。第 8 步审批释放，这里的审批和前面的审查不一样，前面虽然经过了多轮审查，都属于会议评议性质的，但是最后还是要走书面的正式审批流程，以保障预算的审批是有效和规范的，这也是后续财务审计的需要。预算审批后才会发布项目预算，项目预算是带有时间和科目属性的项目费用明细表，它与PMBOK 中的成本基准是同一概念。

7.2.2　项目估算方法

项目预算的制定有两种方式，一种是自下而上估算，另一种是自上而下分配，如图 7-3 所示。先解析比较好理解的自下而上估算法，这种方法是行业内普遍适用的。它是基于已经分解的 WBS，对每个工作包所需要的工时、材料和成本进行估算，然后自下而上地汇总，加上适当的"备用金"，形成项目的总计资金需求（即预算）。其中备用金是指为不可预见的事件预备的一定比例的费用，PMBOK 称之为管理储备。

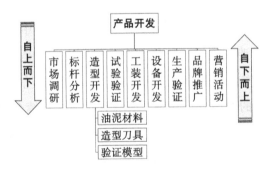

图 7-3　项目预算制定的两种路径

自上而下分配法是先由上层管理者根据经验历史数据、专家判断、类比等方法，对项目总体费用及子项目费用进行总体估算，然后将这个估算的数据按照经验分配给下一层级系统，一步一步向下传递直到底层的角色与任务。下层级的人员根据项目任务进行成本费用的评估与对比，再进行讨论和调整，并最终确认，这种方法称为自上而下分配法。我研究过大量书籍文献，在预算制定方面并没有发现其他人提及这种方法，但是在企业实际工作过程中却是存在的，既然实际上我们在这么做，那自然有它的道理。我提出这种方法，也是因为它快捷高效、易执行。当然，这种方法需要依赖长期的经验数据积累和丰富的项目经验，否则分配下去的费用额度很少能匹配适用，就会产生负面影响。

虽然我提及自下而上估算和自上而下分配两种方法，但是从我所在的行业来看，自下而上估算法使用较多，而采用自上而下分配法的企业凤毛麟角。这两种方法各有优缺点。比如"自下而上"的方法，一是要求有精确的 WBS。这个先决条件提高了这种方法的门槛，如果没有 WBS 或不精确，就容易导致漏项，也就是下层费用在往上层费用汇总时可能会有缺失项，这会导致后期发现费用不足。二是由于项目执行层面的人员是要具体办事的，所以他们希望费用宽松，这样自下而上报上来的费用总额通常巨大且难以压缩。项目管理层则要对项目费用负责，要控制成本，要降低项目预算，这会导致项目组人员出现上下层级博弈的局面，而且解决起来有一定的困难。正因如此，这种方法制定出来的项目预算通常是超出预期的，这种压力会由项目经理承担。另外一种"自上而下"的方法，最大的问题是会导致下层级抱怨，即上层级制定的预算在下层级看来往往是不够的，而下层级又难以向上反馈，没有修改的权利。这种压力通常来说会由项目底层人员来承担，并且在项目执行过程中容易出现抵触情绪，或者时有降低交付质量的情况发生。

上述是项目预算的制定方法，你所在公司选择哪一种方法，要根据公司的实际情况来定。如果没有长期积累的项目财务数据库，没有成熟的项目财务模型，那么就老老实实地用第一种自下而上的方法；只有具备上述条件，才可以考虑快捷高效的自上而下的方法。不管采用什么方法制定预算，都依赖于对单项成本估算的把握，所以大家需要掌握成本估算的方法。

1.经验估算法

经验估算法是由资深的专业人士依据经验进行估算，如开展活动的成本、使用的材料的数量等。经验估算法又称专家估算法，它的优点是快捷高效，缺点就是依赖专家资源，而且准确度不确定，所以仅适用于做粗略的估算。这种估算的结果只能作为参考，在项目初期用于参考判断是可以的，并不能满足项目执行的要求。

2.类比估算法

类比估算法是指以过去类似项目的参数值为基础（比如持续时间、预算、规模、重要性和复杂性等），来估算未来的同类项目的参数或指标。类比估算非常依赖于组织有长期的经验数据库积累。被参照的项目可以是过往的项目实际案例，也可以是正在执行的项目。项目的相似度越高越好，项目的时间间隔越短越好。类比估算法也是粗略计算，是不能满足项目执行对成本的要求的。在使用类比估算成本时要考虑到项目的差异，如果选用历史项目做参照，要考虑到历史项目与现在项目的变化要素。

3.参数估算法

参数估算法是指基于历史数据和项目参数（历史数据之间的统计关系和其他变量）来估算成本、预算和持续时间等参数。例如根据房屋的面积及装修档次来估算装修费用，根据模具的尺寸及材料的价格来估算模具的价格。参数估算法相对来说要准确一些，其估算的结果是可以用来指导项目执行的。很显然，参数估算法也有很大的缺陷，即它的适用范围比较小，这种方法需要项目有详细的信息和量化的数据，而且估算的工作量较大。

4.三点估算法

三点估算法，即根据最乐观的值、最悲观的值和最有可能的值三个数据来估算项目的成本或时间。

最可能成本（C_M）：对所需开展的工作和相关费用进行比较现实的估算所得到的活动成本。

最乐观成本（C_O）：基于活动的最好情况所得到的活动成本。

最悲观成本（C_P）：基于活动的最差情况所得到的活动成本。

其计算公式分为三角分布和贝塔分布。三角分布公式为 $C_E = (C_O + C_M + C_P) / 3$，贝塔分布公式为 $C_E = (C_O + 4C_M + C_P) / 6$，这两个公式在项目管理标准中都是推荐适用的，具体采用哪种计算方法，公司统一选择即可。

5. 供方评估法

供方评估法即通过邀请外部供方对评估对象进行报价而获取成本的一种方式。比如开发一款产品时需要使用一项新材料、新技术，对于这种新材料、新技术我们可能并不了解，所以无法估算出其成本，那么可以选择以本领域有专业能力的供方资源进行报价，以便得到这个项目的成本额度。供方评估法会涉及一些商务上的合作，大家在做项目管理时要尽量避免因为借力而造成商业纠纷。

本小节讲解了预算制定中关于成本估算的路径和方法，在实际管理项目过程中，我们要依据实际情况和资源选择合适的估算方法。实际上，成本估算不一定局限于某一种方法，而是多种方法的结合使用，而且只有单项成本估算准确了，才能制定出相对精准的项目预算。至于单项成本估算后进行总预算的加工汇总，是非常简单的日常性工作，没有难度，也没有太多需要解析的技巧，就不再阐述了。

7.2.3　项目预算监控

关于项目预算使用情况的监控，行业内推崇的方法是挣值管理（EVM）技术。但是我认为挣值管理技术的适用范围是有限的，比如对于工程建设这类项目来说，它可以将使用的材料折算为成本来代表项目进度，那么这种情形使用挣值管理技术是可行的。但是在制造业领域，交付的是知识输出型产品，显然挣值管理技术不太适用。以我的工作经历和项目实践来看，我们借用的是"迭代燃尽"思想，尽管迭代燃尽法用于监控项目进度，但用于监控项目成本仍然可用、好用。那么下面对这两种方法都做一下解析。

1. 挣值管理技术

挣值管理是把范围基准、成本基准和进度基准整合起来，形成绩效测量基准管理技术。项目进行一段时间以后，将实际进度和成本绩效与绩效测量基准进行比较，来判断项目的进展状态及成本的使用情况。简言之，它是一种将进度（业绩）和成本（代价）结合衡量项目绩效的方法，即用计划值（PV）、实际成本（AC）、挣值（EV）来衡量某一特定时间点上项目所处的状态，如图 7-4 所示。

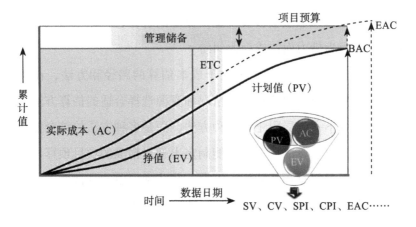

图 7-4　挣值管理技术

◀ **计划值（PV）**：是为计划工作分配的经批准的预算，它是为完成某活动或 WBS 组成部分而准备的一份经批准的预算，不包括管理储备。

◀ **实际成本（AC）**：是在给定时段内，执行某活动而实际发生的成本，是为完成与 EV 相对应的工作而发生的总成本。

◀ **挣值（EV）**：是对已完成工作的测量值，用该工作的批准预算来表示，是已完成工作的经批准的预算。

基于这三个基本数据可以计算出项目的状态数据。

◀ **进度偏差（SV）**：SV=EV−PV，表示评价时间点上的挣值与计划值之间的差值。当 SV 为正值时，表示进度提前；当 SV 为负值时，表示进度延期。

◀ **成本偏差（CV）**：CV=EV−AC，表示评价时间点上的挣值与实际成本之间的差异。当 CV 为负值时，表示实际消耗费用超出预算（即超支），项目进展效率较预期差；当 CV 为正值时，表示实际消耗费用低于预算，即项目预算有结余或效率高。

那么进度偏差的程度和成本偏差的程度需要用进度偏差指数和成本偏差指数来衡量。

◀ **进度偏差指数（SPI）**：SPI = EV/PV。SPI > 1 表示项目进度提前，SPI < 1 表示进度落后，数值大小表示偏差程度。

◀ **成本偏差指数（CPI）**：CPI = EV/AC。CPI > 1 表示成本节省，CPI < 1 表示成本超支，数值大小同样表示偏差程度。

这些术语、公式，大家看起来可能不太好理解，所以我以一个项目场景案例来做解析。有一个工程项目目标是在 12 个月的项目周期内修建 100 公里的公路，项目总投资 1000 万元。现在项目进行到第 6 个月结束时，实际修建完成了 40 公里，费用支出 600 万元，计算项目进度偏差与成本偏差。

根据上述项目情况，我们得出项目的基本数据 PV、AC 与 EV 值如下：

计划值是完成 50 公里，计划投入 500 万元，即 PV=500 万元。

项目进行到当前阶段，实际支出 600 万元，即 AC=600 万元。

实际上只修了 40 公里的道路，按照已经批准的工作量的价值来衡量，即 EV=400 万元。

因此：

SV=EV-PV=400-500=-100（万元），表示项目进度延期。

CV=EV-AC=400-600=-200（万元），表示成本超出预算。

SPI=EV/PV=400/500=0.8，SPI < 1 表示进度滞后，数值偏离 1 越多表示偏差越大。

CPI=EV/AC=400/600=0.67，CPI < 1 表示成本超支，数值偏离 1 越多表示偏差越大。

原项目计划总投资（BAC）=1000 万元，根据当前节点的状态评估，如果实际运行情况继续保持下去的话，项目总投资（EAC）= BAC/CPI=1000/0.67=1500（万元）。

虽然挣值管理技术在制造业上用得不多，但是这个工具方法还是比较好的，大家需要有所了解。如果大家未来参加项目管理认证考试的话，这个部分是重点内容。

2. 迭代燃尽法

迭代燃尽法是用于监控项目进度的，在制造业的项目预算管理中同样采用这种方法（见图 7-5）。项目计划确定以后，要对整体项目预算进行审批，然后发布经过审批的项目预算额度，这意味着公司管理层已经批准许可，可以合法使用这笔资金了。但是这些资金并不会马上全部转移到项目组来管理，也不会像很多标准中说的分批次发放到项目中。在制造业的项目管理中，项目预算管理是由财务部门代管的。当然，代管的程度会不一样，在强矩阵项目组织中，财务部门只代管资金，而在非强矩阵组织中，财务部门还负责费用支出的审批。

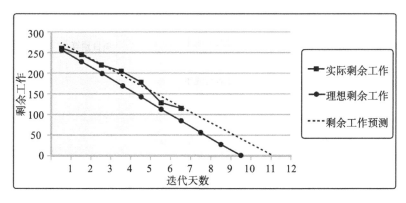

图 7-5　迭代燃尽法示意图

在强矩阵项目组织中，项目预算的使用控制由项目组来管理。那么作为项目管理员，要根据批准的项目预算确定项目活动的支出费用，实时记录费用支出的情况，并与项目预算基准进行比对，采用迭代燃尽法，定期通报项目费用支出的情况，还有实际剩余工作量、实际剩余费用、差距及应对方案等。

对于实际管理项目时的做法。我总结了一套预算管理经验，在这里与大家分享。

（1）宜采用小项目成本范围的概念。项目成本包括项目直接投入（如工装、模具、夹具、检具、材料费用、试验费用、调研费用等）、项目人工成本以及运营成本（见图 7-6）。由于项目所占用人力资源的人工成本和期间运营管理费用很难界定清楚，所以严格意义上讲，核算单个项目的总体成本是一件困难的事情，如果在这个方面投入大量精力，势必会造成人力资源的浪费，而且核算结果产生的价值也是有限的。所以企业多年的实践经验表明，采用小项目成本的概念，即以项目直接投入的费用来进行项目预算管理比较好操作。

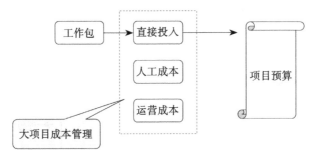

图 7-6　项目成本范围

（2）项目预算管理采用"三时原则"。一是项目"启动时"快速释放预算。因为这个时期需要开展项目相关的工作，而项目计划还不明确，正式的项目费用还审批不下来。如果等项目费用审批下来再办事，显然会严重影响项目进展。况且项目启动初期支出的科目不多，金额也不大，所以在项目启动初期根据以往经验快速释放一部分资金以供使用，后续项目预算正式审批后再扣除这部分预先支出的费用。二是项目"批准时"要制定精准的预算。很显然这个阶段项目计划已经确定，具体的工作项已经明确，那么需要制定比较精准的项目预算。如果项目预算不精准，后续执行就会比较麻烦，比如确实需要开展的工作没有匹配预算，而且以没有预算阻止必要的项目工作开展是不现实的，那么既要同意开展，又要有审批的预算，势必会给预算管理工作带来反复。同样，如果预算使用有余量，这也是管理部门不愿意看到的，所以预算的制定要精准。三是"执行时"要精确支出。在项目费用支出时遵循"先查询—再行动—后支出"的步骤，确保每项支出活动与预算的科目能够对应上。项目费用科目之间不能拆借是项目预算规范化管理的基本要求。

（3）专款专用。这一点很好理解，就是划转到某项目的费用仅用于该项目相关的活动支出，不能与其他项目及职能部门的费用混淆。

（4）资金是为项目服务的。项目的费用支出是为项目服务的，而不是为了节省成本，极端地来说什么都不干最省钱，显然那样操作不现实。所以要看这些费用是不是合理必要的支出，如果能对项目交付结果产生有价值的回报就值得投入。

（5）通过咨询辅导发现，很多企业的预算管理实际上是走形式，即项目预算也制定了，但是执行的时候偏差特别大，或者说根本就没有按预算基准来执行。产生这个问题的根本原因是没有把预算做精准，项目执行时不得不按实际情况操作，久而久之预算的认可程度就会大大降低，预算制定就流于形式了，周而复始形成恶性循环。针对这种情况，我们要做好预算管理的基础工作。什么是预算管理的基础工作？就是要将项目费用支出的记录形成数据库，有了费用支出记录和项目费用统计报表，对反过来制定和评审项目预算很有帮助，进而能够逐步提升项目预算管理的水平。所以对于一些企业来说，如果预算管理工作还没有开展，也不知道如何着手，那么把当下进行的项目预算的支出记录下来，不失为一个很好的切入点。

7.3　产品成本管理

在多数汽车企业中我发现有一种现象，就是产品批量生产以后开始大力开展产品降成本工作，而且"成绩斐然"。当然，批量生产之后降成本是有可能的，那也只能是商务降成本那一部分。何谓商务降成本，即由于生产采购量扩大，供应商产品生产成本摊销降低，并最终通过降低产品价格让出获利空间，通常年降 1% ～ 3%。这是产品附加成本的降低，至于产品本身，理论上是不应该有挖掘空间的。如果产品本身可以降低价格的话，那么我们为什么不在产品设计开发过程中进行设计的优化，而非要等产品生产出来之后再进行设计变更呢？所以设计变更降成本本身就是个伪命题。

大家都说产品的质量是设计出来的，同样，产品的成本是设计决定的。产品开发项目中产品成本管控中的突出问题，主要表现为三个方面：一是项目范围不清晰导致目标管理失控，包括项目边界、产品边界、产品成本目标、材料使用等不清晰；二是产品设计成本超标，产品设计没有规定上限成本导致产品设计超出规格，后期商务再怎么努力也达不成目标；三是不具备正向产品核算能力，采购成本控制目标难以达成。以上原因导致产品目标达不成，从而导致项目无法按期交付。那么如何做好产品成本管控？我从产品成本构成、产品成本管理流程和产品原价核算三个方面解析。

7.3.1　产品成本构成

产品成本严格来说是由各部件的成本自下而上累计构成的。这种核算方法及管理思路显然是"以自我为中心"的模式。当今社会是买方市场，而不是卖方市场，产品的价格是由市场决定的，而不是由企业开发产品的成本决定的。我们来看在市场竞争环境下产品价格的确定方式：

销售价格 = 竞品价格 + 功能价差 + 品牌溢价

- ◀ **竞品价格**：市场上同类产品中主流产品的价格，通常来说这个价格会起到锚定效应。
- ◀ **功能价差**：与竞品相比本产品的功能差异点，并将这些差异点转化为价格额度。
- ◀ **品牌溢价**：两个同样的产品因为品牌不同，客户愿意支付的价格也不同。比如这款车如果换成奔驰的标志，客户愿意多支付 5 万元，这就是说奔驰的品牌溢价能力为正 5 万元。

上述计算公式是基于市场竞争环境的价格计算方法。如果是特殊类型的产品（如军事装备），则另说，这类产品多数情况下不会按市场竞争的方法来定价，而是按成本加成的方法来定价。所以我们需要按照市场经济规则制定价格，而不是一厢情愿地基于成本来确定价格。如果市场经济下的产品按成本加成的方法制定价格，最后只会让产品在市场上失去竞争力，慢慢被边缘化，直至退出市场。所以产品的终端价格由市场决定。

产品的终端价格确定之后，我们需要根据成本管理模型导出三个最为重要的指标：一是出厂价格；二是目标成本；三是材料成本。具体组成如图 7-7 所示。

- ◀ **销售价格**：产品卖给客户的最终价格。
- ◀ **运费**：产品物流运输成本。
- ◀ **商务政策**：给产品销售终端的合作政策。
- ◀ **出厂价格**：出厂价格 = 销售价格 − 运费 − 商务政策，有时要考虑营销成本摊销，如网络渠道广告宣传等。
- ◀ **税费**：企业销售产品应缴纳的各类税费的总和。
- ◀ **ROS**：销售利润率。
- ◀ **目标成本**：目标成本 = 出厂价格 − 税费 − ROS。

这个产品成本管理模型基本适用于多数企业，只是企业不同，各类成本的具体比例不同。比如综合汽车行业的多家企业来看，汽车的出厂价格通常是终端销售价格的 93% 左右，这 7% 左右的部分是产品的运费以及主机厂给经销商的商务政策。那么目标成本占出厂价格的比例有多少呢？这个要看主机厂的研发能力与管理水平，以及产品的利润空间。各个企业在这个方面的实际情况是不一样的，我也不方便透露企业的具体财务数据，所以大家依据自己所在企业的具体数据分析。总之，以上方法提供了从市场竞争的角度如何分析与制定产品成本目标，有了产品成本目标，后续工作就有了基础。

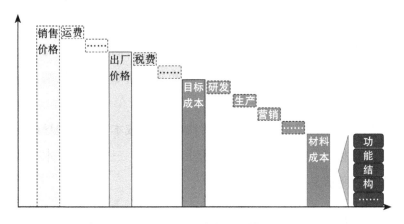

图 7-7   产品成本管理模型

7.3.2   产品成本管理流程

图 7-7 的产品成本管理模型明确了产品成本的组成，这是从市场竞争的角度进行分析的，其目的在于确定产品的目标成本。那么确定目标成本之后，我们作为项目的执行者如何保障达成成本目标？下面提供三个简化的流程。

一是制定目标成本（见图 7-8）。一方面，从市场竞争的角度预估产品的预期价格；另一方面，基于行业或历史经验数据进行预选方案选定，再基于选定的方案做成本预估。在市场预期价格确定的情况下，对比选定的技术方案的成本，并预留一定的毛利率来确定成本目标，经评审确认后最终确定目标成本。

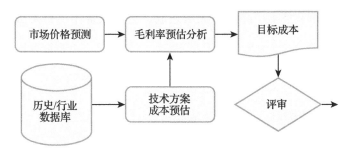

图 7-8　成本管理流程：制定目标成本

二是成本目标分解（见图 7-9）。有些企业研发生产制造的是大型复杂产品，如果只是非常小的工业零部件产品，那成本管理就简单多了。我这里以汽车和工程机械企业的复杂产品为案例背景，之前已经确定的成本目标为产品的总体成本目标，项目团队要实现这个产品成本目标必然要进行总体目标到子系统目标的分解。比如整车产品目标分解到底盘、车身、动力系统、电子电器各系统。一般来说，这种分解会参照基础车型产品或行业历史经验数据库的比例进行分配；在系统层级上还需进一步往下分到模块层级，比如底盘系统往下分解到车桥模块、转向模块、制动模块、悬架模块等；各模块成本要对应到具体零部件级的产品负责人；在模块成本确定的基础上还需进一步分解到零部件，零部件对应到责任人（产品工程师），他们承担着具体产品分解结构最底层的成本目标达成的责任。

三是成本监控与实现（见图 7-10）。前面讲过，产品的成本与质量都是由设计决定的，所以成本监控就是将基于设计的产品实际成本（也称原价）与成本目标进行比对，如果超出目标则要进行方案优化分析，通过调整与优化方案来确保成本目标达成。当然，实际项目过程中经常出现经过多方案对比选择，多轮优化后最终仍达不成成本目标的情况，那么对于这类问题，就需要进行升级处理。由零部件级升级到模块层面调整，如果模块层面包容不下，则升级到系统层面，甚至有可能升级到整车层面。如果整车产品目标无法达成，会导致整体项目无法实现，项目被迫中止。

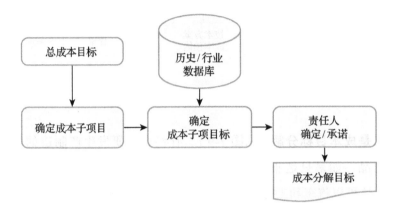

图 7-9　成本管理流程：成本目标分解

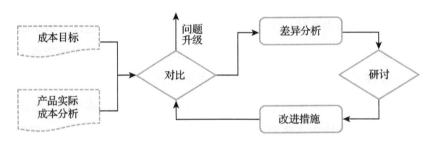

图 7-10　成本管理流程：成本监控与实现

因此，分解制定的目标成本（上限成本）会对产品工程师形成约束，产品工程师需在成本目标的指导下进行产品方案设计，只有经过分析且设计方案中的成本在成本目标范围之内，这个设计方案才是有效的。如果产品设计本身就超出了目标，那么想通过后续采购部门的商务谈判去压缩供应商的空间是不可能实现的，因为没有谁会做亏损的项目。

整个成本管理流程的活动逻辑很清晰，难点在于产品的实际成本分析，这个能力绝大多数企业目前还不具备。以汽车企业为例，在知名车企中，近几年才逐步培养出为数不多的具备正向产品成本核算能力的工程师，在一般性企业中这类人才更为匮乏，因此需要加强这方面的人才培养。

7.3.3　产品原价核算

产品成本的核算是比较复杂的，不仅需要资深专业人士的经验积累，还要依赖经验数据库的支持。关于产品成本的构成，我和成本管理专家研讨制定了产品成本构成模型（见表 7-1），有了这个结构化计算方法，成本核算就有章可循、有据可依。产品成本构成一般分为以下几个部分。

- ◀ 材料费：制造产品所需材料的费用。
- ◀ 劳务费：制造产品的劳动力的费用。
- ◀ 制造经费：在产品生产中，一个工位发生的除材料费和劳务费之外的费用，称为制造经费。
- ◀ 一般管理费：在产品销售及管理活动中，直接、间接支出及保持企业日常运作发生的费用。
- ◀ 材料管理费：在原材料购买前后或购买过程中发生的，除原材料费用之外所有费用。
- ◀ 利润：企业在产品正常的销售活动中获得的销售所得除去产品制造成本后，单件产品所得到的利益。
- ◀ 搬运费：产品运杂费，一般计入成本中的一般管理费。但由于产品、配套公司所在地不同，产品运杂费的偏差很大，很难用一个通用的一般管理比率来计算各行业、各配套公司的一般管理费，所以用产品运杂费计入一般管理费方法计算出来的结果与实际偏差很大。为了改善这一状况，后来将运杂费从一般管理费项目中除去，单独计入产品的成本中。产品的模块化及大型化使得运杂费在产品销售额中所占的比重逐渐上升，所以在产品成本中所占的比率在加大。在同一地区，运杂费也会因搬运方式〔汽车（自有、外雇）、火车、飞机、轮船〕、运输公司的不同差别很大，所以有必要按最低费用原则及各地区运输实际情况制定通用的运杂费规则。

◄ 专利使用费：包含引进技术和使用专利所产生的费用。

◄ 模具费：一次支付时不用折旧，作为投资计入成本。模具费折旧时以批量生产台数为基准折旧。

表 7-1　产品成本构成模型

序号	成本要素		详细说明 / 计算方法	备注
1	材料费	原材料	省略	
		进口材料	省略	
		外购件	单价 × 数量	
2	劳务费		实际劳务费率 × 作业标准时间 实际劳务费率 = 直接劳务费率 + 间接劳务费率	实际劳务费率参考
3	制造经费		设备折旧费 + 厂房折旧费 + 电费 + 设备及厂房修理费 + 消耗品及工具费	
4	**制造成本**		1+2+3	
5	一般管理费		（劳务费 + 制造经费）× 各行业一般管理费比率	
6	材料管理费		材料费 × 材料管理费比率	
7	**总成本**		4+5+6	
8	利润		（劳务费 + 制造经费 + 一般管理费）× 利润率	
9	**单价**		7 + 8	利税

产品的价格可以按照上述构成来计算，先要算出基础成本。以下为材料费的计算方法。

（1）直接材料费。

1）主材料费 = 投入材料费 − 废品回收费。

2）配套产品买入费用 = 单价（件）× 数量。

（2）间接材料费。

1）辅助材料费：在产品生产中消耗的需要进行间断性补充但又不是产品组成成分的材料（如冷却液等）。

2）表面处理、热处理、喷丸等工艺或加工方法的费用，计算可以简化为用产品的表面积或产品的重量乘以单价，各单位价格表示为/kg、/dm、/m² 等。

$$间接材料费 = 材料单价 \times 单件产品使用量$$

以上只是把材料费的核算摘选出来进行描述，详细内容在我的《成本计算基准总论》一书中有具体描述。表 7-1 所明确的是外购件的成本核算，相对来说更复杂一些。那么对于企业内部自己承担的自制件的核算，就相对简单一些，如表 7-2 所示。

表 7-2　自制件成本构成模型

利润					
一般管理费					
材料管理费					单价
直接材料费	材料费				
间接材料费			制造成本	总成本	
直接劳务费	劳务费				
间接劳务费		制造经费			
直接经费	……				
间接经费					

项目经理可以简单了解一下上述模型。但由于产品成本的原价核算比较复杂，需要懂产品工艺，还需要懂财务，所以非专业人士想熟练掌握这个领域的知识是有难度的，毕竟这需要掌握多个学科的专业知识。况且在企业中也有专门的成本管理岗位，项目经理可以委托专业部门去做。

在产品成本管理方面，行业总体管理水平还有待提升。主要表现为成本管理方面的人员缺乏，能力经验欠缺，所以在产品成本管理方面做得规范、有成效的企业凤毛麟角。这可能跟我们国家大型工业企业多数是国有企业有关。一些国有企业有些产品采用正向成本加成的模式定价，而不是基于市场竞争逆向定价的，详见图 7-11 计划类产品（如直升机）与市场类产品（如汽车）的定价区别。计划类产品对成本的敏感性不足，也不担心客户因为价格问题而流单，所以在成本管理方面可能不会下足功夫去研究与进步。对于市场类产品的企业而言，产品成本控制是产品研发项目工作的重心，我们不得不去正面应对和解决。所以希望在这个领域有基础或者有所建树的同仁，能够竭诚精进，构建企业的产品成本管理体系（见图 7-12），提升企业的产品成本管理水平，注重目标成本控制、价值工程分析和正向成本核算能力的培养。其中值得一提的是价值工程分析（VE/VA），它是"二战"时期美国设计师麦尔斯（L.S.Miles）在石棉短缺问题上研究出代替材料所用的方法。他总结出一套在保证相同功能的前提下降低成本的较完整的科学技术方法，其后又发展到改进设计、工艺和生产领域，目前已经成为一种完善的技术经济分析方法。价值工程分析在成本管理方面是非常好用的，未来希望在成本管理方面有经验的同仁能够走出企业，面向社会，帮助更多的企业提升产品成本管理水平，为提升中国工业制造水平贡献力量。

图 7-11　计划类产品与市场类产品的定价区别

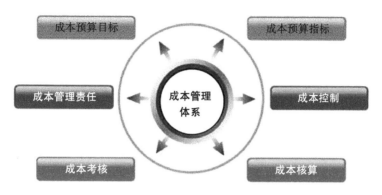

图 7-12　产品成本管理体系

7.4　项目收益管理

我们都知道项目最终的目的是达成项目目标，获得项目收益。所以项目收益管理是每个项目经理都必须关注的。现实情况是项目收益都是在项目交付一段时间之后才能核算，所以项目经理通常不去关注这项指标，而是"听之任之"，显然这是违背项目管理基本原则的。

那么，什么是项目收益管理（或称"效益管理"）？项目收益管理是一种谋求收入最大化的经营管理技术，简言之，就是保障项目获取更大的利益。收益管理的概念由来已久，最早诞生于 20 世纪 80 年代的民航业务领域，就是根据客户不同的需求特征和价格弹性向客户执行不同的价格标准，以使利益最大化。收益管理后来在诸多行业得到广泛应用，比如我们经常看到的网购平台推出的营销活动及大数据定价功能，就是通过调整价格来获得更大利益的。项目收益管理的复杂程度远远超出上面所说的调整价格的范畴。我们先来了解和分析一下产品开发类项目的收益与哪些因素有关。基于我们以往的项目经验，项目收益与产品价格、产品销量、产品成本、研发投资、制造成本、运营成本、产品组合、产品定位等因素相关。这些影响项目收益的因素是我们进行项目策划时就要考虑的，具体包括产品组合销量规划、产品生命周期销量预测、产品成本、研发投资、制造投资、运营成本、对内部替代品的影响、对竞争对手的影响等，如图 7-13 所示。

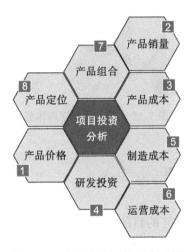

图 7-13   项目收益影响因素分析

了解了影响项目收益的因素，那么如何提升项目的收益？提升项目收益是一件比较有难度的事，我根据实践经验总结出以下六个方面。

一是合理支出项目费用。合理支出并不是说要节省费用，当然也不是说无节制地支出。在费用支出方面必须遵循一个原则，即"损失类的费用要降低，支出类的费用要平衡，而产出类的投入费用要加大"。

二是根据需求弹性定价。需求弹性全称为"需求价格弹性"，表示在一定时期内一种商品需求量的变动对该商品价格变动的反应程度。其公式为 Ed=-（Δq/Δp）×（p/q）。按照数值大小，可以分为富有弹性（Ed＞1）、单位弹性（Ed=1）、缺乏弹性（Ed＜1）、完全弹性（Ed→∞）、完全无弹性（Ed=0）。对于富有弹性的商品，降低价格能增加企业销售收入；缺乏弹性的商品，降低价格会减少企业销售收入；单位弹性的商品价格变化不影响收入；对于完全弹性和完全无弹性的商品，一般来说厂商在现实中是没有定价权的，因为完全弹性的商品厂商面临的需求曲线类似完全竞争市场，厂商是价格的被动接受者，完全无弹性的商品也很少见，这种一般都是国家政策定价。所以对于自己企业的产品，要了解它的价格弹性，根据弹性定价来增加收入。至于价格定为多少合适，需要结合企业的产品成本函数曲线做综合分析。

三是把握好市场区间投放。市场的需求在各个区间的表现有很大差别。以汽车整车为例，很显然不是越便宜的车卖得越多，价格昂贵的车销量也不会高，所以汽车的销量随价格的区间变化曲线呈橄榄球形，低价车的销量低，高价车的销量也低，一般家庭能够接受的价格的车销量最高。所以，我们要基于市场对不同功能产品的需求量来选择合适的产品进行区间投放。

四是打好产品组合拳。在开发一款产品时要考虑多种型号和配置，从开发的角度来看并不会明显增加成本，而且销售端还能够发挥引导作用。比如，对于基本款产品，重点在于宣传、价格引导，由于利润低，所以要控制销量；对于中端型号产品，将其作为主销产品推荐，确保利润最大化；对于高端型号产品，虽然单品利润高，但重点是强调产品的品牌和档次，引导客户购买中端产品。

五是功能价值加价法。它就是首先为基础产品定一个基本价格，起到引导和宣传作用，然后按照功能增加售价的方法。这种方法在汽车、手机等产品中有明显的体现，苹果的手机产品定价最为明显。比如苹果手机的同一代手机芯片都是一样的，但其设置的基本款价格相对较低。基本款存储器的容量通常是一种当下基本够用的水平，过两年就不够用了，所以你在购买苹果手机时，要么选择低配的快速换新（1 ~ 2 年），要么选择高配的长期使用（3 ~ 5 年）。以高配存储器来看，其增加的成本可能都不到 100 元，而增加的售价则超过 1000 元。这就是典型的功能价值加价法，在用户对需求的认可程度上增加价值。

六是品牌包装溢价。通过塑造品牌形象和品牌价值、提升包装档次等提升产品的销售价格，例如中秋节的月饼等。至于如何塑造品牌属于商业课程方面的知识，本书就不做解析了。

提升项目收益的策略方法比较多，其他的策略措施就不一一阐述说明了。我在本节一直谈项目收益，那么项目收益如何来衡量呢？常用的指标有附加值率、毛利率、期间费用率、利润率、投资回收期、内部报酬率、净现值等。现在对这几项财务指标做简单的说明。

◀ 附加值率：产品附加值与销售收入的比率。它反映每一元销售收入带来的附加值。

◀ 毛利率：毛利与销售收入（或营业收入）的百分比，其中毛利是收入与收入相对应的营业成本之间的差额，用公式表示：毛利率 = 毛利 / 营业收入 ×100% =（主营业务收入 – 主营业务成本）/ 主营业务收入 ×100%。

◀ 期间费用率：期间费用与营业收入的比率，其中期间费用包括管理费用、销售费用和财务费用。

◀ 利润率：剩余价值与全部预付资本的比率。利润率是剩余价值率的转化形式，是同一剩余价值量用不同的方法计算出来的另一种比率。

另外还有投资回收期、内部报酬率、净现值等指标也是常用的项目监控财务指标。但是技术出身的项目管理人员，对这些指标的理解和使用都有难度，所以在产品开发项目中，一般来说是通过换算指标的形式来管理的，例如将项目财务类指标与项目的关键任务指标关联起来，通过管理项目关键任务指标来达成项目收益指标。项目收益指标与项目关键任务指标的关联形式包括预算敏感性、销量敏感性、产品价格敏感性、产品成本敏感性等。

例如，一款产品开发项目我们计算内部报酬率目标值应为 16%（见图 7-14）。如果低于此目标则项目不能实现盈利，所以必须确保项目报酬率达到 16% 以上。通过数据分析得知，按现有规划的销量，内部报酬率指标达到 20.4%；当产品销量降低 5% 时，内部报酬率降为 16.8%；当销量下降 10% 时，内部收益率下降至 12.9%，已经小于 16% 的内部报酬率的目标，项目经济性目标达不到要求。这样就能反映出销量对项目收益的影响程度，以便于项目组人员更好地把控项目的目标维度。

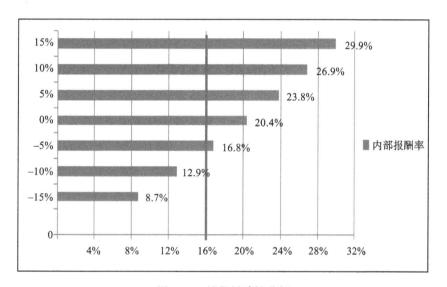

图 7-14　销售敏感性分析

另外，多年实践经验表明，很多企业的预测项目收益指标依赖于产品生命周期内的销量。显然，在很多情况下计划的销量只是一个理想数据，实际上这个销量通常难以实现。这就导致很多项目规划数据很好看，但实际表现却是"一地鸡毛"。所以最佳的实践做法是避开产品销量这个因素去制定评价衡量指标，例如通过产品的"材料成本占比"来判断产品交付后是否有竞争力，这为项目管理人员提供了一种更为简单的管理方法。

| 第 8 章 |

Chapter 8

产品质量管理

质量是由设计决定的，设计过程决定了
产品的基因。

8.1 质量管理概述

8.1.1 质量管理基础

如果你是一位制造业的职场人士，那质量几乎是每天都会涉及的话题，质量的重要性也是"天天讲、月月讲、年年讲"，"质量"这个词不是在耳边回响就是在脑子里徘徊。即便如此，我们真的理解了质量吗？

关于质量的定义，我们先来看 ISO9000 的描述：一组固有特性满足要求的程度。这个定义没有什么可挑剔的，但我把它称为"符合性"质量。问题是这种以"符合"现行标准的程度作为衡量依据显然是不够的。比如关于液晶显示器的质量要求，国际惯例是有 3 个以下的亮 / 坏点是在被允许的范围之内的，国家规定 7 个以内都属于正常范围。那么如果你购买的手机、电脑等产品显示器上有坏点，相信你肯定是无法接受的。所以我们提出以"适合"顾客需要的程度作为衡量依据，这是第二层次的质量要求，我们称之为"适应性"质量。比如顾客要求显示器无坏点，我们做到无坏点的品质，这就达到了第二层"适应性"质量的要求。那么再进阶的层次是以顾客"主观"感受的满足作为衡量依据，这是第三层次"愉悦性"质量的要求。这个层次的要求不再局限于产品本身的功能和性能，而是基于顾客的主观感受，这是最高层次的质量要求。总体来说，我们把质量的要求定义成三个层次：符合性质量、适应性质量和愉悦性质量。也就是行业通常所说的狭义质量与广义质量的差别，狭义质量就如标准定义中描述的一样，指产品、工艺和服务质量，由组织部门负责通过标准、规范、程序来审核（或检验）其符合要求的程度。狭义质量相对来说比较具体，也易于管理与控制。广义质量除了狭义质量的要求外，还包括产品的外观造型、品牌形象、使用体验等主观判断因素。

关于质量分类的描述有代表性的为 KANO 模型。KANO 模型由著名的东京理工大学教授狩野纪昭（Noriaki Kano）发明，它是一种用于对用户需求分类和优先排序的质量工具，以分析用户需求对用户满意的影响为基础，体现了产品性能和用户满意之间的非线性关系。KANO 模型是从顾客需求的角度将质量分为基本质量、期望质量、魅力质量，三类质量要求达到的程度与顾客满意的关系见图 8-1 KANO 模型中的三条曲线。

◀ **基本质量**：也称为必备型需求、理所当然的需求，是顾客对企业提供的产品或服务的基本要求。充分满足，顾客认为是理所当然的，不会增加满意度；不满足，顾客会强烈抱怨，可能会不用或者不购买该产品。

◀ **期望质量**：也称线性质量或一元质量，属于意愿型需求，是指顾客的满意状况与需求的满足程度成比例关系。充分满足，被满足得越多，顾客越满意，顾客决定购买产品的概率越大；不满足，被满足得越少，顾客越不满意，顾客考虑购买产品的概率越小。

◀ **魅力质量**：也称顾客愉悦的质量，是指不会被顾客过分期望的需求得到满足。充分满足，有这些因素，将会创造顾客的愉悦体验，这是与竞争者的产品进行区分的重要因素，也是公司价值与利润的来源；不满足，没有这些因素，不会引起客户不满意。

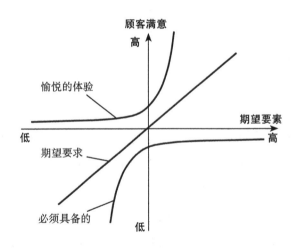

图 8-1　质量分类：KANO 模型

上述 KANO 模型对质量的分类与我们实际项目中质量的三个层次是基本对应的。我们从用户的视角将质量分成"基本要求、产品形态和附加利益"三个层次：基本要求是指产品的功能与效用；产品形态包括品牌、样式、质量、包装和特色等；附加利益包括物流、安装、维修、保证和信用等。这三个层次的划分，可以视为 KANO 模型在企业实际中的应用。

　　质量三层次的描述是基于市场和顾客语言描述的，那么如何判定我们的质量水平已达到要求呢？这就需要将其转化为工程语言的衡量指标，指标从类别上分为耐用性、功能质量、设计质量、装备质量、制造工艺和可靠性（见图 8-2）。具体各类质量指标不同的产品有不同的衡量方法，在这里不再一一列举。

图 8-2　产品质量指标分类

8.1.2　质量管理发展历程

　　质量管理起源于工业革命以后，在此之前质量保障靠工匠或艺人自己把握，谈不上有机制，算不上有管理。基于全球 100 多年的质量发展史，我把质量管理分成四个阶段。

　　第一阶段：质量是检验出来的

　　时间大约是 19 世纪末到 20 世纪三四十年代，结束时间在两次世界大战之间。特别说明一下，阶段的起始点并没有准确的年份，我上面之所以列示年份，是为了让大家好理解一点，并不是准确的时间点，阶段与阶段之间也没有明显的分隔标志。这一阶段的代表性人物是美国学者泰勒，他提出的设计、制造和检验分离的"三权分立"机制，聚焦于产品质量的管理思想。这一阶段的核心思想是对产品进行独立的质量检验，所以这段时间的质量思想是"质量是检验出来的"。

第二阶段：质量是生产出来的

时间大约是 20 世纪三四十年代到 70 年代初。这一阶段的代表性人物是休哈特，他提出统计过程质量控制（SPC）的概念。他认为质量是生产出来的，需要对生产过程进行控制，以预防不良质量产品的出现，即只有进行事前的预防性生产过程控制，才会有良好的产品质量，所以这个阶段质量管理的重点聚焦于生产过程中的质量控制。另外，这一时期的另一位"质量大师"戴明提出的"质量改进 14 法"，也主要是针对生产过程的改进措施。

第三阶段：质量是设计出来的

时间大约是 20 世纪 70 年代到 90 年代初。这一阶段的代表性人物是费根堡姆，他在 1961 年提出全面质量管理（TQM）理论，认为质量管理需要全员参与，并且要以数据为客观依据，强调顾客满意为主导思想，企业全员、全过程和全方位地按 PDCA 的循环去努力达成质量目标。这个时期的思想主要是把质量的形成往前延伸到产品设计阶段，认为产品的质量不是制造出来的，也不是检验出来的，而是设计出来的。所以全面质量管理的理念覆盖到了整个产品业务价值链，包括产品质量控制、管理工作等。

第四阶段：质量是体系保障的

时间大约是 20 世纪 90 年代至今。这个阶段许多质量大师的思想得到进一步细化，戴明的 PDCA 持续改进，朱兰的质量螺旋、克劳斯比的零缺陷理论、石川馨的质量改进等得到广泛应用。企业实践过程中是多种方法结合使用的，我称之为"质量成熟度管理"。什么是质量成熟度管理？即在行业标准 ISO9000 及 IATF16949 标准要求下，融合了朱兰的质量螺旋思想，融合了全员、全企业、全过程的 TQM 思想和有效问题解决（EPS）思想的多种质量工具方法管理模式，通过体系的保障逐步实现产品质量的成熟。这个阶段的质量是靠多方面保障的，而不是某一种思想和工具的功劳。

以上讲述了百余年来质量发展的变化。但是我们要清楚地认识到，不是说我们现在处在 21 世纪了，我们的质量管理水平就匹配到第三阶段或第四阶段的水平了，我们仍然有可能处在最初始的质量检验阶段。说一个当今社会企业的质量管理仍然处在 20 世纪质量水平，我一点也不奇怪。因为通过我多年的咨询辅导发现，小到几十个人的零部件生产企业，大到年产值几千亿规模的整车企业，管理水平都有可能处在质量管理第一阶段的检验时代。大家要根据所在企业的实际水平对号入座，真实匹配企业所处的水平和阶段，只有敢于承认不足，才会反省和追求改进。

8.1.3　质量管理者的困惑

上面讲到了质量管理水平的四个阶段，在与企业交流时我也和企业管理层分享这个内容，那么企业负责人就提出来，他们要构建"质量体系保障"的能力，达到第四阶段的质量管理水平。我说这个想法是好的，但是第四阶段相当于前面几个阶段的组合，就像组合拳一样，如果其中一个动作没练好，势必会影响整套组合拳的效果。所以这些步骤我们可以快速地走过，但似乎不宜直接跳过去。这是我要解惑的第一个问题——质量管理水平提升的策略。

我们每个人都痛恨"假冒伪劣"产品，而实际上我们自己又在开发或制造这种伪劣产品，或许我们自己并不知道，这是质量意识的问题。很多企业都把"质量就是生命"制作成条幅或者标语挂在墙上，工作中也时常挂在嘴边，甚至说"顾客就是上帝"，但是多数都是嘴上说说而已，表面上看十分重视质量，实际上就是走走形式，没有真正地抓质量管理。什么是重视质量？就是任何一个可疑的问题都不放过。什么叫把顾客当上帝？就是对于顾客的任何一点不满意都把责任担起来。这才叫重视。

说两个生活中的小例子。有一次我在肯德基用餐，取餐回来时我小声嘀咕了一声，"怎么这么多冰啊"，不一会儿服务员就送过来一杯冰块较少的同款饮料，我回想起来，大概是我嘀咕的时候旁边擦地的阿姨听到了。他们就是这么重视顾客的意见。还有一次我在必胜客用餐，我拿起比萨时看到好像没太熟透，但我并不确定这样是不是正常的，所以我问我爱人，"这是不是没太熟透啊"，说实话，我没有任何要挑剔餐厅的意思，我是很小声跟我爱人讲的。结果服务人员听到后说马上再烤一份送来，我们说不用，但是店员坚持要再烤一份。而且他知道我们已经吃不下了，于是装好了外带盒子让我们带走。他们也是如此在意顾客的声音。我讲这两个亲身经历的小例子就是想说明"顾客是上帝"不能只是一句口号，而是要实实在在地表现在现实行动中。同样，我做咨询和培训时，对提供的教材是反复打磨、精力设计的，不允许有一点偏差，反复优化以达到学员满意，这在听过我的课的学员中是有口皆碑的。这是我解惑的第二个问题——人员的质量意识。

我还发现一种现象，就是很多企业喜欢请"牛人大咖"到公司来，比如请一个搞质量的专家，寄希望于这位专家来提升公司的产品质量。通常这种结果都是不太理想的，这个专家即便真的很专业，也很努力，往往也是力不从心，不能达成所愿。主要是公司从组织机构、管理机制、流程体系、规范执行和问题解决各方面都存在问题。也就是说，这是体系的问题，而不仅仅是个人的问题。这是我要解惑的第三个问题——管理体系欠缺。

如果上述管理体系的问题都解决了，仍然做不出好的产品，这又是什么原因呢？这一点在讲企业管理的时候我会重点提出我的企业变革模型。往大了说，一方面是组织与流程的问题；另一方面就是人的能力与意愿的问题，即人员是否具备按照流程规范来开展工作的能力。比如要进行过程数据的统计分析，质量人员不懂 SPC，工程师不会潜在失效模式及后果分析（FMEA）等，所以完善管理体系之后要对人员的能力进行提升，这是我要解惑的第四个问题——人员能力与意愿。

最后，我们看到在很多企业中质量管理部门经常扮演"背锅侠"的角色，因为质量目标达不成，公司管理层会怪罪到质量管理部；项目节点通不过，是因为质量管理部不同意通过，各部门也责怪质量管理部。质量管理部在公司中与各部门形成了敌对关系。质量管理部通常夹在公司管理层和职能部门之间被当作"馅饼"烤，两头受气，里外不是人。这就是我要解惑的最后一个问题——质量管理部的角色与定位。很多企业的质量管理部门没有有权势领导的支持，经常成为"背锅侠"，在企业中很辛苦、很累却得不到好；有的企业中质量管理部门比较受重视，就居高临下对各职能部门呼来喝去，很难得到各职能部门的认同。所以作为质量管理部门不能只是质量的监督者，还要是质量的建设者。不要做拦路虎，要做背后的推手，树立务实肯干的工作作风，帮助项目组实现质量目标，解决项目实际问题。做到既为项目组服务又监督项目组的双重角色，才是最佳选择。

本节系统阐述了质量管理的概念，梳理了质量的发展历程，总结了企业实践中的管理困惑，但这只是解决了认知层面的问题，只是告诉了大家应该如何去调整和改变，应该做什么。如何做才能提升企业的质量管理水平和产品的质量水平呢？我从质量管理体系构建、质量策划与定义、前期质量管理、实物质量管理和交付质量管理五个方面进行系统的阐述。

8.2 质量管理体系构建

我们都知道很多企业通过了 ISO9001 认证，汽车企业则通过了 IATF16949 认证，还有的企业通过了 VDA6.3 认证。以 IATF16949 为例，中国通过 IATF16949 认证的企业有数万家，占到全球所有认证企业数量的一半。那么我们的汽车产品质量水平如何呢？这些认证企业是真的达到这个水平了，还是有其他的隐情呢？从我咨询辅导过的一些所谓已经通过认证的企业来看，还是存在很大差距的。

由此可见，某些企业的质量管理体系基础是非常薄弱的。比如我们审核企业过程中发现，很多企业的质量管理体系文件还处在 20 世纪 90 年代的水平。为什么说是这个时代的水平呢？从文件的特征来看，大概是 20 世纪 90 年代一批咨询师导入的外方或中国台湾企业的管理体系文件，在中国大陆流传开来，很多企业的体系文件就是在此基础上不断更新迭代的。但是不管怎么更新，很容易能够看出这类文件就是源自那个时代的体系文件。这类文件没有使用过程方法进行过程识别，没有识别过程边界，没有厘清过程之间的关系，没有厘清过程的输入输出，没有设置监控测量规则，没有系统评估风险，没有绘制清晰的流程图，只有大量的文字描述。这类文件说实话是没有人愿意看的，更何谈理解和使用呢！而且有相当多的具有一定规模的企业还在用，而多数小规模的企业干脆就没有什么质量管理体系，很多员工不知道什么是质量管理体系，只有管质量的少数人知晓有这么一套管理文件，但没有用起来。

那么如何构建质量管理体系？其实 IATF16949 早在 2002 年就提出了过程方法，即以过程的方法来构建公司的质量管理体系，步骤简洁明了：

第一步，确定质量管理体系过程在整个组织中的应用。

第二步，确定这些过程所需的输入和预期的输出。

第三步，确定这些过程的顺序和相互作用。

第四步，确定和应用所需的准则和方法，以确保这些过程的有效运行和有效控制。

第五步，确定并确保获得这些过程所需的资源。

第六步，规定与这些过程相关的职责和权限。

第七步，按照风险和机遇的应对措施的要求确定风险和机遇。

第八步，运行质量管理体系及其业务过程。

第九步，评价这些过程，实施所需的变更，以确保实现这些过程的预期结果。

第十步，改进过程和质量管理体系。

这里只是对质量管理体系构建的方法做简单阐述，并没有详细地展开。如果需要详细了解，大家可以深入研究 IATF16949 质量体系构建过程方法的内容。这些步骤方法看起来很简单，但是做起来而且要做好是很困难的，其中有三个不可或缺的因素：第一，需要有非常资深的懂标准和体系构建的专家，他们负责体系构建的指导和整体把控；第二，需要公司内各业务领域的资深人士共同参与，他们负责按要求设计业务流程和规范；第三，需要公司管理层大力支持，他们负责授权改变以往的规则。这三个因素缺一不可，否则质量管理体系的构建项目难以成功。

基于过程方法构建的流程，就是我们常说的"端到端"（E2E）流程。所谓端到端流程，就是基于客户需求到客户满意来设计。这里的客户既包括外部客户也包括内部客户，所谓内部客户就是业务输出的接受对象，简称"下游"。职能化流程是以"受控"为核心进行设计的，它的服务对象是业务上级及公司管理层。职能的流程在部门间是割裂的，端到端流程是横向打通的，职能流程关注的是局部，端到端流程关注的是全局。基于过程方法构建的端到端流程能够实现企业战略目标到业务运营的落地，推进跨部门的协同作业，有效提升企业的运营效率，使企业在激烈的市场竞争中立于不败之地。

8.3   质量策划与定义

前面小节解析了如何构建质量管理体系，质量管理体系是公司运营的基础，也是产品实现的基本保障。体系构建完善以后，其落脚点还是要回到产品上来。根据质量发展的历程我们都知道，质量管理正从事后检验往生产过程前移，并进一步前移到设计开发过程，而做好设计开发及生产制造过程的质量控制，都需要进行质量管理的策划。

8.3.1   设计质量管理模式

我们知道项目经理代表公司对整个项目负责，那么作为一个大型复杂项目的项目经理，显然需要各个业务模块核心人员的支持。比如在制造业的产品研发项目管理中，都会设置项目质量子经理，项目经理在质量管理方面向质量子经理授权，质量子经理在质量管理领域对项目经理负责。具体项目中的质量管理业务怎么管？行业里通常采用两种管理模式。

一种模式是"集中式"管理。集中式管理是指从质量策划与定义开始，到设计开发质量管理，再到生产验证质量管理及交付质量管理，统一由质量子经理负责，下属各业务模块通常不设置专职质量人员，而是由项目组人员兼职负责；或者由职能部门人员支持，各业务模块的负责人对本模块的质量负责，如产品质量评价管理、产品质量检验管理、工程质量管理、采购质量管理和试验质量管理等。由于集中式管理的跨度较大，需要质量经理有多个领域的专业能力，而通常一个人无法做到多专多能，所以在这种管理模式下通常需要配置质量技术专家和质量管理助手，一个是质量管理领域的资深专业人士，另一个则负责质量信息数据统计、报表整理及协助组织工作等。

另一种模式是"分段式"管理。分段式管理是将质量策划与定义、前期质量控制和实物质量管理几个阶段区分开来，质量经理负责前期的质量策划与定义及后期的实物质量管理，中间阶段的开发质量管理授权给工程质量管理人员。这种模式同样需要研发、生产、采购等质量人员的支持，但是优点在于质量经理不用深入到研发过程中去管理产品设计开发过程的质量，因为一般质量经理出自质量管理部门，他们对实物质量控制更有经验，对研发质量控制相对来说比较陌生，所以采用分段式管理相对来说易于实现。

8.3.2 确定产品质量目标

我在前面章节中讲过产品目标，这里要说的是质量目标。很显然产品目标与质量目标不是一回事，以汽车开发项目为例，整车的尺寸空间是产品目标，但不是质量目标。产品目标也称为产品规格，是产品的外在属性，而质量目标是衡量其功能的量化值（见图 8-3）。

那么如何确定产品的质量目标呢？先要基于产品的定位确定产品的质量定位。何谓质量定位？就是在研发和生产一个产品时，产品的质量控制在一个什么样的档次上，显然这要依据产品的定位来确定。比如我们是要做一个高端的产品还是要做一个超高性价比的产品，如果是做高端的产品，那么品质上一定要有保障，质量定位相应地要拉高；如果是要做一个超高性价比的产品，那么质量标准上肯定要降低要求，因为提升品质必然会增加成本，所以要保证产品盈利，降低质量要求是在所难免的。

确定质量定位，正向的思路是基于产品品牌（等级）和市场对产品功能性的需求设定质量指标。当然，部分指标是以国家和行业标准作为输入的，比如发动机的排放等级、使用寿命、可靠性里程碑等。基于产品品牌（等级）来定义质量指标相对来说需要花费更多的精力，所以行业通行的办法是选择对标的标杆产品。比如一款 A 级轿车的产品，那么在这个细分市场上，丰田卡罗拉是标杆产品，我们以它作为标准去制定研发产品的质量指标就非常快捷。当然有的指标我们要优于它，有的指标可以稍差，具体方法可以参照 LACU 法则（lead，性能领先；almost，性能接近领先；considerably，性能相当；under，性能较差、没有竞争力）来确定。

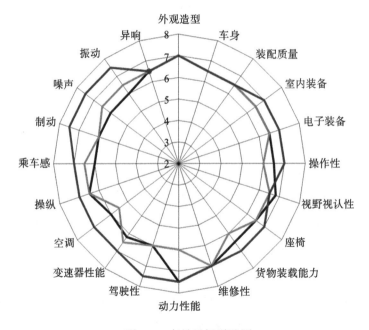

图 8-3　产品目标雷达图

这里所说的"标杆对照"既是一种方法，也是一个系统性的工程，其目的在于将本组织的产品与服务和竞争对手的同类产品与服务进行对照分析，通过学习它们的优点来改善自己的产品与服务，以提高自身竞争力，具体分析对照的内容包括质量水平、工艺水平、功能、成本、优缺点、需要规避的问题等。一般实施流程分为建立工作平台、定位目标车、前期准备、整车分析检测、样车拆解及检测、加工工艺及材料分析、样车成本分析、输出检测结果及评价结论。这个周期比较长，完整做下来通常需要半年时间，加快进度也需要两三个月。由于标杆对照需要花费较长的时间和较多的精力，现在比较有实力的企业已经将标杆对照列为日常性工作，而不是等到项目需要标杆数据时再去找产品做对标分析，这样就大大节省了项目的时间。当然，这种日常性的标杆分析只做主流的和规划开发产品的竞争产品分析，以确保数据能被未来的项目使用，避免人力及设备资源的浪费。

对标分析后确定产品的质量指标，对于具体指标的制定，不同的产品有不同的指标清单，比如汽车产品的质量指标通常分成一、二、三级指标。项目启动之后依据不同的流程节点，分别制定出产品的一、二、三级指标，到三级指标多达 200 多项，这里摘选一部分展示（见图 8-4）。

8.3.3 制订质量管理计划

我们日常所说的质量目标都是指产品交付时的最终状态的质量水平。很显然，在产品开发过程中质量水平是逐步提升的，质量目标是一步一步达成的，这就需要对质量目标进行分解。特别说明一下，这里的质量目标不是一级分到二级、二级分到三级这种自上而下的分解，这种从一级到二、三级指标的确定属于质量目标的建立过程，第 7 章已经解析过。这里所说的质量目标分解是从便于管理和控制的角度，从最终的质量目标向项目过程分解，例如将最终批量生产的质量目标向前设定试生产节点、设计冻结节点、样车交付以及设计发布节点的控制目标等（见图 8-5）。

序号	质量评价维度		一级	二级	三级	DR	CC	LS	J1	目标	
										SOP+6个月	SOP+1年
1	外部	J.D.P评价		1.1 IOS							
2		J.D.P评价		1.2 APEAL							
3		*可靠性（重点）		1.3 IPTV（3M/12M）							
4		*可靠性（重点）		1.4 CPV（3M/12M）							
5	产品质量	性能			2.2.1 质保驾评（≤C缺陷）						
6					整车排放						
7					最高车速						
8					0～60km/h 加速时间						
9					0～100km/h 加速时间						
10					最大爬坡度						
11					制动距离（100kph-0）						
12					怠速噪声（DLE/RRR）						
13					怠速噪声－主驾（空调关／开）						
14					120km/h 匀速车内噪声（DLE）						
15					整车气密性指标						
16					除霜【Clean Up Area A in 20 minutes】						
17					除雾【Clean Up in 3 minutes】						
18					整车背光参数						
19		可靠性			2.2.1.1 整车关键性能指标						
20					2.2.2.1 80 000km 质保可靠性（≤C缺陷）						

图 8-4　产品质量目标书（摘选）

注：＊ 为特殊关注类指标。

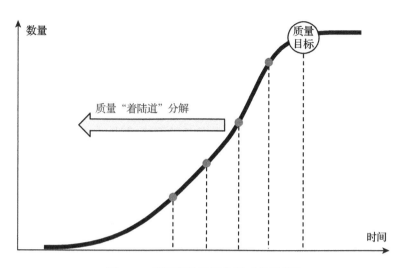

图 8-5　项目质量目标分解"着陆道"

图 8-5 的质量目标分解"着陆道"形同飞机上升的轨迹曲线,为了便于大家理解质量目标逐步成熟我才画成图 8-5 的形式。如果是整车主观评价 AUDIT 评审分值,质量问题的数量等指标的曲线就是反向自上而下的着陆轨迹了。在质量目标分解过程中,质量目标向过程分解只是第一步,因为每个节点的质量指标非常多,少则十几项多则上百项,所以如何达成质量目标需要进行系统的策划。如何将质量指标再往下分解至各业务模块?以整车主观评价 AUDIT 为例,试生产阶段假如分值允许 1600 分,那么允许设计未到位问题 160 分、工艺问题 240 分、生产制造问题 720 分、外购件问题 480 分,这样就把这个阶段的指标分解到了研发部门、工艺部门、生产工厂和采购部,各业务单元就明确了本阶段的目标。必要的话,业务单元的指标还要进一步分解到各系统,例如生产制造问题 720 分再往下分到冲压车间、焊装车间、涂装车间和总装车间,明确各系统的目标分值。只有这样层层分解到具体岗位,大家才清楚自己的目标,也明确了自己的责任,相应地,质量管理计划的制订也就容易了许多。

质量目标书与项目质量管理计划是项目启动与计划阶段最为重要的两个交付物。质量目标书确定了要达成的目标，质量管理计划确定了如何达成目标。所以整个项目启动与计划阶段需要花费足够的时间和精力严谨地完成这两个交付物的内容。质量管理计划具体包括哪些内容？一是项目的质量管理组织中的岗位及角色的职责描述。二是产品的一级质量目标。特别说明一下，这里只是对产品的主要指标进行描述，而不是把所有的质量目标都记录下来，因为这部分内容在质量目标书中是会体现的，而且内容很多，在此详述没有必要。三是质量爬升计划，就是我之前讲的质量着陆道，也就是过程的质量指标是如何设置的。四是各板块的工作计划，各业务单元如何做才能完成目标。五是评审管理的设置和说明，后续如何做评审管理，具体在哪个节点设置评审。六是附则，描述一些需要补充说明的事项和问题等。

8.3.4　质量问题规避

问题规避又称为问题排查或问题预防，它是基于平台产品、基础产品或同类竞品的质量问题可能在本产品中出现，以及以往同类项目开发过程的经验教训（黑色案例）汇集成问题清单进行预防性排查的过程。问题排查不同于问题管理，问题管理是基于已经出现的问题的分析、整改、验证及过程管控，而问题规避是针对未出现的问题的预防。所以问题排查与 FMEA 有类似的作用，但是问题规避更简单、更直接、更高效，比如 FMEA 要基于设计出来的结果，而问题规避则不用。问题规避是在整个项目实施过程中定期去排查同类问题是否有可能出现和是否已经出现。

质量管理分为质量策划与定义、前期质量控制、实物质量控制和交付质量管理四个部分，为什么我要把问题规避放在质量策划与定义部分来解析呢？因为问题规避是项目一开始就要开展的工作，要尽早收集同平台产品、基础产品或同类竞品出现的问题，通过识别与分析确定一个有价值的范围采取规避措施，这样才能保证有针对性。通过多年多家企业的咨询审核发现，有的企业在问题规避方面做得很好。比如某家整车企业很务实地正视以前产品的质量问题，不仅在企业内部各项目组横向拓展规避问题，还将质量问题信息库对供应商开放，让供应商参与到问题的规避中来，这就体现出了一个企业务实的作风和大格局的胸怀。以这样的思路和对质量的重视，我相信质量水平提升是可以预见的。反观有的企业对以往的质量问题遮遮掩掩，不敢对外界开放，甚至连企业内部人员想访问质量问题信息库都需要申请，批准后才能看到。这显然不是一种自信的做法，也难以让企业人员正视质量问题，更别谈质量改进与提升了。

质量问题规避工作中的难点是如何划定应规避的范围，做到既能节省时间和精力又能体现出排查工作的价值。节省精力是指避免收集的问题过多、过于宽泛导致排查的工作量巨大；体现出价值是指花了时间和精力要体现出效果，不能做了排查之后，原来的问题又出现在现行开发的产品上，否则这项工作开展得就没有成效了。所以划定一个合理的范围尤为重要，需要专家团队成员共同探讨和选定有参考价值的问题，形成"应规避问题清单"。

8.3.5 质量评价管理

关于质量评价有很多种形式，内容也不尽相同，所以在解析质量评价管理之前，先澄清我这里所说的质量评价管理的概念。本书中所说的质量评价管理，是指项目节点过阀评审（或里程碑评审）之前，对产品质量目标达成情况进行的确认。很多企业把质量评价等同于节点过阀评审，这是不严谨的。质量评价是对质量领域目标达成情况的专项评审，节点过阀评审是对项目进度、质量、成本、收益、范围、风险等内容进行的综合性评审，所以质量评价是节点过阀评审的前奏，是在节点过阀评审之前应该完成的一项工作。其目的在于检查各业务单元质量工作达成情况，保障新产品开发质量。

质量评价管理如何组织实施？首先我们前面讲的"项目质量管理计划"已经有了定义，"项目质量管理计划"对质量节点评审做了明确的描述，具体包括：第一步，在质量评审之前（一般提前 10 个工作日）发布质量评审计划，开始准备节点质量评价工作；第二步，各业务单元准备工作完成情况的材料，重点是各项指标达成情况的统计数据，将数据整理成交付物/报告；第三步，各业务单元主管人员审核并提交本业务单元的工作完成情况；第四步，质量经理组织会议并主持评审项目的整体质量达成情况及风险问题；第五步，质量专员整理质量评价意见，经大家会签同意；第六步，会签后的质量评价报告及结论提交项目经理确认和归档。

质量评价管理的组织工作并不复杂，其难点在于诸多评价指标的信息收集与统计核算，比如质量问题的关闭率、产品试验验证的通过率、产品主观评价的质量水平等，这些要么需要专业人士支持，要么需要软件系统支持。所以我们一方面需要建立质量策划与定义的能力，另一方面还要建立质量验收评价的能力。什么是质量验收评价的能力？它包括监视测量能力（如实验室、检测设备、测试软件及信息采集工具等），还包括资深的专家评定队伍（如主观评价工程师团队、质量感知工程师等）。图 8-6 为质量评价管理体系的示意图。

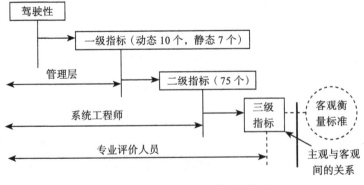

图 8-6   质量评价管理体系（摘选）

8.4　前期质量管理

前期质量管理是指在产品实物出现之前所采取的一系列质量管理活动，也称为设计质量管理。我一直强调质量是设计出来的，所以设计过程对于质量的形成有巨大贡献。那么设计过程中要开展哪些工作呢？下面选择重点工作项来解析。

8.4.1　多方案设计

什么是多方案设计？顾名思义，就是对一个产品设计多个方案并进行对比和选择，从中筛选出最佳方案。具体步骤为：第一步，需求确定后提出 N 个方案，从 N 个方案中挑选 3 个方案，即 N 进 3；第二步，将 3 个方案做进一步的细化，经过对比分析挑选出 1 个最优方案，即 N 进 1；第三步，将这个方案进行虚拟或者实物样品的验证，以确认方案的最终可行性。基于这个流程筛选出来的方案一般是比较稳妥可靠又经济的，所以，作为质量管理人员要监督产品设计过程中多方案设计与筛选工作是否落实到位。

8.4.2　开展 FMEA 分析

FMEA 标准翻译是 "潜在失效模式及后果分析"，分为 DFMEA（产品 FMEA）和 PFMEA（过程 FMEA）。它是一套系统化的分析工具，通过识别产品 / 过程中的潜在失效模式并评价失效发生后的后果，确定能够消除或减少潜在失效发生机会的措施，并将全部过程形成文件并进行控制，以便于及早发现潜在的缺陷及其影响，从而进行预防并降低损失。其作用可以总结为以下几个方面：

◀ 减少产品和过程再次开发的时间和成本。

◀ 帮助确定稳健的流程和产品控制计划。

◀ 帮助相关人员对需要解决的问题排出优先级顺序，并聚焦重点问
题以预防问题发生。

◀ 改善被评价产品和过程的质量、可靠性和安全性。

◀ 将采取的行动文档化，并进行追踪以降低风险等。

总体来说，进行 FMEA 分析能够总体提升产品质量水平，降低开
发损失，提升顾客满意度。FMEA 是一个很好的质量工具及方法论，汽
车行业普遍都在使用，但是具体做得如何呢，据我所知各企业的水平参
差不齐。早些年各企业制定 FMEA 基本上是形式主义，照搬以前的产
品 / 过程 FMEA；现在企业对此越来越重视，有些企业 FMEA 做得还
不错，这是一个很好的现象，但是这类企业为数不多，更多的企业还
需要不断地提升 FMEA 应用水平。FMEA 是一个有深度的系统化工具，
想把 FMEA 学好用好也不是短时间内就能实现的，在这里即便是加几
页的篇幅也难以讲清楚，所以，如果你有这方面的困惑，我们另行找
机会探讨，在 FMEA 应用辅导及软件集成方面，我们团队是非常有经
验的。

8.4.3　虚拟分析

我把通过产品数据或电脑软件进行的分析，如 DMU（电子样机）
分析、CAE（计算机辅助工程）分析、（工艺同步工程）SE 分析，统称
为虚拟分析。其中，DMU 是对产品的真实化计算机模拟，能满足各种
各样的功能，提供用于工程设计、加工制造、产品拆装维护的模拟环
境，是支持产品和流程、信息传递、决策制定的公共平台。CAE 分析
是用计算机辅助求解复杂工程和产品结构的强度、刚度、屈曲稳定性、
动力响应、热传导、三维多体接触、弹塑性等力学性能，以及结构性能

的优化设计等问题的一种近似数值分析方法。SE 又称并行工程，实质是在产品的开发设计阶段，要求设计、工艺、质量、市场等相关部门并行工作，实现产品同步开发，可以在前期设计阶段发现产品可能存在的问题，并制订解决方案，及时优化设计，规避问题的产生，避免后期出现问题造成更大的资源损失及浪费，是对产品及相关过程进行同步化的一种工作模式。同步工程旨在提高产品开发质量，加快产品开发进度，降低生产制造成本。随着计算机软件辅助设计及分析能力的大幅提升，一些有实力的企业在虚拟分析上已经投入相当的资源构建虚拟分析能力，通过虚拟分析进行验证，减少实物试验的项目及频次，压缩了试验周期，降低了整体成本。虚拟分析对于产品开发项目的进度和质量保障有巨大作用，作为质量管理人员应该重视虚拟能力的建设以及虚拟验证的应用。

8.4.4　数据管理

产品研发项目有大量的数据需要存储、传递、使用、分发和检索，这些数据的重要性不言而喻。我想，几乎每个公司都希望利用软件系统平台管理这些数据。例如早期使用的产品数据管理（product data management，PDM）系统，就是一个用来管理所有与产品相关的信息（包括产品基础信息、配置、文档、图纸、结构、权限信息等）以及所有与产品相关的过程（包括过程定义和管理）的平台。通过导入 PDM 系统，可以提高生产效率，有利于对产品的全生命周期进行管理，加强对文档、图纸、数据的高效利用，使工作流程规范化。在 PDM 系统之后，部分企业又升级为产品生命周期管理（product lifecycle management，PLM）系统，PLM 系统实现了从市场需求分析、工程设计、制造装配、包装运输、营销、使用到报废的整个生命过程的数据管理。PLM 系统结合了一整套技术和最佳实践方法，包含产品数据管理系统，除了产品数据之外，还实现了部门协作、产品商务协同、视算仿真、企业应用集成、零部件供应管理以及其他业务，实现了延伸的产品供应链上的所有OEM、转包商、外协厂商、合作伙伴以及客户之间的协作。

　　企业实施 PDM 系统或 PLM 系统都不是一件小事。即便现在的互联网平台非常成熟，甚至很多 PDM 系统可以快速导入，把所有数据都搬到系统去管理和运营也是需要花时间的。如果企业暂时没有实施 PDM 系统或 PLM 系统，那么当前可以做的最简单的事情就是对产品的数据进行版本的定义与控制。比如将产品数据设置为 3 ～ 5 个版本，以汽车产品开发为例，设置为 4 个版本比较理想。例如，第一版数据为信息状态数据，仅用于信息展示，如跟供应商进行技术交流等；第二版数据为验证数据，即经过 DMU、CAE、SE 分析后初步验证的数据，可以用来开发软模，制作软模件；第三版数据为确认数据，即经过原件产品验证优化后的数据，用于开发工装模具，制作工装件；第四版数据为量产数据，设计冻结后用于正式生产和归档的数据。从质量管理的角度考虑，当然希望企业有 PDM 系统或 PLM 系统，如果没有数据管理系统那至少要把产品数据的版本管理好、控制好，做好状态标识和发布应用管理，以免因为数据版本问题导致的错乱现象出现。

8.4.5　特性管理

　　特性管理就是指对特殊特性（special characteristics）进行重点控制。特殊特性指产品和过程的关键、重要特性，包括法规和安全特性等。简言之，就是如果不满足就会导致严重问题的产品属性。特性又分为产品特性和过程特性，在美国汽车工业行动小组（AIAG）的系列手册中分别称为 KPC（关键产品特性）和 KCC（关键控制特征）。KPC 是指关键重要的尺寸，是产品本身所有的特性；KCC 是指设备的参数或者关键、重要工序的过程参数等。KPC 来源于 FMEA 分析，对于关键性和重要度分值上达到一定等级标准的属性，评分等级有详细评分标准，在这里就不重复展现了。过程特性是基于产品特性传递到生产过程中，保障达到特性目标识别出来的过程中需控制的要素。过程特殊特性可以理解为产品特性实现过程中的特殊的过程参数，例如，为实现装配尺寸满足用户要求的机加工过程，对车床转速和进给量的具体要求就为过程特殊特性；满足焊接强度要求的焊接电流等也是过程特殊特性。过程特性所对应的过程参数是指只在制造过程中可以监控到的，伴随着制造过程的结束而消失的过程特性。过程特殊特性一定是与产品特性相对应的，没有产品特殊特性就不会有过程特殊特性。

至于特殊特性管理，我们需要有一个产品特殊特性的清单，并要将其转化为过程特殊特性清单，最后将特性如何达成和保障达成形成质量控制计划。控制计划中要明确过程的重要参数的调整和如何保障，包括定期检查、防错等手段。检测需要有检测说明，其中要准确定义检测工具、检测频次、样本量、装夹定位方法、装配夹具使用、测量结果读取等。防错需要防错工装治具或者在线 100% 自动检测设备。生产现场要有校验合格的边界样品（合格件 / 不合格件）、用于定期校验的防错工装治具或自动检测（包括开机点检校验和巡检校验）设备，校验结果要记录在相应的记录单据上，并存档保留。特殊特性管理是质量管理的重中之重，因为特性的质量要求没有达成势必会影响产品的正常上市销售，延误项目进度甚至导致项目失败，所以作为质量管理人员，务必监控特殊特性管理工作的落实到位。

8.4.6　技术评审管理

这里所说的技术评审是指技术方案评审、设计评审、性能评审、工艺评审等，而不是上节讲到的产品质量达成情况的质量评价。评审不同于验证和确认，验证是指通过提供客观证据对规定和要求已得到满足的认定；确认是指通过提供客观证据对特定的预期使用或应用要求已得到满足的认定；评审是为确定主题事项达到规定目标的适宜性、充分性和有效性所进行的活动。讲完定义上的区别你可能还无法理解，简单来说，验证和确认侧重于事后，而评审侧重于事前。比如测试活动通过实物验证发现缺陷，而评审是一种在产品开发过程中尽早发现缺陷的手段，目的一样但是时间点不一样。显然，评审更能预防问题发生，而不是等问题发生以后再去想办法解决，因为事后解决势必会增加成本，造成浪费。例如产品开发后期测试中发现问题导致的纠正成本远高于通过评审发现缺陷的预防成本。实际上，IBM 的统计数据显示，在大多数企业的产品开发中，2/3 以上的缺陷都是在需求和设计阶段引入的。因此，如果不进行技术评审，往往会导致后期实物阶段问题大量爆发，导致项目组人员加班加点地赶工"救火"，并且会严重影响产品交付质量甚至上市的时间。所以我们需要开展技术评审工作。

那么从质量管理的视角如何开展和组织技术评审工作呢？以汽车产品开发项目为例，首先要对产品进行层级划分，一般分为整车级、系统级、子系统 / 关键零部件级、一般零部件级四个层级。这四个层级从数量上看呈金字塔结构，越上层数量越少，越下层数量越多。分级的目的在于便于分工和抓住重点。从质量管理的角度看，要重点管控三级及以上层级的技术评审，一般零部件的评审可以由产品工程师负责和组织，质量管理人员要求提供评审记录以备查。具体评审工作分为制订评审计划、资料准备、技术初审、组织评审、评审答辩、问题整改、跟踪管理等环节，各个环节由相应的人员负责，需要提前制订好评审计划，按计划实施，并记录评审问题以及进行跟踪完善。评审过程中要注意的事项有以下八个方面，在组织评审工作时可以检查是否符合要求。

◀ 不能因为时间紧迫而省略评审环节，也不能根据项目大小而省略评审内容。

◀ 评审者必须是领域内的专家或资深人员，最好是能有两位以上。

◀ 评审前充分准备和沟通，如提前发布评审内容的资料，避免突击工作。

◀ 安排合理的预审时间，以便评审人员阅读评审材料。

◀ 技术评审应当"就事论事"，不要把评审会开成科普会和批斗会，不要批判有失误的工作人员。

◀ 评审的职责是发现问题与缺陷，并帮助项目组改进，所以要把技术评审作为改进提升的机会。

◀ 评审中的问题要记录备查，并一定要跟踪落实，否则评审就没有发挥作用。

◀ 持续改进技术评审检查单，逐步把评审工作做得标准化和规范化。

关于产品开发过程中前期质量管理的内容及要点远不止这些，本节中只是挑选了重要的质量需要控制的内容加以解析。如果要做好产品开发前期的质量管理工作，需要系统地策划并做好质量管理计划，按计划实施；需要全面学习和了解设计开发过程质量管理，未来我们有机会现场授课时再做全面的展示。

8.5 实物质量管理

所谓的实物质量管理，就是我们传统概念中所说的质量管理，由于要区别于前期设计开发过程的质量管理，才提出"实物质量管理"这个概念。关于实物质量管理，前面讲过的质量发展上百年的历史，都在致力于实物质量管理研究和水平的提升。关于这部分内容行业里的课程和书籍描述非常广泛，我就不在这里重复阐述了。我想分享的是，在以汽车行业为背景的制造业领域，产品开发过程中实物质量管理的几点具体做法。

8.5.1　质量问题管理

问题管理是从项目启动到项目结束整个项目生命周期过程中都要开展的业务。从项目实际执行情况来看，我们只将问题管理分为两类：一类属于产品本身的问题，归为"质量问题"，如产品缺陷或摩擦干涉；另一类不属于产品本身的问题，归为"管理问题"，如模具入厂时间延迟、项目资源不足等。项目管理问题用 KTM 进行管理，这在进度管理那部分内容中已经解析过了，质量问题则用质量问题跟踪管理表（QTM）进行管理，如表 8-1 所示。

表 8-1　质量问题跟踪管理表

序号	产品名称	供应商	问题描述	严重性	频次	用户	问题状态	问题分类	问题来源	提出单位	提出时间	牵头单位	牵头人	要求	原因分析	整改措施	进展情况	验证方式	关闭时间
1																		
2																		
3																		
4																		
5																		

表 8-1 只是质量问题的汇总表，那么对于每个问题的具体情况，还需要有另外的信息表来描述，行业里较好的模板为质量问题整改跟踪表（由于篇幅较大，放到书中无法看清，所以未做展示）。特别要提醒一下，由于整个项目生命周期过程中的问题数量巨大，所以对于问题信息表及其管理都应该采用简化的方法和流程。

先来看问题信息表。我们都知道问题是要分等级的，复杂的问题和简单的问题用不同的表单来处理较为合理。那么关于问题的分级，从不同的角度有不同的划分方法，比如从顾客感知的角度，通常来说AUDIT 的问题标准更合适，AUDIT 将问题分为四个等级，具体标准见如表 8-2 所示。

表 8-2　顾客感知问题等级标准

问题等级	AUDIT	简要描述	抱怨范围	举例
S（致命）	300	致命 / 法规 / 安全	所有（100%）	刹车失灵
A（严重）	80	主要功能丧失或降低	所有（100%）	空调失效
B（一般）	40	次要功性能降低	一般（80%）	玻璃升降声音大
C（轻微）	20	外观及其他	挑剔（5%）	门柱间隙大

从企业自身解决问题的复杂程度上来分，更适合用图 8-7；从项目实施风险的角度划分，则习惯于用红黄绿风险等级标准（见图 8-8）。

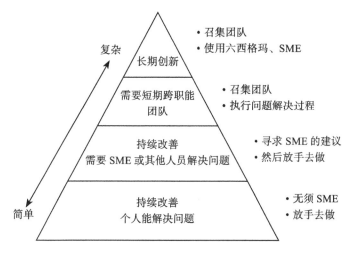

图 8-7　解决问题复杂程度的分级标准

R	红牌：S、A 类问题，且无方案及以上
Y	黄牌：S、A 类问题，方案经验证可行；B 类问题，按期关闭有风险
G	绿标：处于关闭状态的问题
B	蓝标：正常进行，且预计能按期解决

图 8-8　问题风险分级标准

再来说问题解决的流程。关于问题的解决，行业里有很多的工具方法，如 8D、EPS、PDCA、7DP 和六西格玛等。这些工具的详细内容我就不解释了，因为这些工具本身就是一种方法论，展开之后内容非常多，比如"有效解决问题从业者指南"（EPS）展开是一本书，授课也需要 2 天时间，其他工具类似。再如，制造业领域的从业者对这些工具应该是有熟悉的，如果不熟悉，不妨关注学习和了解，这里就不针对每种工具展开阐述了。上面我强调过，项目中的问题数量巨大，因此需要采用便捷的流程和方法，所以关于项目中的问题处理，我们通常按"提出—确认—分解—整改—验证—关闭"的简化流程来处理，各步骤中的分支在图 8-9 中有详细描述。

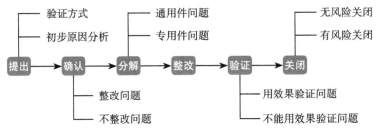

图 8-9　项目质量问题快捷处理流程

项目中问题管理的难点在于如何保证系统全面地收集到了项目中的所有问题，比如设计评审的问题、DMU 检查的问题、SE 分析的问题、CAE 分析的问题、试制过程中发现的问题、检查 / 试验过程中发现的问题、各类评审 / 评价提出的问题，以及其他渠道收集的问题等。问题收集之后整理的工作量也是比较大的，以前我们做项目管理时更多是手工收集和统计，这些年咨询辅导了解到，多数企业已经使用质量问题管理系统了，问题的收集、分解、传递和整改、跟踪闭环工作全部在系统中流转，这样就大大提高了工作效率。

质量问题管理对于新产品开发来说非常重要。虽然说我们前期有很多预防控制的手段，如 FMEA 和问题排查等，但是作为大型复杂产品开发过程中出现大量问题是正常现象。质量管理说到底就是不断地解决问题，只有在项目开发过程中尽可能多地发现问题和解决问题，产品交付到客户手中时才有可能尽量少地有问题再现，所以发掘问题成为项目过程中的重点和难点。我们在项目实践过程中的做法是设置 11 道质量墙，然后不断地发掘问题和解决问题，并确保问题得到全面解决。

8.5.2 顾客主观评价

关于顾客评价，行业采用较多的是 AUDIT 评审。"AUDIT"一词源于拉丁文，其含义是"复查"。AUDIT 就是为了获得产品的有关质量信息，以用户在使用中对产品的质量要求为标准，由企业独立的专业部门，对已验收合格的产品进行检查和评价。AUDIT 评审要站在用户的立场，以用户挑剔的眼光，按用户的要求和期望，对合格产品进行质量评价，得出相应的 AUDIT 质量等级。同时，对查出的问题和缺陷，要加以消除和改进，从而使产品的质量提高到一个新的 AUDIT 质量等级，达到用户满意。AUDIT 质量评审源于具有百年制造业历史的德国，1970 年整车 AUDIT 评审就已经在德国大众公司开始应用。AUDIT 评审是经过多年持续验证的一套完整的质量评审体系，现已经成为全球多家车企的主要评审标准。另外，通用汽车的"全球客户评审"（Global Customer Audit，G.C.A）也是一套以客户为视角的评价体系，与 AUDIT 有异曲同工之妙。

现在各企业使用的 AUDIT 评审是在德国 AUDIT 评审的基础上，结合实际情况，进行了完善和延伸。例如，整车 AUDIT 评审，包括百公里道路试验；油漆车身 AUDIT 评审，包括面漆性能指标测量；白车身 AUDIT 评审，包括白车身焊接评审；零部件 AUDIT 评审，包括外观检查、尺寸匹配与测量、性能试验等。AUDIT 评审原则上不应该借助任何工具而完全以用户的眼光来评价产品，但在实际工作过程中由于专业或工艺的特殊性，以及对评审缺陷进行确认时，可能需要借助一些辅助工具或仪器，这是被允许的。AUDIT 评审是以用户的视角将整车分为 A、B、C、D 四个层级区域，详见图 8-10 通用汽车的 G.C.A 产品评价分区标准（由于本书是黑白印刷，所以大家可能无法直观分辨出各级区域，那么暂时只做了解，如果需要可以联系作者），依照从上到下、从左到右的顺序，对整车各部分进行静态检测和动态检测，静态检测主要通过看、摸、扳、听等方法，而动态检测则是通过路试进行检验。

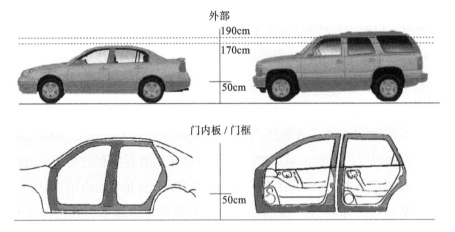

图 8-10   通用汽车的 G.C.A 产品评价分区标准示意图

AUDIT 评审理论上应用于已经成熟的交付产品，但是在项目开发过程中往前延伸用于产品质量水平的摸底也是比较常见的，例如对试生产、预试生产车辆及样车进行 AUDIT 评审等。特别是对试生产的产品进行 AUDIT 评审，能够发现批量生产的问题，这些问题需要被快速地收集，以加快问题解决的进度。

8.5.3   综合匹配

综合匹配（MB）是一种反复地匹配分析和改进的方法。它提供了一种手段，对车身冲压单件、焊接总成、车身外覆盖件、内饰件和外饰件以及整车进行匹配和测量分析，对尺寸、配合、缝隙、平整度、与尺寸匹配相关的拼焊或装配的工艺性等的匹配结果进行测量评价，分析匹配缺陷产生的原因，指导模具的改进、工装设备的调整、工艺参数的优化、产品设计和产品技术规范的更改。MB 分为三轮（MB1、MB2、MB3），每轮匹配都是递进关系，各轮的匹配形式及作用不同（见图 8-11）。

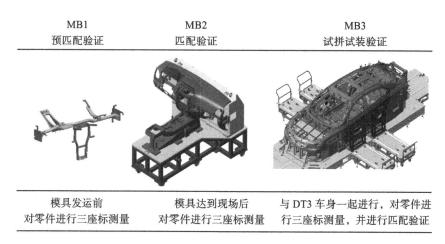

MB1 预匹配验证	MB2 匹配验证	MB3 试拼试装验证
模具发运前 对零件进行三座标测量	模具达到现场后 对零件进行三座标测量	与 DT3 车身一起进行，对零件进 行三座标测量，并进行匹配验证

图 8-11　MB 过程示意图

MB1 是预匹配认可。预匹配认可是针对 OTS（工装样件）以及开发试制阶段的样品（比如 Prototype、试模、手工样品等）检验和自制件首批样品的认可。对非批量生产状态下生产的零件，以及模具或工装设备供应商生产出来的零件进行预匹配分析，对已经存在或者可能发生的缺陷进行分析改进。预匹配认可可以利用主模型和综合匹配样架，也可以利用检具和测量支架或者工装设备，辅助以相应的检测设备进行。对于需要烂皮纹的内外饰件，要求与光坯件匹配合格，收到制造工程部尺寸匹配工程的烂皮纹许可报告后才允许进行皮纹腐蚀，以免造成模具修改困难甚至模具报废。

MB2 是综合尺寸匹配认可。综合尺寸匹配认可是针对 PPAP 样品检验和自制件首批样品认可规定的。对批量生产状态下生产的零件进行匹配分析，对零件的尺寸、缝隙、平整性、与尺寸匹配相关的拼焊或装配的工艺性能等进行测量分析，并做最终评价。综合尺寸匹配认可可以利用主模型和综合匹配样架，也可以利用检具和测量支架或者工装设备，辅助以相应的检测设备进行。

MB3 是试拼试装检验。试拼试装检验是针对零件在车身生产部和总装生产部的拼装、焊接和装配检验规定的。对于要求进行综合尺寸匹配认可的零件，只有在综合尺寸匹配认可达到 A（合格）或 B（待条件合格）状态时才允许试拼试装，试拼试装的零件允许留车使用，试拼试装检验数量一般要求为 10 台套。主要检验零件在拼焊或者装配过程中产生的影响，比如以用户的眼光来进行评价（如零件间的配合、缝隙及平整度等），还有与尺寸相关的焊接和装配工艺等（如门柱缝隙、面差等）。

综合匹配工作是从工程设计时的尺寸分配开始的，同步工程设计之后进行 MB1，合格后生成 MBI 内部报告，进行第二轮匹配。由采购工程师、尺寸工程师和供应商提供样品和相关文件，进行 MB2，如果合格，生成 MB2 报告，如果不合格，生成问题反馈，返回整改。MB2 完成后，确认是否开始腐蚀皮纹，如果需要输出预匹配腐蚀皮纹报告，供应商对模具进行皮纹腐蚀，然后进行 MB3。第三轮依然由采购工程师、尺寸工程师和供应商提供样件和技术资料；第三轮验证的数量需要加码，一般提供 10 台套以上样件，然后进行试拼试装检验，如果合格，生成 MB3 报告，匹配过程结束。从流程上来说，这个过程很清晰，经过三轮次验证就完成了，难点在于过程中总是出现不合格问题，要做原因分析并整改解决。所以，从质量管理的视角，要十分关注综合匹配过程中发现的问题，收集汇总这些问题并快速解决，对产品顺利投产将有巨大贡献。

8.5.4　OTS 认可

OTS（off tooling sample，工装样件），直译是"脱离手工工具制作的样品"。OTS 是指用于进行技术、质量和性能设计符合性确认的新开发零件，采用正式生产线或使用设计所要求的各种设备 / 工装、材料方法及测量方式制造的样件。在制作样件时，除制造场所和作业人员可能与量产时不同之外，其他方面均一致。也就是说，OTS 可以是正式生产线生产的产品，也可以是单腔模具、非流水线方式生产的产品。

OTS 认可是对零件设计要求符合性的设计验证结果的确认，属于设计确认活动，所以归属于设计阶段，是工程签署（ESO）的必要条件。OTS 认可包括尺寸检测合格、材料试验合格、性能试验合格、MB2 合格、外观合格等，所以 OTS 认可是对全部详细设计要求达成性的验证结果的总确认。执行 OTS 认可认证是验收产品设计工作完成情况的一套规范，对于推进设计阶段问题的解决、进行工程签署起着重要作用。

OTS 是由多个部门共同完成的。其中研发部门的职责是设计人员要及时确认、明确设计要求，确认设计要求的达成性和样品的符合性，为设计文件的确认和发布提供客观验证依据，管控产品技术质量指标达成，防止产品风险；采购部门的职责是负责供应商的选择、零部件的采购；SQE 的职责是验收检具，配合设计部门现场取样，负责收集供应商产品符合设计的图纸及相关技术文件，负责对供应商的考核；试验部门的职责是负责对试验的零件接收、存放、管理、试验（材料、性能、道路）及出具报告，并建立台账。OTS 认可中关于材料认可流程、外观认可流程、性能认可流程等按公司的模式来操作就可以，我在此就不再阐述了。特别要说明的是，作为供应商企业，不能以自己的 OTS 认可来代替整车厂的认证，应完善供应商 OTS 提交后的、经整车企业进行的设计验证和设计确认工作。当然，也不是说供应商的 OTS 认可就没有价值，通常来讲它可以作为预验证的主要手段。

OTS 认可提交后，整车企业需要对供应商提交的样品进行必要的复检，对供应商提交的报告及其检验试验的原始记录、报告进行复核复验，对关键、重要项目的 OEM 进行复检或外委复检，对样品的手工样车或工程样车的装车匹配试装验证，对装配于系统、整车后的系统级及整车级的性能、可靠性、耐久性、耐环境进行实验验证，出具在 OEM 所实施的各种实验报告，根据供应商自我报告及 OEM 报告签批 OTS 认可书，正式发布设计确认数据，设计数据冻结。OTS 认可提交后整车企业要给出结论，结论分为正式认可、临时认可、条件认可和不认可四种状态。正式认可是指提交 OTS 认可文件在全部认可阶段全部认可检查项目都符合时的认可批准；临时认可是指提交的 OTS 认可文件在全部认可阶段认可检查项目都符合，但因时间限制未完成以下项目，如长时间耐久实验（动作耐久、耐候等），表皮面料、皮纹及颜色尚未最终确认等，无法全部认可时的认可批准；条件认可是指提交的 OTS 认可文件在全部认可阶段认可检查项目有部分不符合，但该不符合部分不影响零件在预定时限和数量内的装车使用（如特定实验用车、静态参展车等）时的认可批准；不认可是指提交的 OTS 认可文件在全部认可阶段认可检查项目存在法规或重要检查项目不符合时的拒绝认可。具体 OTS 认可文件清单如图 8-12 所示。

- ■ OTS 保证书
- ■ 图纸
- ■ OTS 样品（按顺序编号）
- ■ 检验报告：
  - · 全尺寸报告
  - · 试验大纲、关键特性清单
  - · 材料检验报告
  - · 性能测试报告
  - · 材料代用单
- ■ 样件流程图
- ■ 样件控制计划
- ■ 过程失败模式分析
- ■ 分供方清单

图 8-12　OTS 认可文件清单

8.5.5　检测与试验

汽车的检测与试验都是为了进一步确认产品有无问题、是否满足用户要求而进行的测量活动。整车产品检测主要指下线检测，而试验分为台架试验和道路试验。

整车产品检测：在生产最终阶段对车辆进行的 100% 检验，包括装配过程检验、检测线动态检验 (100% 例行检验) 及入库前验收三个阶段。检测内容主要包括整车标记、前照灯光束照射位置和强度、转向轮定位或侧滑、制动力及分配、车速表指示误差、汽油车污染物排放检测的怠速法等技术标准、整车检验所规定的其他必查项目。

台架试验：在试验室进行的模拟试运行试验。一般汽车投放市场之前要满足相应的耐久性指标，如乘用车需要满足的耐久性指标为 10 年的功能寿命和 20 万千米的行驶寿命（标准可能会随时间升级）。为了达到整车的耐久性指标，就需要整车、系统、子系统和零部件满足各自的要求。在开发设计阶段，台架试验能够在较短时间里验证零部件的强度是否达到要求，并且使试验过程中暴露的问题点的对策能够及时得到验证，有利于加快新车型开发的速度，以至于目前很多汽车厂都有台架实验室。例如整车的几大部件（如发动机、前桥、变速器、后桥等）都先进行零部件台架试验，当然电器方面也需要进行台架试验。

道路试验：在汽车新产品开发或产品改进过程中，为验证、考核该新产品或改进产品的基本性能、可靠性能、耐久性能等，按照相应的试验规范，在规定的试验场地按规定的试验道路、试验里程及试验方法进行的试验（见图 8-13）。产品开发项目中道路试验又分为 PV(过程验证) 试验、小型车队试验和管理层路试。PV 试验的目的在于在产品大批量生产之前通过验证产品可靠性，提前暴露产品的潜在可靠性质量问题，为产品的后续改进提供输入。小型车队试验是在常规路面上模拟用户正常驾驶习惯、环境条件、油品等各种因素，对当前产品进行质量评价，用于售后质量问题风险扼制及工厂对产品质量持续改进。管理层路试是对各个阶段试生产车辆进行感受，从用户角度对车辆静态、动态问题提出建议，推动产品质量提升。

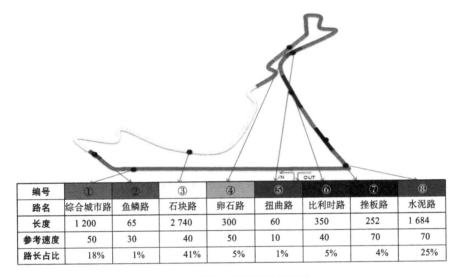

编号	①	②	③	④	⑤	⑥	⑦	⑧
路名	综合城市路	鱼鳞路	石块路	卵石路	扭曲路	比利时路	挫板路	水泥路
长度	1 200	65	2 740	300	60	350	252	1 684
参考速度	50	30	40	50	10	40	70	70
路长占比	18%	1%	41%	5%	1%	5%	4%	25%

图 8-13　道路试验路况分布图

从质量管理的角度要监控产品试验工作的开展与落实，包括前期制订项目试验验证计划（DVP），参与 DVP 的评审与确认；监控试验工作的进程，包括试验申请、参试件准备、试验大纲及资料文件准备、样车准备、磨合试验、可靠性试验情况等，及时查看试验报告，了解试验进展和状态。

8.5.6　变更管理

先了解一下什么是变更。项目目标范围及实施过程方法发生的变化，统称为项目变更。项目变更又分为狭义项目变更和广义项目变更两种类型。狭义项目变更是指项目范围发生变化。以生活中的项目——包饺子为例来说明。如果原计划是包 3 人·份的量，后来想请父母一起来吃，改为包 5 人·份的量，这就属于狭义项目变更。又如，将原计划的猪肉大葱馅改为三鲜馅，这种项目范围发生的变化也属于狭义项目变更。另外一种情况是，我们包 3 人·份的饺子不变，原计划是 1 个人包，现在来不及了，改为 2 个人分工实施，这种变更属于广义项目变更。

　　项目变更中比较典型的是狭义的产品变更，产品变更是指产品的规格发生变化，比如说与竞品相关的一切参数。产品变更中大部分都属于设计变更，设计变更指引起产品技术状态（件号、尺寸、材料、性能、参数、数量等）变化，特指引起 BOM 变化的变更，以及包含在 BOM 中的零部件因件号、尺寸、材料、性能、参数、数量等发生变化引起零部件技术资料修改的变更（包括工艺的变更）。设计变更会使产品发生改变，所以设计变更属于产品变更，但产品变更不等同于设计变更，比如产品的市场名称进行调整，是不含产品规格的外在属性发生变化，所以产品变更不等同于设计变更。产品属于项目的交付成果，如果产品变更了，项目范围就发生了改变，所以产品变更属于项目变更。关于三者的关系，如图 8-14 所示。

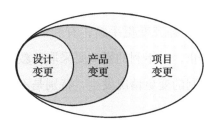

图 8-14　项目变更的概念关系

　　项目变更的难点在于界定与识别。这个识别的前提就是项目边界要清楚，如果项目边界不清楚，就难以判定它是项目范围内还是项目范围外的任务。关于项目变更的管理相对来说比较简单，我绘制了项目变更管理的流程（见图 8-15），大家在做项目管理过程中碰到变更的情况，可以参照这个流程来执行。

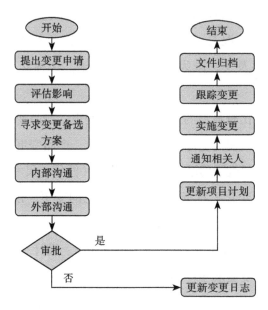

图 8-15　项目变更管理流程

　　我们期望项目变更遵循上述流程，但是很多情况下并没有遵循，因为大多数情况下的项目变更是在我们不知晓的情况下发生的潜移默化的变化，这种项目变更是不受控的。一方面我们要规避变更，另一方面在掌握情况后要按照流程补齐变更手续，有利的变更要支持与推进，不利的变更要评审与制止，对不利的影响要采取补救措施。项目变更中应该尽量避免需求方强制的变更情况发生，特别是不计时间、成本的强制变更。

　　从质量管理的角度，应该更加关注设计变更管理，设计变更管理在整个产品开发项目过程中是非常重要的环节，因为设计变更影响项目进度、质量和成本，带来诸多不确定性。而不对变更管理实施严格管控的话，变更就会大量泛滥，给项目及公司造成巨大损失。表 8-3 是我挑选的两家有代表性的整车企业在产品设计变更领域的数据。某自主品牌的某款产品的设计变更率达到 46.1%，这个数值是非常高的。其实早些年我在某企业工作时我们的产品设计变更率也居高不下，多数项目的设计变更率都在 40% 以上。后来实施了严格的变更管理和考核指标，自此以后项目设计变更率显著下降，多数项目的设计变更率控制在15% ～ 20%（见表 8-3），现在随着产品设计经验的积累和模块化开发程度的提升，设计变更率会进一步降低。

表 8-3 国内两家代表性企业设计变更率对比

车型	专用件数	阶段变更次数					变更率
		CP	PPV	PP	P	合计	
自主某品牌	423	150	30	10	5	195	46.1%
合资某品牌	480	80	11	6	2	99	20.6%

产品设计变更分为量产前设计变更和量产后设计变更。所谓量产前后，是以数据冻结作为标志划分的。产品设计变更的流程相对比较复杂，特别是量产后的设计变更。由于量产前对项目的进度要求比较高，为避免延误项目进度，保障产品质量，而且由于更改对成本的影响可能较小，量产前的变更流程是大幅简化的。量产前变更流程的步骤有：

（1）提出设计变更申请；

（2）组织设计变更商谈；

（3）设计变更许可；

（4）设计变更通知；

（5）修改产品数据；

（6）发放设计变更通知书、设计变更许可书；

（7）填写设计变更记录；

（8）组织新状态件供货；

（9）新状态件质量验收；

（10）新状态件装车验证；

（11）更新项目变更记录；

（12）关闭项目变更。

上述流程需要研发技术部、采购部、成本部、工厂及供应商多方参与。其中设计变更许可需要按照设计变更审批流程完成设计变更许可的批准，包括项目管理部门、成本管理部门的会签。技术部门发放设计变更许可、技术通知、数据到供应商、采购部、工厂、质量部等部门。整个设计变更由主管的产品工程师负责跟踪推进，项目管理部门统筹管理。

量产后的设计变更流程相对复杂，我们经过对多家企业进行辅导，绘制了成熟的设计变更控制流程图，但流程图过于庞大和复杂，把整个流程图放在这里也看不清楚，所以我把量产后的设计变更流程的主要活动按逻辑列出来，这样便于大家理解和参照引用，具体如下：

（1）提出设计变更申请；

（2）完成设计变更的登记、备案；

（3）审查设计变更的必要性、技术可行性；

（4）完成详细设计（产品／工艺）；

（5）组织评审；

（6）财务审批；

（7）提出目标价；

（8）目标效益分析；

（9）目标效益反馈；

（10）提交审批；

（11）决策；

（12）通报决策情况；

（13）发放设计变更流转表；

（14）三方会谈；

（15）确定维修预案；

（16）核算自制件成本；

（17）设计变更议价 / 定点及支持计划；

（18）审核实际采购价格；

（19）核算实际价格下的最终效益；

（20）发放设计变更流转表（审批后）；

（21）发出变更技术通知 / 更改许可书；

（22）更新图纸、数据、结构图册及 BOM 表；

（23）变更技术通知、设计变更许可书发布；

（24）供应商完成相关技术开发工作；

（25）质量部组织评审；

（26）采购部组织新状态件到厂；

（27）质量部完成零件检验；

（28）工厂组织试装；

（29）质量部判定试装是否合格；

（30）库存清理；

（31）在制品清理；

（32）采购部保障售后维修市场老状态件的需求；

（33）工厂召开切换会议；

（34）工厂生产部门发出切换通知；

（35）确认切换时间；

（36）设计变更关闭。

特别说明一下，这还是简化的流程步骤。其中第 30 步在新状态件不能替换老状态件时，工厂清理老状态件的装车数量，客户服务部要会同质量部根据老状态件的库存量和整车保有量测算售后维修市场的需求量。

企业产品开发过程中对于变更的管理一定要有规范化的流程，否则很难做到统一和规范。而且由于变更的项目很多，需要对变更统一管理与控制，比如集中到一批次进行新老状态零部件的试装和切换等。产品开发过程中变更最为麻烦的是生产验证阶段，这个时候设计数据已经冻结了，但是实际上总有一些问题没有解决，多多少少有一些变更正在进行。所以要快速做好生产验证，需要以生产启动作为切换点，生产启动之前的设计开发阶段的变更由设计部门负责，研发部门主导完成和管控；生产验证启动后的变更由制造工厂批准，并对所有设计变更在生产制造过程中使用断点控制，以便进行统一的状态切换。

8.5.7　生产件批准

PPAP（production part approval process，生产件批准程序）是 AIAG 发布的五大质量工具之一，标准翻译应为"生产件批准程序"。执行 PPAP 过程的目的是提供证据证明所有顾客的工程设计记录和规范要求得到了正确的理解，制造过程在实际生产运行时，有能力按照报价的生产节拍一致地生产满足要求的产品。

统计表明，整车产品中约 80% 的质量问题来源于供应的零部件，一级供应商 80% 左右的问题来源于二级供应商。简言之，集成产品的绝大多数问题是由零部件导致的，所以需要供应商证明其能力是满足要求的最好方法就是执行 PPAP 流程并通过审批。

对于 PPAP 流程我总结了一张非常清晰的业务地图（见图 8-16），包括发布 PPAP 计划、生产件生产及评审、PPAP 提交、生产件样件确认、PPAP 评审及批准和资料存档 6 个过程、23 项主要活动，详细活动明细列示如下：

（1）发布"PPAP 计划书"；

（2）确认"PPAP 计划书"并发送回执；

（3）文件预评审；

（4）确认是否通过；

（5）生产件生产；

（6）现场评审；

（7）提交整改计划并实施；

（8）生产件样件提交；

（9）PPAP 文件包提交；

（10）样件外观、尺寸、材料、性能、可靠性试验；

（11）样件 MB3 综合匹配；

（12）样件整车早期可靠性试验；

（13）整改计划跟踪与确认；

（14）样件交样结果确认；

（15）文件评审；

（16）完全批准判断；

（17）签署 PSW（完全批准）；

（18）临时批准判断；

（19）签署 PSW（临时批准）；

（20）整改计划；

（21）签署 PSW（拒绝）；

（22）文件存档；

（23）接受 PSW，文件存档。

PPAP 是 AIAG 的标准工具，在实际应用时各企业稍有不同，不过多数企业是以 PPAP 为基础并且多于 PPAP 标准中的要求的，图 8-16 是总结的具有代表性的操作流程，图 8-17 是某企业 PPAP 生产件批准的实际案例。

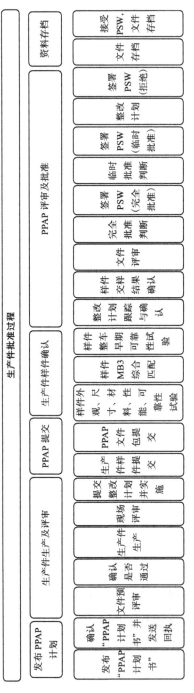

图 8-16 PPAP 生产件批准流程

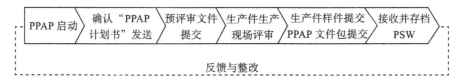

图 8-17　PPAP 生产件批准的企业实际案例

上述步骤"预评审文件提交"中的文件比较复杂。作为供应商,应该在项目过程中进行收集、整理和汇总,做好日常的文件归档管理工作,而不是等到需要进行 PPAP 提交时再去收集资料。供应商项目组内部应组织研发、质量、生产、工艺、物流等相关人员按客户的"供应 PPAP 评估标准"要求进行自审自查,审查出的问题及发现需要进行记录并跟踪整改。供应商预评审通过后,经公司质量负责人审批后提交给客户。其中预评审文件清单提供如下行业案例供参考:

(1)设计记录(A、B、C、D 计划表);

(2)设计 FMEA(有设计责任时);

(3)过程流程图;

(4)过程 FMEA;

(5)ISIR 样件全尺寸报告(包括封面、编号图面);

(6)材料、性能试验报告(所有材质、性能要求);

(7)初始过程研究(PPK);

(8)测量系统分析(MSA);

(9)具有资格的实验室证明文件;

(10)控制计划;

(11)零件提交保证书(PSW);

(12)样品(客户公司未特别要求时,原则上是 3PCS 或 3 台);

(13)检查基准书;

(14)检查协定书;

（15）外观件批准报告及标准样件（有必要时）；

（16）热处理标准书（有热处理时）；

（17）产品及制程重要/管制指定特性清单（CC&SC）；

（18）量具规划一览表；

（19）专用量具示样图及量具检测 DATA（如孔位量具）& 模具照片；

（20）包装式样书（包括样件及量产）；

（21）量产出货检验报告表单。

PPAP 生产件批准是一套严谨的规范，从流程和方法上看这个规范已经很详细了。问题在执行方面，实际产品开发过程中表现出来的问题主要是设计验证（DV）不能按期完成，PSW 不能按计划提交，初始过程能力（P_{PK}）不能达到 PSW 的要求（$P_{PK} > 1.67$）$^\ominus$，过程验证（PV）不能按时完成，过程验证不充分，不能提交产能评估报告或者提交的报告不准确等，所以主要矛盾集中在 PSW 签署率比较低，所有这些问题最终都可能反映到项目进度延期上。

8.6　交付质量管理

交付质量管理我之所以单独列一节来解析，是因为交付质量管理的几项措施是我们正常的产品质量管控之外的特殊策略措施。产品开发项目在生产交付过程中比正常批量生产的产品控制增加了额外的质量管控措施，这里仅选择上市前期的专项检查、过程审核和早期遏制等几项措施来探讨。

8.6.1　专项检查

专项检查是针对 PP 试生产以后到上市初期的一段时间内生产的产品进行的特殊审核。因为这属于正常流程之外的额外工作，而且涉及

$\ominus$　这通常是对核心部件（如发动机）的要求，一般零部件的要求为 $P_{PK} > 1.33$。

的人员较多，工作量较大，所以只针对上述时间段内的产品进行，其设置环节如图 8-18 所示。正常产品总装下线后，经总检后才能进入库房，因为新产品开发项目在交付初期前后阶段的质量不稳定。特别强调一下，这个阶段的产品不稳定，而不是质量问题多，质量问题多是在此之前的生产验证过程要解决的。所以要对这阶段的产品增加特殊的专项检查。专项检查是产品经总检合格后再调度到新品工艺停车场进行各项检查，包括 AUDIT 评审、性能抽查和外观工艺确认，以及顾客评价等环节。具体工作要求包括：第一，总装返修人员要对 AUDIT 评审和性能抽查出的重大问题进行全部排查，对存在的问题进行返修和跟踪记录；第二，返修合格的项目必须 100% 经总检确认；第三，经顾客代表评价合格的车辆可以办理入库手续进行入库；第四，前 300 台商品车将 100% 进行顾客代表评价，存在问题的项目必须 100% 返修达到合格；第五，前 300 台商品车在发往经销商前必须取得顾客代表的发运许可。

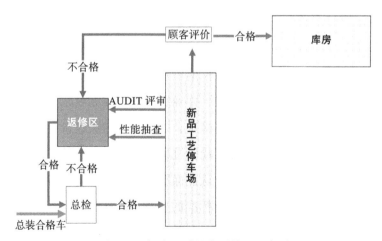

图 8-18　新产品质量专项检查示意图

专项检查在很大程度上能够发现由于生产不稳定导致的产品缺陷，规避了不合格产品流入顾客手中，这些不合格产品可能超出正常检查项目之外。所以专项检查是产品上市初期及时发现和遏制问题的一种很好的措施。

8.6.2　一致性审核

我们通常所说的生产一致性审查，是通过对生产一致性控制计划及其执行报告的审查和现场审查，以确认批量生产的认证产品与型式试验样品的一致性，以及与认证标准的符合性。审查分为初次审查和监督审查。初次审查是先进行生产一致性控制计划审查，然后进行现场审查；监督审查是获得认证后的年度复查，首先进行生产一致性控制计划执行报告审查，然后进行现场审查。我这里所说的是在产品正式量产前要进行生产一致性控制计划审查。

生产一致性控制计划是制造商为保证批量生产的认证产品的生产一致性，而形成的文件化的规定。它应包括企业为有效控制批量生产的认证产品的结构及技术参数和型式试验样品的一致性所制定的文件化的规定；企业按照车型系列并对应实施规则中各项标准制定的产品必要的试验或相关检查的内容、方法、频次、偏差范围、结果分析、记录及保存的文件化的规定；企业按照各项标准识别关键部件、材料、总成和关键制造过程、装配过程、检验过程，并确定它们的控制要求。对于不在工厂现场进行的必要的试验或相关检查，以及控制的关键部件、材料、总成和关键制造过程、装配过程、检验过程，应在计划中特别列出，并说明控制的实际部门和所在地点。认证标准中对生产一致性控制有规定的项目，工厂的控制规定不得低于标准的要求（包含审查时涉及的产品试验或相关检查的设备和人员的规定与要求等）。

另外，企业对于生产一致性控制计划变更、申报与执行的相关要求应予以明确，对于在发现产品存在不一致情况时如何落实在认证机构的监督下采取一切必要措施，以尽快恢复生产的一致性的相关规定要予以明确，比如发现产品存在不一致情况时，所采取的追溯和处理措施的要求。对于保证生产一致性的能力以及遵守强制性认证要求的信用水平高的工厂，企业应说明为确保产品持续满足强制性产品认证涉及标准的要求，所采取的可靠性控制的方式和验证的方法及相关记录的具体规定。

新产品开发项目应该在产品投产前完成初次审查。初次审查主要确认生产一致性控制计划的执行情况，并检查实际生产产品与型式试验样品的一致性，审查型式试验样品的结构及技术参数与型式试验报告及各项分报告的车辆结构与技术参数的一致性，以及与申报的车辆结构与技术参数的一致性。如果必要的话，还需对型式试验样品进行或者安排进行与单独技术总成有关的安装检查。

8.6.3　早期遏制

早期遏制在企业项目管理实践中，也称为初期流动管理，属于产品上市早期实施的质量特管措施。从零部件供应商生产到整车出厂全过程设置多重质量墙，层层围堵，以防止不良品流入市场。具体的实施是按产量来计算的，而不是按时间来划分的，一般规则是产品批量生产之后 300 ～ 800 辆的区间。由于商用车和乘用车的不同以及企业产销量规模的不同，具体数量可以稍做调整。如果是产品数量很少的类型，可以以时间为界限，比如以上市前一周至上市后三个月内生产的产品数量为区间。

早期遏制的第一步是确定团队，包括售后服务人员和研发技术人员，其中研发技术人员一般选择各专业领域的资深人士，针对问题能够依据经验快速做出判断，有利于问题的快速解决。并且人员要配置到位，以汽车行业为例，车身、底盘、发动机、电子电器四大专业的人员要配置齐全，由这些人员组成临时小组。第二步是进行前期准备，包括技术资料和检测工具的配置等。第三步是进驻主要销售市场，进行现场技术支持和服务。如果在初期是采用定点销售的话，这种管控模式更有利；如果是大面积铺货销售，则选择销量较高的主要区域，一般来说本地区的销量比较有优势，可以由就近的 4S 店安排。第四步是支持过程中如果发现问题，快速诊断并提出解决方案，将问题反馈至项目组。第五步是进行信息日报整理分析。第六步是对信息日报中的趋势和异常问题进行分析。第七步是对分析找出的问题进行整改。第八步是制定永久措施，进行验证、切换。第九步是跟踪问题解决的效果并反馈退出。

在早期遏制过程中，要求营销部门在接到经销商或用户质量信息 24 小时内给予答复，并组织人员对故障进行返修，对故障件或问题区域进行拍照记录和反馈。所有用户信息由事业部质量部门统一收集、确认，并向质量管理部、项目质量经理反馈，重大质量问题要即时反馈，非重大质量问题要每日反馈。根据反馈的质量问题，由项目质量经理建立售后 SIL（安全完整性等级）跟踪单，统一协调责任部门对问题进行分组、解决与跟踪。

在产品上市早期出现问题可能会引起客户强烈抱怨，对这类问题要授权给相关人员采用公关的模式快速解决并消除不良影响，比如采取更换新品、照价赔偿甚至给予补偿等手段，避免出现像三星手机在中国市场快速消退那样的惨剧。三星手机在中国的快速下滑甚至临近退出市场，我想除了和自主品牌手机崛起有关之外，和三星 Galaxy Note7 手机爆炸事件在中国公关失败的影响是分不开的。

项目沟通管理

沟通是信息的交互，而不是情感的表达。

9.1　项目团队沟通

9.1.1　理解沟通

1. 沟通是信息的交互

先来看一下沟通的定义：《项目管理知识体系指南》(PMBOK®指南)（第六版）中对沟通的定义是"有意或无意的信息交换"；《大英百科全书》称沟通就是"用任何方法，彼此交换信息"。我们常说沟通是指用各种可能的方式发送或接收信息，也就是信息凭借一定符号载体，在个人、团队或群体间从发送者到接受者进行传递，并获取理解的过程。所以沟通的主体是信息，我们只是作为沟通的发送方或者接受方，只不过是沟通信息的承载主体，如图 9-1 所示。

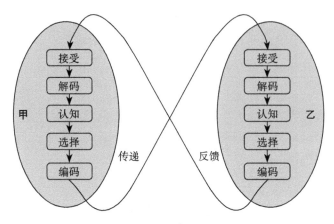

图 9-1 沟通原理模型

2. 沟通的结果是改变行为

作为一个管理者，我们有没有思考过什么样的沟通才是有效的沟通呢？其实沟通的效果要从对方的反应来看，而不是自我感觉有多么良好。我将沟通之后对方的反应分为四个层级，分别是信息层、认知层、反应层和行为层。

◂ 信息层：指对方从不知晓到知晓的转变。

◂ 认知层：指对方从不理解到理解的转变。

◂ 反应层：指对方从不认可到认可的转变，比如从口服心不服到心服口服。

◂ 行为层：指沟通之后对方产生的行为变化。

所以判断沟通的效果，要看对方达到了哪个层级的变化，是不是达到了如你所期望的层级。如果你只是想让对方知晓，显然不需要花太多的时间和功夫；但是如果你想让对方发生行为改变，可能就要采用说服的行动，让对方认可你的意见和主张，并产生行为改变，这样才算达到了沟通的目的。

3. 沟通是成功的主要因素

关于沟通的价值，哈佛大学做了一个系统的调查研究，他们随机抽选了 500 名被解雇的职场人士，这些人不分男女，也没有明显的职业集中度。统计表明，因人际沟通不良而导致工作不称职者占 82%，因为其他专业技术能力等原因导致工作不称职者占 18%。同样，普林斯顿大学对 1 万份人事档案进行分析，结果"智慧""专业技术""经验"只占成功因素的 25%，其余 75% 决定于良好的人际沟通（见图 9-2a）；还有《哈佛商业评论》的一个统计数据是良好的沟通占到成功因素的 85%（见图 9-2b）。研究表明，良好的沟通能力是成功的主要因素。

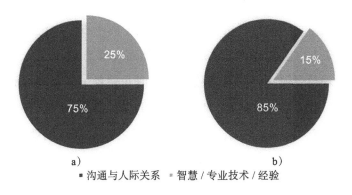

图 9-2　沟通的价值

沟通是一门博大精深的艺术，沟通的效果好不好，是集智商、情商的综合体现，这里的智商包括智力（物理特征）、知识、经验等。不能简单地把沟通理解为口头表达，即说话的能力。沟通能力是需要一辈子持续修炼的技能，诚所谓"三年的胳膊，五年的腿，十年练不好一张嘴"。

4. 沟通的主要障碍是位差

沟通障碍是指信息在传递和交换过程中，导致信息受到干扰或误解而出现失真现象的因素。例如，发送方的知识局限导致的认知偏差，表达能力不足导致的信息不准确，情绪或预设立场导致的信息错位等；同样，作为接受方，知识局限导致的解码不到位，接受能力不足导致的理解不准确，沟通意愿或心理障碍导致的信息衰减等，都属于沟通障碍，还有环境的因素（如沟通环境）造成的外部干扰，沟通媒介（如邮件、会议等）形式造成的衰减，如沟通渠道过长导致的信息衰减等。

特别说明一下什么是位差效应。位差效应是指由于沟通双方的位置差距导致的沟通衰减程度。美国加利福尼亚州立大学一项研究表明，来自领导层的信息只有 20% ～ 25% 被下级知道并正确理解，从下级到上级反馈的信息被接受程度不超过 10%，而平行交流的效率则可达到90% 以上。位差导致沟通障碍，这个观点其实我们古老的中华文明中早就有记载，司马光的《资治通鉴·唐纪·四十五》中记载："下之情莫不愿达于上，上之情莫不求知于下，然而民恒苦上之难达，上恒苦下之难知，若是者何？九弊不去故也。所谓九弊者，上有其六而下有其三：好胜人、耻闻过、骋辩给、眩聪明、厉威严、恣强愎，此六者，群上之弊也；谄谀、顾望、畏懦，此三者，臣下之弊也"，说的就是官场（职场）上下级沟通的障碍。

5. 项目沟通是群体沟通

沟通作为一种信息相互交换、情感相互交流手段，一直伴随着我们的工作和生活。如果管理是引导群体和个人一起完成组织目标的过程，那么沟通就是管理的灵魂所在。在团队管理的过程中，无论是安排工作、监控进度、辅导支持，还是化解冲突，都需要有良好的沟通。统计表明，一般的管理者有 70% 左右的时间用在与他人的沟通上，而项目经理花在沟通上的时间高达 75% ～ 90%。我们都知道，在企业中多数重要项目或任务都是在团队的共同努力之下完成的，所谓"一人不为众，独木难成林"，要干成大事需要团队的力量。因此，只有进行有效的沟通，才能打造出高绩效的团队，从而显示出其在企业经营活动中的强大生命力。

从这些年我接到的一些培训需求来看，大企业对沟通管理课程的需求比较多，说明这些企业在团队沟通管理方面多多少少都存在问题。我早些年参加过不少沟通管理的培训，近年来还参加了很多网络课程，这些课程绝大多数是在讲沟通技巧，也就是所谓的沟通艺术。这些属于个体之间的沟通管理，而关于团队的沟通内容讲得比较少。其实团队沟通这种群体沟通自有组织以来就存在了，这方面的专著、成果我也查阅很多，如美国经济学家阿尔奇安和德姆塞茨的《团队生产理论》、美国斯蒂芬·P. 罗宾斯（Stephen P. Robbins）的《组织行为学》，美国盖伊·拉姆斯登和康纳德·拉姆斯登合著的《群体与团队沟通》等，国内具有代表性的教材是康青的《管理沟通》，这些书阐述了团队沟通管理的内容。

项目团队沟通是以"团队"为主体的，即从团队的角度出发去识别群体的关系，如何做好群体之间的信息交互。所以在解析沟通管理之前，我们必须先搞清楚"个体沟通"与"群体沟通"的区别。个体沟通是一对一的信息交互或者一对多的信息传递；群体沟通是多对多的互动式信息交互。作为项目沟通管理，如果只是停留在沟通的方法和技巧上，那显然是顾此失彼了，要做好团队沟通设计，提升团队的整体沟通效果。

9.1.2　沟通设计

上面明确过了项目沟通属于群体沟通，所以人物性格、表达能力、倾听技巧、提问技巧等个体之间沟通技巧方面的内容。如果你对个体之间的沟通能力和沟通技巧比较感兴趣，可以收听我的"微观领导力"课程。什么是微观领导力呢？我把团队管理中可以总结出来规律的，如管理团队和带人流程、工具、方法等可学习借鉴的部分称为微观领导力，相对应的如思维、性格、理念等更多需要靠自己去领悟的部分称为宏观领导力。

个体沟通的重点是提升沟通技巧，群体沟通则有系统的方法，需要加以管理。采用什么样系统方法呢？我总结了五个步骤：一是识别沟通对象；二是识别沟通需求；三是定义沟通模式；四是制订沟通计划；五是实施沟通控制。说群体沟通可能大家不习惯，下文我将用"团队沟通"来代替群体沟通，对其详细步骤进行解析。

1. 识别沟通对象

如果只是做个体沟通，你很容易就知道需要沟通的对象是谁，而作为团队的管理者，你的沟通对象是否识别全面，是值得思考的问题。比如，作为职能经理，你的沟通对象包括上级（直接、间接）、下级、平行人员、内部关系、外部关系等；作为项目经理，你的沟通对象除了团队成员之外，还有项目委员会、PMO、CCB、外部相关方、发起人、客户、各职能部门、资源提供方等。所以项目团队沟通除了团队成员本身以外，还有诸多需要沟通的相关方。那么如何识别需要沟通的对象呢？比较常用的方法是基于组织的治理架构识别，基于项目计划／职责分配矩阵 RAM 识别，基于业务的过程方法识别，基于群策群力的头脑风暴法识别等。这些方法可以结合使用，不过在项目过程中要突出主要方法和辅助方法，系统识别出需要沟通的相关方并形成清单。

2. 识别沟通需求

识别了沟通对象以后，要对这些相关方有基本的了解，比如相关方在组织内的位置、在项目中的角色、与项目的利害关系、对项目的支持程度，以及对项目信息的兴趣程度等。还有相关方的知识及贡献，比如相关方已有的知识水平，是否有助于更有效地达成项目目标和组织成果，或者有助于了解组织的权力结构，从而有益于项目还是会对项目形成阻碍，要给予特别的关照。从沟通管理的角度要重点了解相关方的已知信息，需求信息，对信息的偏好形式，频率需求以及其他的特殊要求等。

3. 定义沟通模式

定义沟通模式的核心工作是沟通管理的设计。沟通管理的设计主要有两种方法。第一种方法是以沟通对象为主线的模式，这种模式适用于沟通角色集中度高的类型。比如一个庞大的项目团队中沟通角色可以清晰地分成几类，每一类的沟通需求是一致的，这种情况适用于以沟通对象为主线进行设计。第二种方法是以沟通信息为主线，显然这种方法是在第一种方法很难实现的情况下采用的。但是不同项目之间的项目信息的差别并不明显，也就是说，需要我们花更多的精力去做信息的结构化管理工作，以避免信息的多元化造成管理成本的上升。另外不同的信息或者不同的场合采用不同的沟通方式，发挥的效果也是不一样的。比如有的时候适合采用互动式沟通，即在两方或多方之间进行实时多向信息交换（会议、电话、即时信息、社交媒体和视频会议等）；有的时候适合采用推式沟通，向需要接收信息的特定接收方发送或发布信息，如信件、备忘录、报告、电子邮件、传真、语音邮件、博客、新闻稿等；有的信息适宜用拉式沟通，比如大量复杂信息或有大量受众的信息，如采用门户网站、企业内网、在线课程、经验教训数据库或知识库等形式推广。

4. 制订沟通计划

沟通管理计划应该包括沟通管理规则和实施计划在内的内容，例如沟通管理计划中要明确需沟通的信息（包括语言、形式、内容和详细程度）、上报的步骤、发布信息的原因、发布所需信息、确认已收到或做出回应（若适用）的时限和频率、负责沟通相关信息的人员、负责授权保密信息发布的人员、接收信息的人员或群体（包括他们的需要、需求和期望）、用于传递信息的方法或技术（如备忘录、电子邮件、新闻稿或社交媒体）、项目信息流向图、工作流程（可能包含审批程序）、报告清单和会议计划等。沟通计划可以按沟通对象为主线进行设计，也可以沟通信息为主线进行设计，或者以时间为主线进行设计。关于以信息为主线设计的项目沟通计划如图 9-3 所示，主体为项目总体进展、项目关键任务等信息，并对这些信息需要传递给哪些相关方，如何传递，传递频率及责任人等做了明确的定义。

项目沟通计划表				
一、项目基本情况				
项目名称：	B206 轿车开发项目	项目编号：		B206
制作人：	×××	审核人：		尹义法
项目经理：	尹义法	制作日期：		2021-7-10
二、项目沟通计划				
信息内容	传播范围	频率	方法	责任人
项目总体进展报告	项目核心成员	每周	Email	张三
项目关键任务管理表（KTM）	所有成员	每周	Email	王五
项目质量问题跟踪表（QTM）	质量组成员	每两日	Email	张芳
项目预算记录表	项目核心组成员	每月	Email	张芳
……				

图 9-3   项目沟通计划表

5. 实施沟通控制

实施沟通控制过程的主体是如何进行沟通，这部分内容重点在于执行，后续我会解析职场中如何向下沟通、如何向上沟通和如何水平沟通，所以在这节就不做详细阐述。作为沟通控制的环节，需要记录沟通的实施情况，通常的做法是将沟通计划拓展成跟踪表，定期记录沟通的实施情况，如可以用√做标记的形式，以便管理者了解沟通的情况并做出反应。那么要做什么反应呢？我们要清楚沟通的目的是让对方响应，获得相关方的支持，如果记录的情况是对方达不到理想的支持程度，这就需要对相关方采用补救措施，这是记录沟通的价值所在。

9.1.3　项目会议管理

职场上流行的一句话是，"不是在开会，就是在去开会的路上"。对于一些企业过多的会议设置，我是比较排斥的，因为无效的会议占据大量的时间，而正经的工作没有时间干或者只能加班加点干。所以我对余世维老师讲的观点是非常认同，他说"能站着讲的就不要坐下来谈，能在办公室谈就不要进会议室"，因为站着讲很快就能说完，坐下来就会多花时间；在办公室很快就可以谈完，一进会议室就会没完没了，所以说优化会议管理在多数企业中都是一项很重要的基础工作。

一个项目的会议，梳理之后其实是可以比较简单的。业内比较好的做法就是按层级设置，比如设置项目决策会、项目经理会、项目专题会、业务分组会四类会议共三个层级，其中项目决策会属于公司级，项目经理会属于项目级，项目专题会和业务分组会属于系统级。会议组织者、主持人、参加人、会议议程及召开频次也都设置好。这样可以有效固化项目会议，会议设置如表 9-1 所示。

表 9-1　项目会议管理表

会议平台	主持人	参加人	频次	组织者
项目决策会	委员会主席	IPMT		
项目经理会	项目经理	项目核心小组		
项目专题会	负责人	专题相关人		
业务分组会	项目子经理	分小组成员		

那么如何组织好项目会议，如何保障项目会议的效率和效果呢？因为我的一项基本工作就是给职场人士授课，所以我对会议管理总结了"12345"的数字管理法则（见图 9-4）。

1 表示一个核心理念，即议而决、决而行、行而果的理念。这个理念我刚参加工作时就提出来了，并且我每次组织项目会议都会放在演示文稿的封面上以提醒大家，到现在为止这个理念已经使用近20年了。

2表示两个基本要求，即会前准备、会后跟踪，两点缺一不可。准备不充分的会议效果不好，决议不落实的会议等于没有召开。

3表示三个法则：一是明确与会人员，不是谁来参会都可以，一定是需要谁来就应该谁来；二是聚焦会议主题，集中大家的注意力，避免讨论发散；三是鼓励建言献策，让每个参会者都发挥价值，而不是"泡会"。

4表示四种禁止的干扰行为：一是讲起来滔滔不绝；二是需要大家发表意见时沉默不语；三是上面开大会，下面开小会；四是会议讨论天马行空，讨论到哪是哪。

5表示五个应遵循的步骤：有效开场，澄清信息，思想碰撞，做出决策，总结跟进。

这些会议管理理念，我们作为职场人士可以在工作中选用借鉴，逐步规范会议中的一些不合理行为，引导项目会议走向高效。

图9-4　会议管理数字法则

9.2　职场沟通

关于职场沟通这类主题，虽然听着有意思，但总感觉言之无物，无非是告诉我们要确定沟通目标，调整沟通心态，说对方听得懂的话，积极倾听，学会提问和反馈等。关于沟通管理，我总结了一套定律，我称之为沟通"一五一十"定律。

9.2.1　沟通定律

1. 一个核心思想

针对如何改善个体沟通和群体沟通状况，提升沟通效率和效果，一直以来我想总结出一条核心原则或者应该遵循的理念，这个理念多年来我反复调整，最终确定下来的是"减少触点，降低位差"八字方针。

那什么是触点呢？简单来说就是一次传递的接触点。比如总经理和副总经理交代工作，这就是一个触点；副总经理和部门负责人交代工作，这又形成一个触点。在信息传递过程中，每一个触点信息都会衰减，具体衰减过程如图 9-5 所示。特别说明一下，图中的数据只是示意，并不代表准确量化值。举例来说，如沟通的模式中有链式、Y 式、轮式、环式和网式沟通，其中链式沟通的触点最多，衰减比例最高。所以我们尽量规避这种链式沟通，即使对于特殊的不便于扩散的信息，也要尽量压缩传递的路径长度，减少触点，以增强沟通流量，降低衰减比例。

那么什么是位差呢？简言之就是职位（地位）的差值。这个差值通常按等级来衡量，比如职场中的上下两个相连的不同职位之间的差值，就称为一个位差。位差效应是美国加利福尼亚州立大学为试验平等交流在企业内部实施的可行性，对企业内部沟通进行研究后得出的重要结果。研究表明，来自领导层的信息只有 20% ～ 25% 被下级知道并正确理解，从下到上反馈的信息不超过 10%，平行交流的效率则可达到 90% 以上。位差是影响职场沟通效果的重要因素，所以降低位差是改善职场沟通效果的重要手段。

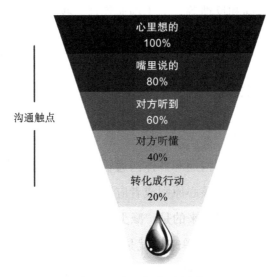

图 9-5　沟通衰减示意图

沟通的位差效应

来自领导层的信息只有 20%～ 25% 被下级知道并正确理解，从下到上反馈的信息不超过10%，平行交流的效率则可达到90%以上。

——美国加利福尼亚州立大学

2. 五大沟通定律

第一定律：换位思考。双方沟通效果不佳的原因之一是彼此不理解对方，没有站在对方的角度去思考问题。"关注自己"是人类自然而然形成的一种习惯，或者说是本能。所以我们需要克服这种惯性，要站在对方的角度思考问题，理解对方的参照系，用我们重叠的参照系去理解我们所看到的事物，将会得到一个相容的世界（见图9-6）。

第二定律：平等尊重。我们在职场或社会上会面对形形色色的人，这些人和我们的地位不一样。我们处在一个世俗的世界中，人们总是习惯性地"因人而异"，区别对待。对于职位或社会地位高于你的人，更多的是仰视和尊重；对于职位或社会地位低于你的人，难免会鄙视和轻慢。这种心理状态通常会通过眼神、表情或语气体现出来，而让对方感知到。如果作为处在下位的一方，你对另一方表现出仰视和尊重，对方自然欣赏接受；如果你作为处在上位的一方，表现出鄙视和轻慢态度，是会让对方难以接受的。其实我这里提出平等尊重的原则，不是针对沟通中某一方的，而是所有沟通者都应该遵循的规则，因为沟通过程中多数情况下有上下位之分。

图 9-6　换位思考

第三定律：把握尺度。关于沟通把握尺度，有三个方面要特别注意。一是频率。比如你的上级好几天没找你，你会不会觉得有点奇怪？反过来，你的上级一天到晚找你很多遍，你会不会觉得很烦？我以前在国有企业工作时跟过一位"老领导"做项目，那个年代的人电脑用不好我是理解的，但是这位领导他不是用不好的问题，而是不会用。比如发一封邮件，文件中改一个字符，他都要电话"遥控"我过去。由于我们俩办公室隔着几个房间，所以我经常是跑来跑去，以至于后来我看到他的电话都不想接。这里所说的就是频率的问题。二是距离。沟通有四层距离，即亲密距离（0~46cm）、个人距离（46~122cm）、社交距离（122~360cm）、公开距离（>360cm），不同的场合和角色应该遵循相应的距离。比如刚刚认识的人，如果交流时对方站得过于近，你会觉得有被冒犯感，而对于亲近关系的人，如果说话时他站得远远的，你又会觉得有疏远感，所以我们要把握距离的度。三是表现。比如参加一个聚会你总是滔滔不绝，说得没完没了，这会被认为过于表现，反过来，你表情凝固、一言不发，又会被认为过于高冷，这是表现的度的问题。

第四定律：**善用技巧**。所谓的沟通技巧就是平常所说的高情商、会说话。"会说话"大概也是很多人想有的一种能力吧。其实这也是长期训练、积累的结果。我之前提到的俗语"三年的胳膊，五年的腿，十年也练不好一张嘴"，说的就是这个意思。这里所说的"练好一张嘴"还只是达到口齿伶俐的状态，还没有达到高超"技巧"的程度，因为技巧不仅需要有渊博的知识，还要有积极的心态和高情商等。对于一些职场上常用的说话技巧可以学习借鉴一下，比如拒绝别人的意见时，可以说"谢谢您告诉我，我会认真考虑您的建议"；一件事没有处理好，可以说"是我一时失察，不过幸好……"加以挽回等。

第五定律：**检查反馈**。在沟通过程中人们习惯了"说完就完"了，他们把沟通的重点放在了表达上，而实际上沟通的重点是让对方有相应的反应与行动。所以无论是主动沟通还是被动沟通，都要做沟通后的确认，即沟通效果是否达到了预期的目标。如果沟通之后要采取行动的话，还要跟踪行动的落实。简言之，沟通的目的不是你说了多少，而是对方听懂了多少，采取了行动没有。比如在一些电影或电视场景中，对于上级下达的重要命令，上级通常要求下属复述一遍，这就是在检查下属是否准确理解了上级的意思。沟通的检查反馈在职场中如此，在生活中也如此。

3. 10 种禁忌现象

关于沟通过程中一些让人难以接受的不良行为，我参考了多领域的知识总结出 10 种应该避免的现象（见图 9-7），即职场沟通的 10 种禁忌，由于意思直接明了，我就不再解释了。

图 9-7　职场沟通的 10 种禁忌

资料来源：《微观领导力》。

图 9-7 中"不解意图，反应迟钝"一项是指在沟通过程中不能做到正确地理解对方的意思，或者当时没能及时理解对方的意思导致的沟通障碍。比如已经很晚了，对方想早点回家，他对你说，"尹先生，您一直很忙，事比较多，我就不耽误您的时间了"，你要理解对方所表达的意思是想结束这次谈话，所以不能顺着他的话说我不忙或者不怕耽误的话来强留他。

我希望这些总结出来的经验能够帮到大家，也对引用我的这些观点的同仁提出要求，如果你未来引用本定律时注明作者和出处。

9.2.2　人物性格

要达成良好的沟通效果，还要做到知己知彼。所谓"知己"，就是提升自己的语言组织能力、口头表达能力及情商等；"知彼"就是要了解对方的性格特点，懂得如何与之相处。

关于性格的学说，最早提出的应该是希波克拉底的气质学说。希波克拉底是古希腊著名医生，是欧洲医学甚至西方医学的奠基人。他认为每个人身上都有血液、黏液、黄胆汁和黑胆汁四种体液，这四种体液调和人就健康，不调和人就要生病。这四种体液在不同人身上的比例是不一样的，因此人们的行为方式也不同。有的人主动、活泼，对外界刺激的反应迅速，情绪兴奋性高，具有外向性，他把这种人归为多血质类；有的人精力充沛，情绪兴奋性高而强烈，他把这种人归为胆汁质类；有的人动作迟缓、反应速度慢，具有内向性，他把这种人归为黏液质类；有的人既不主动，对外界刺激的反应也不强烈，他把这种类型归为抑郁质类。后来经过进一步的演化，把具有这类特征的人分别称为多血质的人、胆汁质的人、黏液质的人和抑郁质的人。这就是最初的人格气质学说，也可以说是现在多种性格学说的起源基础。

关于性格学说，常见的有 DISC 人物性格，它源自美国心理学家威廉·莫尔顿·马斯顿（William Moulton Marston）在 1928 年出版的著作《常人之情绪：DISC 理论原型》（Emotions of Normal People）。还有九型人格性格形态学，其历史及来龙去脉已无从稽考，据说由葛吉夫（G.I.Guardjieff）1920 年首先将九型人格学说传入西方，后来艾瑞卡学院的创办人奥斯卡.伊察诺（Oscar Ichazo）将这套学说发扬光大。我更认同美国亚历山大·托马斯（Alexander Thomas）和史黛拉·翟斯（Stella Chess）在 1977 年出版的《气质和发展》（Temperament and Development）中提到的，从婴儿身上辨认出 9 种不同的气质，分别是活跃程度、规律性、主动性、适应性、感兴趣的范围、反应的强度、心理的素质、分心程度、专注力范围/持久性。因为这是从科学的角度分析研究得出的，而这九种不同的气质刚好和九型人格相配，所以我更倾向于把九型人格归为他们的功劳。另外还有 MBTI（Myers-Briggs Type Indicator，人格测量系统）的 16 种人格类型，它主要分为 4 个维度，即精力支配（外向 E/ 内向 I）、认识世界（感觉 S/ 直觉 N）、判断事物（思维 T/ 情感 F)、生活态度（判断 J/ 知觉 P），其中两两组合成 16 种人格类型。它是基于瑞士著名心理学家卡尔·荣格（Carl G. Jung）的心理类型理论发展起来的，后来两位作者，母亲布里格斯（Katharine Cook Briggs）与女儿迈尔斯（Isabel Briggs Myers）研究并发展了前者的理论，并把荣格的理论深入浅出地变成了一个工具。我认为最简单好用的是 PDP（行为特质动态衡量系统），它是由休斯顿（Samuel R. Houston）、所罗门（Dudley Solomon）和哈比（Bruce M. Hubby）三位 PDP 研究机构创办人领导 40 余位行为科学家，在 1978 年研究了 100 万个案例得出的，用来衡量个人的行为特质、活力、动能、压力、精力及能量变化情况的系统。它将人群分为 5 种类型，包括支配型、外向型、耐心型、精确型、整合型。为了将这 5 种类型的个性特质形象化，根据其各自的特点分别赋名为老虎型、孔雀型、考拉型、猫头鹰型和变色龙型。

要达成良好的沟通效果，需要做到知己知彼。要做到"知己"，可以找一份测评问卷，做一下测评就可以比较准确地掌握自己的性格特征。要做到"知彼"，测评显然是行不通的，但是可以通过观察来了解和判断，下面对各类人员的特征进行解析，以帮助你观察与判别。

1. 老虎型性格（支配型）

观察技巧：老虎型性格的人通常交谈时喜欢目光接触；语速快且有说服力，喜欢直截了当；有目的性且行动迅速；比较关注结果，不太注重过程；做事情通常缺乏耐心，持续性较差；明明知道自己犯了错误，也不愿意承认错误和妥协，喜欢在办公室挂上关于目标任务类的图表等。

相处之道：如果对方是老虎型性格的人，在沟通与相处时要表现出对他的敬佩、认可，使其感受到你了解他；另外，多采用面对面的沟通，多从认可的角度来说明观点，避免正面冲突；尽可能多多地采用直截了当的表达方式；与此性格的人合作时要有冒险的勇气，为其闯关杀敌的豪气。通常来讲如果这样做的话，老虎型性格的人会拿你当兄弟。

2. 孔雀型性格（外向型）

观察技巧：孔雀型性格的人在沟通时通常面部表情极为丰富，不会遮掩自己的情绪；讲话通常运用具有说服力的语言；对于过往发生的争执，通常不会记仇；习惯性地多使用肢体语言；比较在意形象，非常喜欢表现自己；通常讲话能够给人惊喜、鼓舞人心等。

相处之道：与孔雀型性格的人相处，首先可以做的一点就是肯定他的外在形象，要注意表达时的表情与体态，不要让对方觉得你是在讽刺他；沟通时多采用引导方法，把问题抛给他，给予他表现的机会；由于孔雀型性格的人思维比较发散，所以要聚集问题，避免目标转移；如果你自己是孔雀型性格，要对上级领导表现出谦逊得体。

3. 考拉型性格（耐心型）

观察技巧：考拉型性格的人通常表现出的性格特点是和蔼可亲，比如通常保持微笑；喜欢赞同鼓励性语言；善于倾听，有同情心；说话慢条斯理，声音比较轻柔；表现出很有耐心等。但通常缺少创新；有时对于让人尴尬难堪的话的间接表达会让人不易理解；一般在办公室会放置家人的照片等。

相处之道：与考拉型性格的人相处，宜用鼓励性的语言表达你对他的认同；多用引导性的语言让他表达、互动、总结；传递信息尽可能细化、明确；安排工作任务要清楚、细致等。

4. 猫头鹰型性格（精确型）

观察技巧：猫头鹰型性格的人员通常面部表情冷漠，没有变化；说话慢条斯理，喜欢使用精准语言，善用数据，注重条理清晰，而不在于声音洪亮；善于思考，动作缓慢，表现得很自信；对自己与别人同样严格要求，非常注重细节；按章办事，有原则且表现得比较固执。

相处之道：与猫头鹰型性格的人相处，要肯定他的思考力及研究；在沟通中要积极准备案例及数据，以让其信服；引导其指向目标（包括时间要求），避免在错误的方向上、细节上纠结；引导其灵活处理问题，避免因规章阻碍工作进行。

5. 变色龙型性格（整合型）

观察技巧：如果你在观察一个人时发现并不能判定他明显符合上述几种情形，那这个人多半属于变色龙型性格。变色龙型性格的人没有明显的性格特征；缺少原则和立场，处事风格偏人际关系，善于沟通，不会走极端，容易被说服；通常也会顾虑太多，为追求各方的平衡而犹豫不决。

相处之道：由于变色龙型性格有迎合、中庸的人际导向个性，所以在与其沟通时多做决策，或者先说结论，再征求其意见；沟通中引导对方把注意力放在事物本身，淡化人为因素；工作安排中说清原则和底线，最好是明确工作目标、任务、标准、时间、资源等因素，少让其做决策。

在读完本部分性格分析之后，大家可能会觉得某种性格好或者某种性格不好，这么认为是不严谨的。因为没有绝对的哪种性格好或者哪种性格不好。比如我在授课过程中有的学员说老虎型性格好，当领导的比较多，而变色龙型性格优柔寡断、不善决策，通常都当不了领导，这不能一概而论。以我授课时引用的三国的历史人物为例，我判断张飞属于老虎型性格，刘备属于变色龙性格，显然刘备比张飞的成就更大一些。可能有人说刘备是汉室宗亲等原因，这过于复杂就不探讨了。

9.2.3　情景沟通

前面的章节讲了沟通的核心理念是"一五一十"定律，也解析了人物性格与相处之道。本来从沟通管理的角度来说，需要重点解析提升沟通能力的三个方面，"会说、会听、会问"，但是这里由于篇幅有限，这里不展开详细阐述。下面介绍职场沟通中的典型问题及应对技巧。

1. 向下沟通

作为一名管理者，向下沟通是频率最高的，也是使用最多的沟通方式，如进行工作安排、听取汇报、了解工作进展、关怀员工、评价员工绩效时都会用到。但是即便是日常性的工作，很多管理者也会犯一些基本的常识性错误。比如过于强调领导地位，采用居高临下的态势；只关注任务而缺少人性关怀；在不适宜的场合与时间进行沟通；说得太多而没有给下属表达的机会等。所以向下沟通时应该注意：一是避免以职位权力为出发点的"压力下"沟通；二是避免带有情绪或初始偏见；三是给下属表达空间，聆听下属的意见；四是有必要的询问以确认下属真正地做到了了解；五是多使用鼓励支持及激励性的语言激发下属的积极性；六是不要轻易评价或随意给下属下结论；七是适度地关心员工的困难，包括工作之外的困难等。被下属反对时应该认真倾听下属的不同意见，思考其合理性；如果发现下属意见更有道理，应该深入进行详谈；对下属的错误观点，要更新阐述方式，使他走出自己的思维定式；另外，让下属提出他的工作设想，并一同分析和预测最终结果，以使下属发现自身的错误，最终达成一致。

2. 水平沟通

职场中的水平沟通是我们乐于见到的，相对来说也是最没有难度的一种，但是水平沟通一般来说在职场中占的比例会低一些。所以水平沟通时犯的错误并不多，通常是一些常识性的认知误区导致的，比如只关心自己部门的利益，认为自己的部门最重要；有的管理者还习惯于用强制、要求、命令的口气与水平部门或人员沟通，这样会导致其反感；在对方不配合时习惯性地找其上级下达命令；平时不经营双方的关系，需要时再强求对方支持等。水平沟通对象包括"互利型"和"对抗型"。如果是互利型组织，那很好处理，因为你们属于同一条船上的两个水手，同一个战壕里的战友，大家互助互惠，彼此关注与强化利益共同点，强化互利合作关系即可。对于对抗型组织，则要站在更高层面（如公司）去思考问题，并且平时勤于沟通联络感情，在沟通合作过程中换位思考，为对方设想，以服务的低姿态工作，避免过度对抗，适时缓和双方的关系。

3. 向上沟通

向上沟通显然是职场中最难的一种沟通方式，我们需要掌握更多技巧。向上沟通容易出现问题。一是没有上下级观念，如果是上级主导为之，这是属于缩小位差的一种良好做法，但是作为下级是不可以的；如果下级主导为之，则表现为对上级的不尊重，会让上级感到被冒犯，这是犯大忌的行为。二是表现得过于胆小紧张，影响沟通表达的效果。三是避免在不适宜的场合找上级沟通，这样可能会被回绝。四是不了解上级的偏好，这里所说的偏好不是投其所好，而是上级习惯的沟通方式，是喜欢简洁明了的直接对话，还是完整清晰的逻辑表达等。面对上级沟通时，我们需要花更多的时间在策略和方法上：要关注上级管理者的管理风格；在沟通之前要有充分的准备，如汇报讨论内容之外上级可能会问到什么，要提前了解；需要对内容进行简洁明了的加工，逐层递进，多用书面文件；重点内容要放在开头，如果是喜欢条理性的领导，可以放在结尾，切不可淹没在中间地带；另外和上级汇报工作时要就事论事，不要掺杂个人的感情色彩；不要在上级面前揽功推过、耍小聪明等。

三种沟通中要共同遵循的原则是：换位思考，控制情绪。向上沟通时要站在上级的角度去看问题；向下沟通时则要对角色进行认同，不能以对自己的标准去要求下属员工；水平沟通时则要更多地关注共同利益。在向上沟通时要多听、多问，向下沟通时要多说、多问，水平沟通时则不拘泥于这些要求。

9.3 冲突管理

项目是受各方面的条件制约的。英国项目管理体系 PRINCE2 早期采用直译名称是"受控环境下的项目管理"，所谓受控环境，就是项目是受各方约束的，项目中的冲突是普遍存在的，也是在所难免的。

我们先来了解一下什么是冲突。冲突是指两个或以上的个人、团体或组织在某个争端问题上所产生的纠纷。关于冲突有不同的分类维度，从发挥的作用来看，分为建设性冲突（constructive conflict）和破坏性冲突 (destructive conflict)。建设性冲突又称为功能正常的冲突，是指对组织有积极影响的冲突；破坏性冲突又称为功能失调的冲突，是指对组织有消极影响的冲突。从冲突类型上看，冲突又分为目标冲突 (goal conflict)、认知冲突（cognitive conflict）、情感冲突 (emotional conflict)、程序冲突 (procedure conflict)、关系型冲突（relational conflict）。其中，目标冲突是指由于冲突主体内部或冲突主体之间存在不一致或不相容的结果追求而引发的冲突；认知冲突是指由于冲突主体内部或冲突主体之间存在不一致的看法、想法和思想而导致的冲突；情感冲突是指由于冲突主体内部或冲突主体之间情感上的不一致而引发的冲突；程序冲突是指由于冲突主体内部或冲突主体之间存在不一致或不相容的优先事件选择（如流程顺序安排）而产生的冲突；关系型冲突指由于人际关系问题而导致的冲突。

那么为什么会产生冲突呢？我认为产生冲突的原因可以分为两大类：一类是结构性的原因，比如项目进度与成本之间、项目质量与成本之间、项目资源与进度之间的冲突等，这些是结构性的矛盾，是由于自然规则而形成的。另一类则是人为因素，由个体之间的差异导致的，比如项目中的两个人各自的工作方式不同，对事件的看法不同等。

那么作为管理者，我们如何看待冲突呢？冲突的影响是不是都是负面的呢？显然不是，我们来看图 9-8 组织冲突与组织绩效的关系。如果说一个组织中大家不发生"碰撞"，显然没有发挥出大家的潜力；只有合理适度地"碰撞"，才是一种比较理想的状态。例如，图 9-8 中理想状态下（B 点）组织的绩效达到最高值。如果团队成员之间没有适度的冲突，就无法激发大家的潜力；同理，如果团队成员之间的冲突超过了分界线，则会影响团队的绩效，并进一步影响团队的绩效，甚至团队成员之间会出现互相掣肘的现象，导致员工流失，团队士气不佳，生产力下降，压力加剧，员工有挫败感、焦虑等问题。

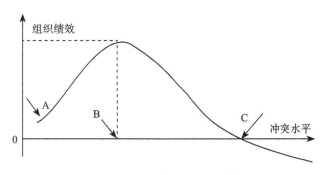

图 9-8　组织冲突与组织绩效的关系

作为管理者，要及时关注组织的冲突变化，定期评价冲突的发展趋势。如图 9-8 所示，如果冲突处于 A、B 区间的低位时，可以适当地引导和鼓励团队开展思想的碰撞，激发团队的能动性；如果达到 B 点甚至大幅超过 B 点时，则要及时加以控制，以降低冲突带来的负面影响，并且预防冲突失控的风险。

关于冲突的处理与应对，我借鉴了很多冲突处理的经验，我认为冲突处理的五步法流程是值得大家借鉴的做法。五步法分别是冲突预防、原因分析、冲突应对、冲突处置和跟踪管理五个步骤，如图 9-9 所示。

图 9-9　冲突管理流程（五步法）

第一步，冲突预防。 冲突最小化是冲突预防的核心思想。比如建立一个相互信任的工作环境，营造相互尊重的工作氛围等，有利于大家控制情绪，避免出现感情和关系上的冲突；要及时关注员工之间存在的紧张迹象，碰到问题时要及时处理，避免问题发生演变。另外，做好冲突预防的有效办法就是制定冲突管理规范守则，明确激烈冲突的危害及处置方法，让员工提前知道后果，从而预防破坏性冲突出现。

第二步，原因分析。 我们所看到的已经发生了的冲突是事件的结果，其必然会有过程和发生的起因。所以作为管理者要了解问题背后的原因，只要找出真正的原因才能从根本上解决问题。比如项目中负责采购的人员总是与负责技术开发的人员对抗，那么这可能是结构性的问题或者两个部门的问题，不能简单地找两个人谈话就以为能解决。要解决两个部门结构上的矛盾，比如产品定价权归谁等。如果让技术部门定价，那采购部门很难找到合适的供应商；如果让采购部门定价，那么产品成本可能会严重超标。所以关于产品的原始价格应该归到中立的第三部门，这样才能化解这项结构性的冲突。

第三步，冲突应对。当冲突发生时，第一，要客观地承认问题的存在，不能回避或者不重视问题，如果回避或不重视问题，只会让问题愈演愈烈。第二，要客观地看待问题，有的问题是可以避免的，应该如何应对，而有的问题是不可避免的，如果重来一次照样会出现，或者换了其他人同样会出现，那这类问题我们又应该如何应对。显然从情感上看，对这两类问题我们的反应是不一样的，处理策略也要酌情不同。第三，如果是人员关系之间的冲突，要承认文化与认知上的差异，因为人本身就是个性化的。第四，面对冲突问题，要聆听各方的意见，看看大家的诉求和期望。第五，要集思广益，寻找更多的方法来解决问题。

关于如何处理冲突是有指导性策略的，这个策略就是托马斯·基尔曼模型（见图9-10）。托马斯·基尔曼模型对冲突的处理，按照是否坚持意见和是否采取合作的态度，将处理方式分成五种类型：第一种是坚

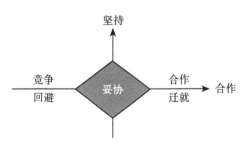

图 9-10 托马斯·基尔曼模型

持原则又采用合作的态度，即合作策略，从而实现双方互惠互利、双赢的结果，但这种策略耗时长，通常难以实现；第二种是不坚持原则而与对方合作，即迁就策略，通过牺牲个人目标利益，对对方宽容，通常用于不值得冒险去破坏关系的情况；第三种是忽略问题、放过问题、否认问题、不面对问题，采用回避的策略；第四种是迎难而上，采用对抗的

形式，寻找自我利益的保护，不顾对方后果的形式，属于强制策略；第五种是各方因素都考虑、都参照，也就是居中妥协的策略。那么这五种策略中哪一种最好，哪一种最差呢？留给大家思考吧。

第四步，冲突处置。冲突处置就是按既定的冲突处理策略实施，实施过程中要关注冲突方的性格特点和承受能力，注意修复冲突双方的关系，建立信任。所谓"不打不相识"，通过冲突事件加深彼此的认识和理解也是有可能的。处置冲突时使用的方法包括进行沟通，沟通时要注意情绪管理和情绪控制。如果是个别人员的问题，可能要采取果断措施处理那些"带刺"的员工；如果是总体问题，可能需要引进外部人员，调整领导风格甚至重整公司。总之，在处理冲突时要辩证地看待问题，从多个方面和各个角度去理解和思考。

第五步，跟踪管理。在采取了措施以后，冲突问题是否得到解决，我们应该加以关注；对处置措施是否有效、是否得当，要加以评估；处置措施是否有改进的空间，也要进行判断；冲突处理是否可以总结为经验教训，以供其他人借鉴，都是值得思考和关注的问题。所以有必要对冲突的处置情况进行跟踪管理，以追求持续改进。

| 第 10 章 |
Chapter10

项目风险控制

> 事情如果有变坏的可能，不管这种可能
> 性有多小，它总会发生。
>
> ——墨菲定律

10.1 风险管理概述

10.1.1 风险概念

项目是在开放环境下开展的临时性工作。在项目执行的生命周期过程中，其显著特征就是充满诸多不确定性，这种不确定性可能来源于组织内部或外部，正是这种不确定性带来了风险。那什么是风险呢？风险就是"不确定的一个或一系列事件一旦发生，将对目标的实现产生影响"。所以项目的不确定性的特征，注定了项目存在诸多风险。

风险是客观存在的，是可以预测的，这是学术界客观主义学派的主流观点。就像无线信号一样，虽然我们看不到，但是它是真实存在的，我们可以通过其他手段证明它的存在。当然，也有人认为风险是随机事件，不可以测量，这属于构建主义学派的观点，也有部分认同者。风险具有不确定性，比如每个项目都有影响项目达成目标的单个风险，以及由单个项目风险和不确定性的其他来源联合导致的整体项目风险。风险具有对称性，如果不妥善管理，这些风险有可能导致项目偏离计划，无法达成既定的项目目标；同样，如果采取措施，风险得到妥善处置，那么可能会带来更大的收益。风险还具有发展性，也就是随着时间的推移，风险随时间和环境可能发生变化。

风险的发展性可以表现为风险处在潜伏期、发生期和影响期。如果风险因素逐步形成，处于激活状态，并逐渐对设定的期望产生影响，逐步显露出征兆，但影响程度并未达到风险管理者预先设定的状态，称之为潜伏期；如果风险因素加大对期望的影响，达到或超过风险管理者预先设定的状态，称之为发生期；如果风险因素持续对期望产生影响，造成与期望不相符的后果，并随着风险因素的持续，后果也在持续、加重，甚至促发后续风险发生，征兆明显，这时风险就达到了影响期。

特别说明一下，风险是包含威胁和机会两个部分的。由于我们日常工作中习惯性地把风险等同于威胁，而没有包含另一半"机会"部分，所以我着重强调一下威胁与机会。所谓威胁是对目标有消极影响的事件，而机会是对目标有积极影响的事件。另外，关于风险管理还有很多专业术语，大家也需要了解一下。

◀ 触发因素（triggers）：风险即将发生或已经发生的标示，有时称之为风险症状或警告信号。

◀ 下线或临界值（threshold）：一旦越过这一下限，就应该采取某种行动，如编写例外报告。

◂ 弹回计划（fallback plan）：风险已发生，应急计划没有（失效）
用，需要再次制订新的解决方案。

◂ 残余风险（residual risk）：在采取风险应对措施之后仍然存在的
风险。

◂ 次生风险（secondary risk）：由于实施某项风险应对措施而直接
产生的风险。

◂ 项目韧性（project resilience）：指项目承受项目风险的弹性区间。

◂ 风险暴露（risk exposure）：组织在当时所承担的风险程度。

◂ 风险承受能力（risk tolerance）：项目韧性的最大值。

◂ 临近度（proximity）：风险可能发生的时间与当前的时间间隔。

关于风险管理的术语远不止这些，我只是将几个重要的术语做了
解释，如需详细了解，可查阅相关资料文献。特别说明一下，关于风险
"临近度"这个概念，《项目管理知识体系指南》（PMBOK®指南）（第六
版）翻译成"邻近性"，我以为这个翻译用词是不准确的，"邻近"表示
空间距离，而"临近"表示时间间隔。显然风险临近是时间间隔，应该
用"临近度"而非"邻近性"。

10.1.2　风险分类

项目风险按自然属性分为商业风险、技术风险和管理风险。商业风
险是指对外合作过程中签署的合同等可能产生的商业纠纷带来的风险；
技术风险是指为实现交付成果所采用的技术不成熟、不稳定导致无法有
效实现产品交付或者质量、成本超标等；管理风险是指由于管理不当导
致的一系列工作无法有效开展进而影响项目目标的实现。

项目风险按区域分为内部风险和外部风险。这个内外部第一层应以

项目组为界线，项目组内的资源和事件通常能够做到有效控制，而项目组外的资源和事件通常难以控制。第二层以组织为界线，属于项目组外但属于组织内的资源或事件，相对于组织外部来说比较好协调和处理，所以通常称之为公司内风险因素事件，而公司外部的风险就是名副其实的外部风险。

项目风险按来源和影响维度分为市场风险、客户风险、供方风险、组织风险，其中组织风险可以具体分解到不同的职能部门，如研发部门、生产部门、采购部门、物流部门、质量部门等。

项目风险按发生概率和影响度分为低、中、高风险，这里的低、中、高为相对值。例如按项目风险事件按概率排序或按影响度排序，选择一定比例的低概率或低影响的风险，定义为低概率风险和低影响度风险，中高风险采用同样的规则进行区分。

项目风险按发生的时间分为近期风险、中期风险和远期风险。这里的近期、中期和远期，具体时间间隔要参照项目周期和管理频次而定。一般把最近一两次过程临近需关注的风险事项定义为近期风险，把那些时间还很远暂时还不需要处理的风险事项定义为远期风险，其他的划定分为中期风险。

项目风险还可以分为单个风险和整体风险。单个风险是指一旦发生，会对一个或多个项目目标产生积极或消极影响的不确定事件或条件；整体风险是指不确定性对项目的整体影响，它代表相关方面临的项目结果可能的积极和消极变化。这些影响源于包括单个风险在内的所有不确定性。

关于项目风险的分类方法有很多，不同的分类方法使用不同的需要。但是，如果要去管理这些风险事件，那么适宜的分类方法还需按对风险的了解情况来分，即分为已知已知类风险（YY）、已知未知类风险（YN）和未知未知类风险（NN）。已知已知类是指已知事件发生的可能性及发生之后产生的影响；已知未知类是指已知事件发生的可能性但不了解发生之后产生的影响；未知未知类是指不了解事件发生的可能性，也不清楚发生之后会产生什么影响。我们在管理风险时，只能对第一类（YY）和第二类（YN）提前策划采用应对措施，对第三类显然没有很好的应对方法，所以我们需要通过日常的积累，尽量识别出第一类和第二类风险事件，以降低第三类风险事件的比重。

10.1.3　风险管理

在讲风险管理之前，我分享一个一直让我困惑的问题。我在多年的咨询辅导过程中接触到很多企业，发现它们在风险管理方面基础薄弱，有很大的提升空间，甚至一些世界 500 强企业还把问题当风险来管理，我认为它们连最起码的概念都没有分清楚。其实，项目风险管理的流程工具方法是可以借鉴使用的，但为什么还是做不好呢？后来我想明白的一点是，"做好了风险管理很难看到成绩"。比如，一个风险事件如果发生，会给公司带来巨大损失，作为项目经理，你规避了这个重大风险，所以没有造成损失，但这个未出现的损失很难量化成绩效。所以，风险管理难以给管理层留下印象，也难以让人觉得风险管理能起很大作用，这是其一。其二，由于经验积累得不够，风险识别不出来，或者识别出了诸多风险但抓不住重点的管控对象，导致风险管理无从下手。最后才是流程工具方法方面的原因，所以如果风险管理工作开展得不理想，还需在第一方面和第二方面进行强化。

为什么要做风险管理呢？根据墨菲定律，如果有两种或两种以上的方式去做某件事情，而其中一种方式将导致灾难，则必定有人会做出这种选择。换而言之，如果事情有变坏的可能，不管这种可能性多小，它总会发生。所以，风险事件不容小视。而且，项目过程中就是在不断地处理问题，其实这些问题如果能早期进行风险识别和加以管控的话，理论上大多数问题是不会出现的。当然这是一种理想的状态，现实是不可能的。但是，如果实施了风险管理，那么出现问题的次数大幅降低是肯定的。所以，项目管理的终极目标就是风险管理，在项目中实施风险管理不仅是必要的，而且还是必需的。关于风险管理我想探讨两个方面的问题：第一是职责分工，第二是流程方法。

关于风险管理的职责分工，首先要明确一点，项目风险管理和项目的整体管理是一个层级的，它不同于项目采购管理或者项目质量管理，可以授权给其他人去负责。项目的风险责任应该由项目经理来担当，不可以转移责任。在风险管理中，项目管理委员会的职责是审批批准项目风险管理政策和风险管理流程类的文件，通常这类文件由项目管理部门PMO起草，经审议后由项目管理委员会审批执行。项目经理的职责是确保风险管理的方法是适用的，确保在项目生命周期中，项目风险被识别、评估和控制，并且必要时将风险上报到公司、项目群管理层或客户。项目组成员的职责是参与风险的识别、评估和控制，包括协助项目经理维护项目的风险登记单，执行风险应对策略措施等。总体来说，项目风险管理需要项目管理委员会、项目管理部门、项目经理及项目成员共同参与，共同保障项目，从而规避与控制项目风险。

关于风险管理流程，《项目管理知识体系指南》(PMBOK®指南)(第六版)中定义梳理了风险管理的七步法，即风险管理策划、风险识别、定性分析、定量分析、规划应对、实施应对和监督风险（见图10-1）。这套风险管理的流程逻辑上很严谨。但是它比较复杂，在实用性上有所欠缺。比如风险管理策划，在企业实际项目中它属于日常性工作，按已经制定好的管理体系文件操作即可，一般不需要单独制定。另外，流程中要求先对单一风险做定性分析，然后再对总体风险做定量分析，我认为这也很难实现；还有风险应对的策略方法，对单一风险制定了一套风险应对策略，对整体风险又有一套类似的应对策略，这过于复杂了。

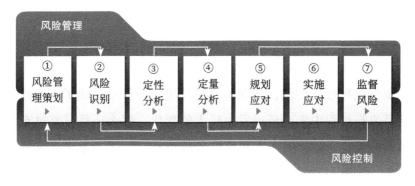

图 10-1　PMBOK 项目风险管理七步法

　　关于风险管理，中国有对应的国家标准 GB/T 24353—2009《风险管理　原则与实施指南》。它定义的风险管理流程为明确环境信息、风险评估、风险应对、监督和检查四个阶段，其中风险评估又分为风险识别、风险分析、风险评价三个步骤。中国的国家标准中关于风险管理是分阶段、分步骤来管控的，流程清晰但复杂。我对比了几套项目管理体系中风险管理的模式后发现，英国项目管理标准《PRINCE2®成功的项目管理方法论》中定义项目风险管理的五步法最为简洁好用，分别为识别、评估、计划、实施和沟通，颇有 PDCA 持续改进循环的意思（见图 10-2）。我以此为主体，综合考虑了多套体系中的风险管理要求，进一步梳理成简单好用的风险识别、风险评估、规划应对、风险处置、风险跟踪五步流程。下面就每一步的具体操作展开阐述。

图 10-2　PRINCE2 风险管理流程

10.2　风险识别

一般来说，项目的风险识别不含项目立项之前的宏观环境分析，因为到项目执行过程期间，前期的宏观环境分析已经完成了。但是，如果项目执行过程中宏观环境发生较大的变化，那么还是需要对宏观环境做回顾的。所以，关于宏观风险分析还是要阐述一下工具方法——PESTEL 环境分析模型。

PESTEL 分析法是站在企业的角度分析项目所处的宏观环境，主要聚焦外部环境的分析，它从 6 个维度进行分析，能够做到系统、完整和精准。

- ◂ 政治因素（political）：是指对组织经营活动具有实际与潜在影响的政治力量和有关的政策、法律及法规等因素。

- ◂ 经济因素（economic）：是指组织外部的经济结构、产业布局、资源状况、经济发展水平以及未来的经济走势等。

- ◂ 社会因素（social）：是指组织所在社会中成员的历史发展、文化传统、价值观念、教育水平以及风俗习惯等因素。

- ◂ 技术因素（technological）：不仅包括那些引起革命性变化的发明，还包括与企业生产有关的新技术、新工艺、新材料的出现和发展趋势，以及应用前景。

- ◂ 环境因素（environmental）：一个组织的活动、产品或服务中能与环境发生相互作用的要素。

- ◂ 法律因素（legal）：组织外部的法律、法规、司法状况和公民法律意识所组成的综合系统。

以上是宏观分析的 6 个方面，除了要考虑外部环境之外，还要考虑组织的内部环境及所处的行业环境。内部环境包括企业文化、组织机

构、人力资源、市场营销、研发能力、财务资金等；行业环境主要包括
市场容量、产业结构、市场发展趋势、市场竞争状况、供应商资源、客
户信息等。通过内外部环境及行业环境分析，结合 SWOT 工具，能够
找出我们的优势与劣势、机遇与挑战。

通常来说，宏观环境分析由公司的战略管理部门或者发展规划部门
来做，作为项目团队直接引用结果就可以。所以作为项目团队人员，对
项目风险的识别应该聚焦在微观风险层面，微观层面的风险主要是技
术、能力、资源、方法、管理等方面，我们需要通过识别建立起风险清
单，行业内通常称为风险登记册（见表 10-1）。

表 10-1　风险管理清单（风险登记册）

序号	风险名称	风险描述	所有者	影响度	频次	风险度	风险处置	计划时间	状态
1									R
2									Y
3									G
…									

关于风险识别的工具有很多种，而且由于行业不同方法也不尽相
同。其中，《项目管理知识体系指南》（PMBOK®指南）（第六版）中列出
的几种方法分别是专家判断、头脑风暴、核对单、访谈、根本原因分
析、假设条件和制约因素分析、SWOT 分析、文件分析、引导、提示
清单和会议等；英国项目管理标准《PRINCE2®成功的项目管理方法
论》中提出的方法主要是评审经验教训、风险核查清单、风险提示清
单、头脑风暴、风险分解结构等。制造业的风险识别方法更多也更复
杂。表 10-2 是从制造业中与质量管理和风险管理相关的工具方法，其
中前面几种都比较适用，如头脑风暴法、结构化 / 半结构化访谈、德尔
菲法、情景分析法、检查表法、蒙特卡洛分析法等。失效模式及后果分
析（FMEA）适用于产品的风险分析。

表 10-2　风险识别工具及应用

风险评估技术	风险评估过程				
	风险识别	风险分析			风险评价
		后果	可能性	风险等级	
头脑风暴法	SA	A	A	A	A
结构化/半结构化访谈	SA	A	A	A	A
德尔菲法	SA	A	A	A	A
情景分析法	SA	SA	A	A	A
检查表法	SA	NA	NA	NA	NA
预先危险分析	SA	NA	NA	NA	NA
失效模式及后果分析	SA	SA	SA	SA	SA
危险与可操作性分析	SA	SA	A	A	A
危害分析与关键控制点	SA	SA	NA	NA	SA
结构化假设分析	SA	SA	SA	SA	SA
风险矩阵	SA	SA	SA	SA	A
人因可靠性分析	SA	SA	SA	SA	A
以可靠性为中心维修	SA	SA	SA	SA	SA
压力测试	SA	A	A	A	A
保护层分析法	A	SA	A	A	NA
业务影响分析	A	SA	A	A	A
潜在通路分析	A	NA	NA	NA	NA
风险指数	A	SA	SA	A	SA
故障树分析	A	NA	SA	A	A
事件树分析	A	SA	A	A	NA
因果分析	A	SA	SA	A	A
根本原因分析	NA	SA	SA	SA	SA
决策树分析	NA	SA	SA	A	A
蝶形图法（Bow-tie）	NA	A	SA	SA	A
层次分析法（AHP）	NA	A	A	SA	SA
风险值法（VaR）	NA	A	A	SA	SA
均值–方差模型	NA	A	A	A	SA
资本资产定价模型	NA	NA	NA	NA	SA
FN 曲线	A	SA	SA	A	SA
马尔科夫分析法	A	SA	NA	NA	NA
蒙特卡洛分析法	NA	NA	NA	NA	SA
贝叶斯分析法	NA	SA	NA	NA	SA

注：SA：非常适用；A：适用；NA：不适用。

　　由于风险识别的工具方法有很多，就一种比较通用的方法——检查清单来做展示（见表 10-3）。通过使用检查清单逐项检查的形式，系统地找出项目过程中的风险，对于存在疑问的条款做好标记记录下来纳入风险登记册，这样就形成了项目风险清单。显然，检查清单的方法很简单、很清晰，系统化还很好用，但是这种方法依赖于对项目有充分的经验，需要有专业人士制定出检查单，所以使用这种方法是有门槛要求的。不同的方法各有优劣势，也适用于不同的场合。

表 10-3　航拍飞行安全检查清单

序号	类别	检查内容	状态情况
1	禁飞规定	雨雪天、打雷时天禁飞	
2		气温 −10℃以下禁飞	
3		4 级风以上禁飞	
4		无起降场地禁飞	
5		人多围观禁飞	
6		高压线下禁飞	
7	电源检查	动力电池电量检查：是否在 98% 以上	
8		飞控电池电量检查：是否在 50% 以上	
9		飞机接收器电池电量检查：是否在 50% 以上	
10		云台电池电量检查：是否在 50% 以上	
11		云台接收机电池电量检查：是否在 50% 以上	
12		图传电池电量检查：是否在 50% 以上	
13		飞机遥控器电池电量检查：是否在 50% 以上	
14		云台遥控机电池电量检查：是否在 50% 以上	
15	GPS 检查	通电搜星	
16	舵机状态	飞机大桨舵机状态	
17		飞机尾桨舵机状态	
18		云台舵机状态	
19	机械结构检查	机身的螺丝状况	
20		螺旋桨的螺丝状况	
21		起落架的螺丝状况	
22		云台的螺丝状况	

（续）

序号	类别	检查内容	状态情况
23	GPS 跟踪定位系统检查	数传电台电池电量检查：是否在 98% 以上	
24		数传电台接收信息检查：笔记本是否有跟踪信号	
25	地面录像系统检查	录像机电源电量检查：是否在 50% 以上	
26		录像测试是否正常	
27	夜航警示灯检查	爆闪是否正常	
28		头尾指示灯是否正常	
29	相机检查	照相机电池电量检查：是否在 30% 以上	
30		是否在录像档位	
31		ISO 检查：500 ～ 800	
32		光圈检查：白天 22，早晨和傍晚为 4，夜晚为最低	
33		快门速度检查：是否在 125 以上	
34		白平衡检查：白天设为自动、傍晚设在阴天	
35		照片规格检查：是否为 RAW + L jpg 格式	
36		录像规格检查：1080P/25 或 720P/50	
37		对焦状态检查：100 米远的目标放大 10 倍是否清晰	
38		是否处于手动对焦档位	
39		遥控快门检查：遥控线是否插紧，快门是否反映	
40		USB 图像接口检查：是否有图像	
41		快装螺丝松紧检查	
飞行时间	＿年＿月＿日＿点＿分	飞行地点	
安检人员		飞控人员	

　　风险识别过程输出的成果是风险登记册。为了便于理解，可以将风险事件按类别绘制形成风险分解结构（RBS）图（见图 10-3）。风险分解结构图是按照风险类别和子类别来排列已识别的项目风险的一种层级结构，用来显示潜在风险的所属领域和产生原因。如果风险项比较多，还是要使用风险登记册来管理，风险分解结构图更多用于汇报展示。

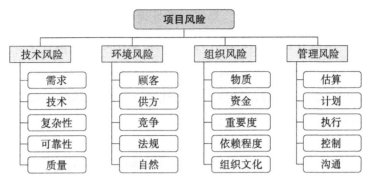

图 10-3　风险分解结构图

10.3　风险评估

风险评估就是定性或定量测算某一风险事件可能带来的影响或损失（机会）的程度。项目风险评估的目的在于从众多的潜在风险事项中找出值得我们关注的重点风险事项。关于项目风险的大小可以用风险度来表示，风险度是风险事件发生的概率与发生之后所产生的影响度的乘积。风险度的计算公式为

$$VaR = P \times X$$

式中　R——风险事件（会发生什么）；

　　　P——概率（可能性有多大）；

　　　X——影响度/后果（会带来多大的损失或收益）；

　　　VaR——风险度（衡量风险大小的一个值）。

风险评估的目的在于了解各项风险事件的风险度大小。其中概率和影响度通常是难以量化的，我们只能做相对的判断。比如下雨天摔跤的概率比大晴天的概率要大，手机掉在大理石地面上的损坏程度比掉在木板地面上损坏的程度要大等。基于这样的相对比较大小可以将风险事件进行排序，可以进行概率大小的顺序，也可以进行影响度的排序。如果

项目的风险事件数量比较少，易于归类处理，那么在做风险评估时可用
"九宫格"来做分析（见图10-4）。可以将概率划分为低、中、高，同
样影响度也可以用低、中、高来表示。在计算影响度时通常将低、中、
高用数字1、3、9代替，这样用数字代替文字描述风险度时更为直观
一些。

	概率评估		
	风险很有可能发生（9）	风险较可能发生（3）	风险可能不发生（1）
要素对项目有重大影响（9）	81	27	9
要素对项目有较大影响（3）	27	9	3
要素对项目有较小影响（1）	9	3	1

（左侧纵列标题：影响度评估）

图10-4　项目风险分类评估表

很显然，图10-4的九宫格在划分项目风险度时刻度不够细，想从
一类风险项中间划线是不可行的。所以绝大多数情况下采用五级判定标
准，即将发生概率定义为极低、低、中、高、极高，影响度分为很低、
低、中、高、很高，至于代替的数字只要保持相应的间隔差就可以，如
1、3、5、7、9，通常用0.1、0.3、0.5、0.7、0.9来表示，也可以用0.05、0.1、
0.2、0.4、0.8来代替。特别说明一下，这不是量化数据，更不是发生
概率的百分比，它只是汉字的一个数字代号而已。在判断一个风险事件

时将其定义为某一个等级，称之为概率标定，将其定义为某一影响度等级，称之为影响标定，概率标定和影响度标定要参照以往的数据库或者经验判断，通常有一定的难度。如果做好了概率标定和影响度标定，那么计算项目风险度就是件容易的事了（见图 10-5）。

		威胁（VaR）				机会（VaO）			
0.9	0.045	0.90	0.18	0.36	0.72	0.72	0.36	0.18	0.90	0.045
0.7	0.035	0.70	0.14	0.28	0.56	0.56	0.28	0.14	0.70	0.035
0.5	0.025	0.05	0.10	0.20	0.40	0.40	0.20	0.10	0.05	0.025
0.3	0.015	0.03	0.06	0.12	0.24	0.24	0.12	0.06	0.03	0.015
0.1	0.005	0.01	0.02	0.04	0.08	0.08	0.04	0.02	0.01	0.005
概率	0.05	0.1	0.2	0.4	0.8	0.8	0.4	0.2	0.1	0.05
影响度	非常低	低	中等	高	非常高	非常高	高	中等	低	非常低

图 10-5　风险概率影响矩阵

在核定了事件的风险度以后，就要对风险事件采取措施，这就需要划定一条线，这条线称为风险允许偏差线。简单来说，风险允许偏差取决于项目的风险承受能力，如果超过了这条线称为不可接受，需要采取应对措施；如果在这条线范围之内，或许可以保持观察。总之，风险评估的目的在于从众多的风险事件中找出值得关注的一小部分风险事件。因为我们在开展项目时资源总是受限的，我们没有那么多的资源和精力投入到所有的项目风险事件中，所以才用风险评估法划定关键的风险项。

以上属于定性的风险评估方法。有很多专家说定性的评估方法不准确，他们推崇定量的评估方法，对此我持保留意见。定量评估方法看似精准，实际上绝大多数情况下这些所谓的量化数据都是经不起推敲的，而且判定标准本身就很难以量化，量化评估还需要花更多时间成本用于计算数据，并且容易给人造成精确印象的误导，所以定量评估方法适用的场合是非常少的。以我这么多年从事项目管理的经验看，用到定量评估的情形屈指可数。

虽然用得不多，但是我不能不讲。定量评估常见的是预期货币值
（EMV）加上决策树分析。EMV是将目标变量设定为离散随机变量，取
其每种情况对应的损益值，EMV为每种情况下的期望损益值之和，计
算公式为

$$VaR = \sum_{i=1}^{m} P_i X_i$$

式中　P_i——i个状态发生的概率；

　　　X_i——该种情况下此状态的损益值。

我们来看一个实际案例。我曾任职的某主流整车企业由于一款产
品销售比较好，于是开发了第二套模具，考虑在另一处生产基地投建一
条产品生产线。这处生产基地有一个新厂区（新线）和一个老厂区（老
线），如果把产品投入到新线生产，生产线改造的成本比较低，但是单
台车生产成本摊销和设备使用折旧摊销比较高；反之，投到老线生产，
改造费用比较高，但单台车生产成本摊销及设备折旧摊销比较低。具
体生产线改造的方案，找工艺人员做了测算，数据比较准确。图10-6
就是风险评估EMV分析案例。其中，新线需投入5000万元、老线需
要2.5亿元（特别说明，这里为了讲课教学方便对数据做了调整），单
台车生产成本摊销和折旧也做了粗略估计。为什么说是粗略估计呢？
因为这个成本的估算是以实际的全生命周期的生产量为依据的，而该
生产量又不太可能估算精准，所以只能是粗略估算。至于未来行情如
何、销量如何，这个预测更加无法把握。但是我们当时的判断是原
来的生产线优先满负荷运行的情况下，其实这条拓展生产线绝大多
数情况下是做不到满产的。基于这种假设计算出新生产线的EMV较
大，也就是新线的风险较小，所以最终选择了投入到新线。后来事实
证明，我们这条生产线的利用率没有那么高，所以投资新线是正确的

决策。但是从这个实际案例的过程来看，绝大多数风险分析很难做到这样的程度，所以 EMV 的适用场景少，不要勉为其难地推行这种方法。

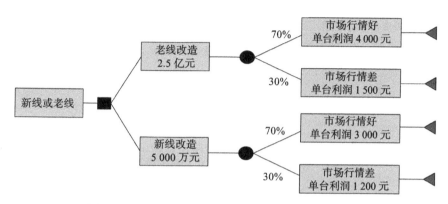

图 10-6   某企业风险评估预期货币值分析 EMV 案例

风险评估还会用到的一种方法是敏感度分析。所谓敏感度分析，是指分析单个变量对结果的影响。在使用敏感度分析时，需要将每种风险视为一个变量，并假设其他风险都不发生，来分析这个风险事件对结果的影响，并将影响度相对量化进行排序，这种排序形成的结果就是项目风险管理中常说的"龙卷风"图。我制定的某企业在进入乘用车市场时的各项风险分析的排序，如图 10-7 所示。

以上是从整个项目的角度制定项目风险评估，但是在项目实际过程中我们通常只选择几个要素分析，如项目预算敏感度分析、产品价格敏感度分析、产品销量敏感度分析和材料成本敏感度分析。在产品生命周期内，当项目成本、产品成本、产品价格、产品销量及各种前提和假设发生变化时，相应的项目现金流的净现值和内部收益率等财务指标变化趋势和范围。预算敏感度分析、产品价格敏感度分析、产品销量敏感度分析和材料成本敏感度分析，需要财务部门依据多年经验数据库建立财务模型进行测算。

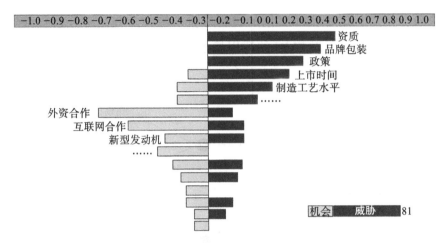

图 10-7　某企业在进入乘用车市场时的项目风险分析

10.4　规划应对

规划应对是对已经识别的风险事件在风险发生之前制定的风险应对策略。什么样的情况下才需要制定应对策略呢？这取决于项目风险的接受水平和团队或组织对风险的承受能力，而承受能力又受风险偏好的影响。大家需要了解一下风险偏好，所谓风险偏好，就是组织或个人对待风险的态度。从风险偏好的角度可以把组织分为风险偏好者（激进型）、风险中立者（中立型）和风险规避者（稳健型）。风险应对是基于风险的评估，与风险承受能力相对照，针对出现的风险在承受范围之内的和可以拯救的项目采取的风险应对策略（见图 10-8）。

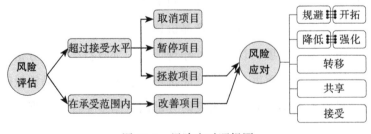

图 10-8　风险应对逻辑图

关于应对策略，《项目管理知识体系指南》(PMBOK® 指南)(第六版)中提出威胁的应对策略有上报、规避、转移、减轻、接受；机会的应对策略有上报、开拓、分享、提高、接受。针对整体风险又制定了一系列相类似又有区别的应对策略，这个过于复杂。相对来说，《 PRINCE2® 成功的项目管理方法论》中制定的是五组策略简洁明了，即规避威胁/利用机会、降低威胁/强化机会、转移威胁或机会，共享威胁或机会，接受威胁或机会。各项策略解析如下。

规避威胁/开拓机会。这里我把原方法中的"利用"改为"开拓"，我认为这样描述更准确一些。该策略是通过移除风险将不确定的情况变为确定，通常可以通过移除威胁的原因或实现机会的原因来解决。这种策略适合于没有额外经费来改变既定工作方式的情况。为消除剩余风险（威胁或机会），往往会产生一些费用。当发生费用时，它们必须是合理的，即风险应对产生的费用必须确保情况是确定的。

降低威胁/强化机会。这种策略涉及明确的活动来改变风险的概率和（或）风险的影响。术语"减轻"在讨论降低威胁时涉及，即威胁变得不太可能发生，并（或）降低其影响。强化机会则是一个相反的过程，即让机会更有可能发生，并（或）增加其影响。另外，由于该策略会使组织降低或增加成本，因此风险应对的成本就改变剩余风险而言必须合理。

转移威胁。转移是一种旨在将整体或部分威胁（或机会）转移给第三方的方式。比如为员工购买保险、为车辆购置保险等都是典型的转移策略，保险公司承担风险成本。转移也可以用于机会，第三方获得成本收益，而主要风险承担者获得其他收益。这并不是一个常用的选项，而转移威胁才是常用的。特别说明一下，转移策略的成本就改变剩余风险而言必须是合理的，即这笔花销是值得的。比如购买保险时你需要考虑保障的额度及购买的价格。需要注意的是，一些风险因素不能转移，尽管组织可以将风险管理授权给第三方。

共享威胁。共享是一种从本质上区别于转移的选项，它基于痛苦／收获寻求多方共享威胁（或机会），通常用于供应链企业之间的合作。需要说明的是，很少有风险能以这样的方式完全共享，因为主要的风险承担者总是需要保护其品牌和声誉的，但它可以是一种成功的激励风险管理活动中的合作，特别是在项目和项目群中。

接受威胁。接受威胁的策略是指不主动采取措施，而是等待威胁发生，前提是风险承担者是提前预知风险的。接受策略同样也适用于机会，即不主动采取措施，如果机会能够发生则更好，不发生也不强求。所以接受策略通常是无法改变剩余风险的，但也不需要花费任何风险管理费用，也不用为未来的风险管理做准备。常见的例子如汇率波动、国家发布新政策等，这种风险是很难采取措施去应对的，所以只能选择接受风险。

10.5 风险处置

再来回顾一下风险管理的流程，即风险识别、风险评估、规划应对，风险处置和风险跟踪。在第三步风险应对过程中已经为识别的风险事件规划了应对策略和措施。特别说明一下，本章只讲到了风险应对的策略，并没有列出具体的措施。策略是宏观方向性的，措施是具体可操作的，而措施需要根据实际风险事件来制定。

在风险处置过程中，首先要做的事情是为每一项风险事件明确责任人和执行人。风险负责人的职责是对所分配的风险进行管理、监督和控制，包括实施选定的应对策略，以消除威胁或强化机会；风险执行人的职责是完成某个特定风险或一组风险的风险应对策略的实施，他们支持并接受风险负责人的指导。多数情况下，风险负责人和风险执行人可以是同一个人，如果风险负责人的精力无法保障，通常需要为风险事件指定执行人。

　　注意，风险管理并不提倡投入巨大的时间、精力和资源去化解项目的所有风险，而是从投入与产出的角度，看是否值得花时间、精力和资源去解决这个风险项。所以评估了风险事件之后，首先要思考的问题是本项风险是否可以接受，例如汇率波动及国家发布相关政策法规等只能接受的情形，还有就是威胁不大、机会不值得争取的情形，所以选择主动接受。如果不能接受，再选择考虑是否可以规避（见图 10-9）。如果可以规避，是更改任务还是隔离威胁，这都是可以考虑的方式；如果不能规避，则考虑是否可以采用转移策略，当然转移是需要承担成本的。如果不能转移出去，才考虑降低风险，所以降低风险的策略措施是最后才考虑的方法。

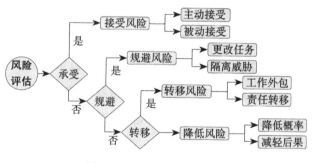

图 10-9　项目风险处置逻辑

　　风险处置属于项目管理的执行过程，虽然我在这里描述的篇幅不多，但是在风险管理过程中，风险处置是长期的主要工作。比如，一个产品开发项目在选择供应商时，当前选定的供应商可能存在交付质量有差距的风险，那么如何应对？首先要基于以往的项目经验，看交付的质量差距是否能够快速解决，如果可以，或许能够接受。如果不能接受，则需要考虑规避策略，即选择第二家供应商。如果在所有的供应商中都没有理想的选择，那么可能规避策略不可行，并且转移策略中选择外包也是找不到匹配资源的，所以这种情况下可以选择如果供货质量差导致损失由供方承担的模式，将责任转移至对方。

10.6　风险跟踪

风险管理贯穿整个项目过程，所以在风险管理过程中要持续跟踪管理。风险跟踪管理是指对风险的具体情况进行跟踪观察，督促风险策略措施的实施，及时发现和记录风险变化，确认风险措施的有效性，以及管理新识别出的风险等。

风险从识别到规划应对，再到风险处置和风险关闭过程中，跟踪管理工作要进行反复确认，如风险是否发生、风险是否变化、风险措施是否有效、风险是否可以解除等。通过反复确认及时更新风险信息，具体方法可以关注项目各项指标的变化，使用偏差分析，如定期将计划与基准作对比，分析进度、成本以及质量上的偏差是否缓解。如果未能改善，说明风险处置措施可能没有取得效果，应加以审视。

风险跟踪管理的具体方法是使用风险跟踪管理表，图 10-10 是企业风险管理实际工作过程中经常使用的风险跟踪管理表。对主要风险事件进行持续跟踪，包括风险的具体信息、可能性排名、影响程度排名以及总排名，这些信息用于标注该风险事件在整体项目风险中的位置。对于制定的风险应对策略及措施的实施情况，要定期更新记录，作为一个项目工作进行跟踪管控，并标注其风险状态，如红、黄、绿（RYG）等级等。风险跟踪管理还需要定期通报风险的情况，例如在定期的会议上通告相关人员目前的主要风险及其状态，以便于项目人员及时掌握项目风险信息。

风险编号	回到"风险"标签	影响程度排名	0
风险		可能性排名	0
风险所有者		总排名	0
风险描述		总排名	0
风险缓解计划		行动进度（红、黄、绿）	
		行动完成日期	
历史跟踪			
更新日期	风险行动或状态变化		

图 10-10　风险跟踪管理表（模块）

项目风险管理还有一项重要的工作是风险审计。这里所说的风险审计不同于企业的风险审计，它主要审计项目是否按照风险管理体系文件要求开展风险管理工作，风险管理工作是否规范，能力是否欠缺，工具方法是否得当，是否有风险遗漏，风险处置后是否有风险残余等。风险审计的目的在于持续改进项目风险管理过程，使项目风险管理更加规范。

项目收尾管理

项目隆重地开始，也要庄严地结束。

11.1　项目收尾管理概述

11.1.1　项目收尾的作用

回顾以往的多个项目实践案例，我们通常都没有做正式的项目收尾工作。比如我在项目管理领域深耕多年以后，被某企业以专家人才引进的形式聘请，负责产品研发流程再造的咨询项目。在这个项目运行差不多两年以后工作基本结束，我提出搞一个团队建设活动，并发文件正式通知项目结束，关闭项目。但相关人员被阻止，理由是考虑到未来其他工作还可以使用这个项目组的资源。当然这只是一个典型的例子，但可以肯定的是，几乎在所有企业中，项目的收尾比项目的启动要草率得多。比如项目收尾只做简单的交付成果的验证，没有进行产品确认，没有进行项目总结，没有开展项目验收，没有给项目团队成员及所在单位反馈，没有进行激励兑现，没有正式解散团队等。总之，从全局来看，这是一种典型的"虎头蛇尾"。

在企业中做项目时，通常不关注项目收尾工作。但是自从我从事咨询培训行业以来，在咨询工作时我非常注重项目的收尾。对于我主导的项目来说，项目启动会开得有多隆重，项目结束会就会开得有多庄严，因为项目收尾是一件非常有价值、有意义的事情。

1. 项目收尾是项目的重要管理节点

一般来说一个项目的周期不会太短。比如我们给很多企业做质量管理体系的咨询辅导，也就是大家通常所说的流程再造，这类项目多数都需要 9 个月左右的周期。显然这样的项目我们会设置多个结点，其中项目收尾总结会就是非常重要的管理节点，它代表着质量管理体系文件编写完成，质量体系测试运行开始。同样，对于产品开发项目来说，项目收尾代表生产验证工作结束，正式投产开始。那么这样一个重要的管理节点是否已达成相应的项目指标，我们肯定要组织对其进行评价，以确认项目成熟度达到要求。

2. 项目收尾能够很好地积累知识

项目运行过程中会有大量的知识文档、劳动成果生成，但是由于项目周期长、人员流动等原因，这些成果可能没有进行系统的整理和归集。那么项目收尾过程中这次系统整理就显得尤为重要，并且可以通过项目收尾总结会的召开来要求大家进行知识文档的收集、整理和提交，敦促大家完成组织过程资产的归集工作。

3. 项目收尾是很好的沟通契机

以我们给企业做咨询辅导的项目为例，一般来说项目启动会上公司领导都会参加，然后再次见面可能就是在项目收尾总结会上了。以我们经常辅导的质量体系咨询项目来说，制定这些程序文件的人员大多数是企业的中层骨干，这些具体的工作不需要公司级领导亲自参与，只需要这些管理层人员支持就可以了。所以项目运行过程中通常公司领导一般是不会参与的，当然主管质量管理体系业务的领导例外，这个角色是要全程跟踪项目的。项目收尾总结会是一次很好的沟通契机。一方面，公司领导参加这次会议多数会提前去了解项目的总体情况，比如有的领导还要做总结讲话，他不可能不提前去了解的；另一方面，作为咨询方的项目经理也可以通用这次会议向企业的管理层传达项目的具体情况，使他们加强对项目及咨询老师的认知。

4. 项目收尾是很好的宣传契机

一般项目周期少则几个月，多则达数年之久。那么在整个项目过程中经过团队成员长期的共同努力，想必也是有一定的业绩和成果的，但这些成果如果不被总结、汇报和陈述，并不一定被大家所了解。所以项目总结会需要开得庄重，一方面展现项目的成果，表彰在项目中表现突出的人员；另一方面也是一个非常好的宣传机会，在宣传项目成果的同时也宣扬团队的业绩。作为兢兢业业的项目经理，在项目总结大会上做报告也是其在项目过程中的高光时刻。

11.1.2 何时中止项目

项目收尾不仅用于项目的正式结束，还用于项目的中途停止。作为项目经理，甚至几乎所有的相关方，比如发起人、客户、供方以及项目团队成员等，都希望项目顺利地进行，直至达成项目目标。但这只是一种理想的状态，显然在项目执行的过程中，总是有这样或那样的问题出现，可能会导致项目失败。那么这个时候能够清晰地认识到问题的严重性，提前中止项目，是一种非常明智的行为。而现实情况中却是绝大多数项目经理甚至发起人不愿意接受项目失败，更不愿意承认项目失败，还想着通过后续的努力挽救项目，因此不会主动提出中止项目。所以作为管理者，应该为项目中止设定标准或条件，当条件达到时自动触发项目中止，而不需要项目经理等人员发起。那么哪些情况下应该中止项目呢？我列了几条供大家参考。

（1）**产品的定位与公司战略不符时**。有的公司战略布局与项目规划做得比较完善，通常不会出现这样的问题。但是有的公司并没有系统地开展战略规划与项目选择，随着项目的进行，后续发现产品定位与公司发展战略不符，那就需要及时中止项目。例如，公司制定了产品从低端向高端转型的战略，未来要淘汰技术落后的生产线，使用智能化数字工厂生产产品，这个时候还在开发低端产品拼价格，显然不符合公司的发展战略，那么就需要及时中止。

（2）**市场环境变化导致产品需求萎缩时**。比如近年来市场对客车的需求在不断地降低，图 11-1 为中国客车市场销量一览表。大家都知道，中国这些年来高铁发展特别快，以前主要修建"八纵八横"高铁网的主干线，近些年来都市圈、城市群及区域中心城市群的高铁网络陆续建成，而且市内轨道交通地铁也在延伸，这导致对客车的需求一再下降。那么基于这种市场需求萎缩的外部环境，我们可能就需要砍掉一部分冗余的项目。

（3）**竞争关系变化导致产品失去竞争力时**。我们在做产品规划时都会研究竞争对手的产品布局，并预测竞争对手的新产品投放时机，而且对于主要竞争对手还会想尽办法搞到比较可靠的"情报"数据，以修正我们的产品规划布局。但是毕竟这只是预测，不可能做得那么完整和准确。比如一款产品在开发过程中，我们突然发现竞争对手上市了一款极为类似的产品，而且价格上除去功能价值还有 13% 的优势，而我们产品的毛利率都不到13%。也就是说,我们产品上市的时候即使不赚钱卖也打不过竞品。那么这种情况就属于竞争关系发生了变化,我们需要及时中止项目,及时止损。

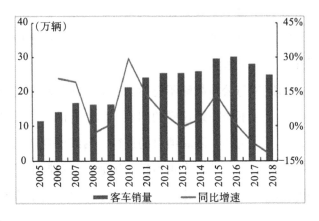

图 11-1   中国客车市场销量一览表

(4)**内部能力无法保证交付时**。内部能力包括平台资源、人员资源、财务资源、技术能力、成本及管理等多个方面。项目可能因内部原因无法在延迟极限内交付,在质量水平可接受底线上方交付,在盈利平衡点的成本线下方交付时,或者按既定的技术方案无法实现而且还没有很好的替代方案时,我们需要及时中止项目。

(5)**统筹规划需要释放资源时**。显然一个项目的实施会占用很多公司的资源。在前期启动项目时这个项目是合理的,但是随着外部环境的变化,或者公司战略的更新,或者其他不可抗拒的因素,这个项目在当下来看已经显得没有必要了,那么这时就需要及时释放资源,给其他项目让路。基于统筹规划,项目需要被中止。

总之,当项目目标无法实现时,我们需要及时中止项目。根据经验我列出了上述几条典型的中止情形,或许各位同仁在项目实践过程中还会出现一些其他的情况,也要加以判断和评估,再决定是否有必要中止项目。通常来说，能够及时中止项目，多数情况都是明智之举。

11.1.3 项目收尾流程

首先要明确一点，项目收尾是一个过程，是一个时间段，而不是一个时间点。而且从着手项目收尾开始到项目关闭，会经历一个较长的时间段，所以把项目收尾理解为最后的项目结束会议是不准确的。既然是一个过程，所以项目收尾同样要制订计划，而且要提前制订，因为有的项目组成员在项目中间就开始正常陆续退出了。以产品开发项目为例，作为产品规划负责人，在产品规格锁定之后他的工作就基本结束了，后续只需对项目保持关注就可以了。这个时候该成员就可以提前退出项目，那么作为这种中途就退出的情况，应该在项目收尾计划中给予明确，所以项目收尾计划制订的比我们想象得要早。

项目收尾的一项重要工作是对交付成果进行评估，具体的评估内容及操作方法我后面再讲。项目收尾流程中先要判定产品目标是否达成，如果达成，由项目组进行项目总结，由项目管理部门进行项目验收，项目通过验收之后才具备项目顺利结束的条件。这个时候开始着手进行总体的项目收尾工作，包括进行组织过程资产的归集、项目物质的处理、项目团队成员的激励兑现，以及解散项目团队等，最后是关闭项目令号，项目正式结束（见图 11-2）。

项目收尾过程中要注意以正式的形式，通知公司内外部及项目组成员项目任命终止。这是项目收尾的标准动作，不要从感情上思考觉得不好意思就不去做。项目收尾时有几项重要工作需要开展，比如：向项目组成员所在单位反馈成员的表现情况；因为项目组成员大家在一起工作了这么长时间，所以项目结束时要对项目组成员适当地发出感谢函；如果条件允许，适当地考虑举办项目收尾的聚会活动；如果有项目奖状的话，一定记得兑现项目组成员应得的奖励，哪怕是对已经离职的人员；

对于项目中的物质资料及财务遗留，都需要进行清理结算。所有工作完备之后才正式关闭项目。

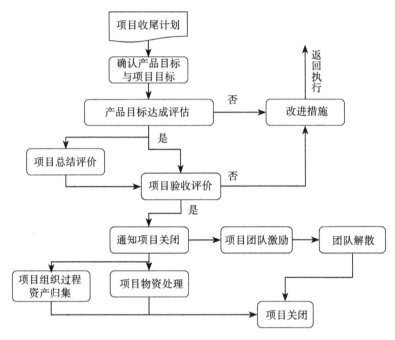

图 11-2　项目收尾管理流程

11.2　实施项目收尾

我之所以把项目收尾作为一章来阐述，是因为项目收尾的确有很

多实质性工作，而且这些工作容易被大家忽视。所以我选择几项重要的工作来阐述，包括产品验收、项目总结、项目验收和项目移交几个环节，从时间上来看这几项任务是有逻辑关系的（见图 11-3）。

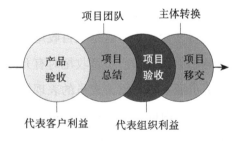

图 11-3　项目收尾的主要任务

11.2.1 产品验收

先来看一下产品验收。什么是产品验收？产品验收就是站在客户的角度对项目交付的结果满足产品定义的程度进行评审。以开发一款汽车为例，产品验收是由质量管理部门或者销售公司以客户的视角或者代表客户的利益对产品的满足性进行评价，评价的依据主要包括产品规格书和产品质量目标书。产品规格书定义了要做什么，产品质量目标书定义了要做到什么程度，这两个是产品验收的主要依据。可能有的人会说，产品验收要依据项目章程，这么说没有什么问题，说明你熟悉 PMBOK 那套体系语言，而我讲的是项目实践中的名称。

产品验收谁来做，怎么做？产品验收通常不适合由项目组自己来完成，因为项目组是运动员就不能再当裁判员。一般来说是项目组提供达成目标的证据，由质量管理部门或者销售公司的人员主持会议，评审目标的达成情况。提供的证据包括各项测评的数据、统计结果及试验验证记录等。

那么大家思考一个问题，作为定义的项目交付成果——产品，它的目标达成了是不是就代表项目成功了？显然不是，只有项目目标达成，才能代表项目成功。有的人说产品成功也算成功，项目成功也是成功，我认为这是不严谨的，项目目标达成是项目成功的唯一标准。虽然产品目标很大程度上影响项目目标的实现，但是产品目标不是项目目标的充分必要条件。比如，如果某导演拍了一部商业电影，他的目标是票房达到 10 亿元，如果票房达到这个额度就算成功，哪怕这部电影的口碑（产品质量）不好。

11.2.2 项目总结

一说到项目总结，很多人会理解成项目收尾时按模板要求填写一个项目总结报告（见图 11-4）。这种按部就班形式主义的"被动式"总结是没有太大意义的。那什么是"主动式"的总结呢？就是从项目传承的角度思考，项目中有哪些做得好的地方总结提炼出来给未来的项目参考，同样，对于项目过程中出现的典型问题也要归集起来给未来的项目借鉴，避免重蹈覆辙，这种做法叫经验教训总结。我们在企业实际中的做法是把做得好的地方总结成一本书，称之为红色案例；把做得不好的地方也总结成一本书，称之为黑色案例。通过多年的项目积累，久而久之就形成了红、黑色案例库。

项目总结报告编写提纲

一、项目概况

1.项目概况：项目背景、内容简述

2.项目目标：项目财务指标、进度计划及满足情况、项目费预算指标等。项目内容及目标在实施过程中有变更的，说明变更原因、变更内容和报批情况。

二、项目实施过程总结

1.项目实施准备工作：项目团队组建、网络计划编制等；

2.项目实施总结：项目实施基本过程、项目实施方案、交付情况、主要问题及其解决情况，项目创新价值等；

3.项目应用情况：项目实施前后管理水平变化情况，经济效益和管理效益提升情况。

三、项目费用预算执行情况

项目预算的执行情况及偏差分析

四、项目主要经验教训和相关建议

根据项目具体实施情况总结经验教训，并在此基础上进行分析，得出启示和对策建议。对策建议应具有借鉴和指导意义，并具有可操作性。经验教训和应对建议应从项目策划、实施全过程的管理分别说明。

五、总结评价

对是否达到项目目标总体情况概述。

图 11-4　项目总结报告模板

上面提到的项目总结，只是在项目收尾时去做是不合适的，而是要在整个项目运行过程中有计划地开展。因为项目的周期很长，到项目结束时再去找以前的资料信息可能找不全，遗失的概率较高。有的人说要定期开展，其实定期开展不好实施，所以要有计划地开展。如何按计划开展？一种非常好的方式是结合项目阶段或节点，在完成某一个阶段（或节点）的工作之后对本阶段（或节点）的内容进行总结梳理，这是最为及时有效的方法，有利于项目知识经验的积累和传承。

11.2.3　项目验收

我多次说到过，项目成功的标准是达成项目目标，有没有达成项目目标需要对项目的各项指标的完成情况进行统计、评价与确认，这就是项目验收。同时，项目验收的结果也是作为兑现项目奖励的主要依据。只有项目通过验收后才可以正式进入项目关闭程序，才能解散团队，释放资源。所以项目通过验收是项目收尾过程中的标志性活动。

如何进行项目验收？理论上讲，项目验收包括一系列评审确认的工作，比如交付成果验证、产品验收、项目总结等都是项目验收的前提，也可以视为项目验收的一部分。项目验收的第一项工作是确定项目交付的标准，通常是在项目合同文件中早就规定好的，比如甲乙双方合作的项目会在合同或类似协议文件中进行明确。即使企业内部的项目，有的企业也需要与项目团队签订项目开发合同。如果没有项目合同，一般会在项目立项申请书之类的文件中注明。总之，明确项目交付标准是进行项目验收的前提。项目验收的第二项工作是项目组与客户双方的沟通确认。如果不方便去找客户确认，可以在公司内部找客户的代表者确认，比如汽车企业会找销售公司的代表客户来确认。在确认过程中验收的主要依据是项目目标书之类的文件，如果有实物，需要实物验证文件，如汽车产品的试验报告及结论；如果是软件系统，需要有系统测试运行报告。这里探讨一个小问题，如果客户或者代表客户方口头提出认为不满足要求的地方，是否应该作为项目组的义务呢？这里我强调一下，这种原则上是不承认的，也就是说，我们只承认原先书面制定的项目目标，不承认后来追加的未经认可的需求。验收过程中要注意的事项是，验收之后一定要有书面记录。因为项目交付之后未来相当长的时间内可能还会涉及一些问题，那么验收的书面记录就是一份有效的凭证，是保护项目交付方利益的有力证据。

　　项目验收过程中可能会出现一些典型的常见问题，比如客户拒绝签字。那么碰到这种严重问题的时候，作为项目执行方要了解拒绝签字的原因，是对交付结果没有确认，还是害怕承担责任，担心后续会出现其他问题等。如果是第一种情形，客户对交付的结果没能确认，这就需要我们拿出客观证据证明交付结果满足项目定义的目标要求，用事实说话。如果是第二种情形，害怕承担责任，这要看项目中是否有授权，如果有授权，那么理应由被授权人签署，也可以邀请客户方的多位相关人员参与确认，共同签署，还可以找客户方的项目负责人的上级领导签署。这种在没有明确签署人员的情况下要视具体情况而定，一般来说多方签署的难度反而要比找上级领导签署的难度小。所以找上级领导签署是备选项，实在不得已要找负责人的上级领导签署时，也需要客户方主要负责人在场引导。如果是第三种情形，担心项目交付后会出现问题，这个作为项目执行方理应给客户一个放心的售后服务政策，同时也要注意保护己方的利益。另外的一个常见问题是，项目验收过程中存在纠纷，客户就是不同意签署确认。这种情况需要找客户协商，如果协商不成，则需按照合同中规定的替代争议解决 ADR 程序进行处理，实在不得已再找第三方仲裁或者诉讼。这里所说的是一般处事规则，诚然，不是迫不得已不要将问题进行升级处理，哪怕是做出让步，也要尽量在谈判阶段解决，否则对客户关系的影响以及对未来的影响都是难以估量的。

11.2.4　团队解散

解散团队这项工作并不复杂，但是我为什么要拿出来讲一讲？就是因为我们国内的企业在推行项目管理模式时没有强烈的项目团队的观念，也不强调团队的组织与解散。因为很多情况下，项目团队就是研究所或技术部等部门，团队可能就是部门本身。这是项目团队设置中的问题，如果一个产品开发项目涉及研发、工艺、生产、采购、物流、质量、营销、服务等业务，那么组建项目团队就不能只局限于技术部门，而要把上述所有业务单元都包括进来，形成整个项目业务的协同。那么这个项目团队的组建、维护、建设和解散就十分有必要了。有人可能说，我们就是一个纯技术开发类项目，只是技术部门参与。那么要思考的是，有没有必要组建团队并按项目来管理。我一直强调的观点是，"越大型、复杂、涉及众多部门协同的项目，使用项目管理越具有价值"。所以，如果只是很小范围内甚至是一个小部门的任务，项目管理的价值就比较难以体现。关于这个观点，美系项目管理与英系项目管理是存在博弈的，如果有兴趣，我们再单独去探讨这个话题。

项目团队解散有两个主要意义。一方面，释放项目资源。比如最为宝贵的项目人力资源得以释放，可以参与到其他项目中去。同时，项目资源的释放对项目组成员也是一种很好的保护，比如项目已经结束了，后续可能还会有一些小问题，这个时候可以让项目的售后人员去处理，而不能让使用方再去没完没了地纠缠项目组人员。另一方面，项目团队解散也意味着相应权限的终止，比如访问公司数据库的权限、使用特殊资源的权限，以及享受相应报酬的权限等。

对于公司来说，项目验收是项目结束的标志性动作，但是对于项目团队成员来说，项目团队解散才是他们最为关注的事件。所以从推行项目管理模式上看，正式解散项目团队是一项必不可少的工作，是营造项目团队氛围、构建项目管理环境的重要环节。

11.3　项目善后工作

项目走完了收尾过程，项目团队的工作就基本结束了，但并不意味着项目的所有事情都结束了，后续还有一些任务需要原项目组人员的支持。这里我选择项目成果申报、知识产权保护、项目移交及项目后评价来阐述。

11.3.1　项目成果申报

众所周知，一个成功的项目交付能够为企业创造效益，为社会创造价值。同时，项目过程中会积累大量的组织过程资产，如项目的知识文档、经验教训总结等。显然项目的收益还不止这些，例如企业的技术攻关、产品研发以及管理体系升级，通常都可以向当地政府部门甚至国家相关部门申请一些财务方面的奖励或者其他政策支持等。

我以前工作过的企业，所在地政府就对新产品有明确的文件规定，给予财政补贴，这些补贴政策有一定的门槛要求，但是对于我们这种当地龙头企业来说，不是什么难事，我们的产品研发项目中有相当比例的项目是可以申请财政补贴的。比如其中一条具体的描述是，"换装的发动机较原发动机功率变化 20% 以上或者位置发生变化（前、中、后置），车身承载形式发生变化（全承载、半承载），轿车厢数发生变化（两厢、三厢）"，这种有具体描述要求的其实是比较难的。还有一些非常粗放的描述，如"车身（含驾驶室）、发动机两大总成的换型或重大改变"，这种比较好办理。另外，我从事咨询培训以来，辅导过的企业中有几个有代表性的项目在项目结束以后，企业都将咨询成果申报了类似于"管理进步奖"之类的奖项，甚至一些项目的奖金都超出了当初请我们做咨询所花的费用。也就是说，企业请我们做咨询培训项目，相当于不但没有投入资金，还获得了资金收益。

关于项目成果申报，需要按照主管部门的要求来准备和组织，要视具体要求而定。以我以往的工作经历来看，一般财政补贴都需要进行资质鉴定，鉴定的流程包括准备鉴定材料、内部初审、鉴定会筹备、组织鉴定、完善鉴定证书及资料、提交审查、办理鉴定证书、资料提交、办理财政补贴等过程。这个流程走下来是比较费时间的，特别是早些年，所以项目成果申报这类工作中虽然有很多基础资料需要原来的项目组人员提供，但是我们并没有把这些工作归集到项目组，而是在职能部门设置专门人员管理，项目组人员只是进行支持和配合。

11.3.2　知识产权保护

产品开发项目中对已有专利知识产权的规避，其实是贯穿整个项目始终的，包括最初专利清单的收集与输入、过程中的规避，以及最后的确认等。这里我想重点强调如何保护项目中产出的知识专利。

同样，关于项目中产生的专利等知识产权的保护，也开始于项目计划阶段，而不是等项目结束之后再去收集整理。比如，项目中要求在项目计划阶段就要围绕产品研发过程确认专利申请的主题、实施及应用情况、所属技术领域、专利申请类型、专利申请时间，以及专利申请的国家和地区。要制订专利申请计划，形成专利申请策划与实施方案，指导项目过程中的知识产权的保护工作。

一般来说，在项目过程中，关于专利的申报工作不会开展，而是等项目结束之后再开始。具体分为四个步骤：第一步，由技术所有者提出申请，将技术创新成果或构思填写提交；第二步，由部门内部进行初步审核，如技术发明专利、外观专利等都由研究部门主管领导及专家组进行审核，并且确认是否具备新颖性、创造性和实用性；第三步，由主管部门审定，审定主要是从专利申请的角度审查资料是否完整，并统筹考虑专利的"三性"；第四步，提交至专利代理机构办理，主管部门做好及时跟踪确认。

当今社会对知识产权的保护还不规范。比如，我加盟某咨询培训机构时讲授了几门我的版权课程，在我离开那个咨询培训机构多年后，这个机构还是在利用我的课件到处授课，尽管他们拿的是删减版本。虽然我有版权，但是我也懒得去理会他们，因为这种知识产权保护的力度是非常有限的。但是专利的保护是比较严谨的，所以申报专利是有效保护项目输出成果及知识产权的有效方式，因为对于专利侵犯的惩罚还是比较严厉的。

11.3.3　项目移交

项目移交是指项目任务完成以后，对项目成果的管理主体进行转移的过程。比如企业中的产品开发项目，在项目任务完成以后将产品移交给制造工厂；专业的设计公司，在产品设计完成以后移交给委托企业；管理咨询项目，在项目任务完成以后将体系文件移交给客户等。所以项目移交是一种比较普遍的做法。

项目移交过程有几个问题要注意。第一是移交的内容。关于移交的内容非常多，而且不同类型的项目移交的文件是不一样的。以汽车产品开发为例，移交文件包括设计领域的产品设计图纸、技术要求、装配条件、设计 BOM、执行的企业标准及行业标准、法规清单等，以及工艺领域的控制计划、工艺规程、工装清单及图纸、PFMEA 等文件近百项。第二是移交的时间。移交的时间一般是产品趋于稳定之后，基本没有突发的需要项目组解决的问题时。这个时间点可以用时间来衡量，也可以用产量来衡量。以汽车行业为例，汽车产品通常以 6 个月或 3000台为界，发动机以 9 个月或 10 000 台为界。第三是移交的流程。项目移交并不是一件简单的事情，同样需要进行周密的部署，先提出移交申请，经过审批确认方可组织正式移交工作。具体步骤还包括组织专题协调会，下达移交工作安排，资源整理归集，资料归档验收，资料移交准备，接受确认，办理移交手续等。

项目移交之后还涉及工作职责的重新界定问题，所以移交过程是比较谨慎的，特别是对于一些技术资料的确认。对于移交过程中出现的问题，作为主管部门要及时协调处理，需要补充完善资料的，敦促各单位完成，避免移交之后出现问题。特别说明一点，移交之后项目组成员的工作职责重新划回职能部门，如研究院和制造工厂。只是原项目组已经解散了，但是后续有工作需要支持时，可能会找到原项目组成员，这个时候原项目组成员不宜推托，只是不再以项目组成员的名义，而是以职能部门成员的身份来承担这项工作。

11.3.4　项目后评价

我之前讲到过项目的三层级绩效，也提到过项目过程绩效和项目结果绩效，这里所说的项目后评价就是项目结果绩效的主要依据。为什么要称为项目后评价呢？我们知道，项目交付之时一些市场表现的数据是没有的，比如销量、市场占有率等。这在项目交付之时是统计不出来的，那么可能是在项目交付半年甚至一年以后，才有了这些数据的统计值。比如新产品开发项目的一项重要指标就是上市一年内的销量，这项指标如果达成的话，基本可以判断项目是比较成功的。所以，项目后评价是指项目交付运行一段时间以后，对项目的目标、执行过程、效益、作用和影响进行系统、客观的分析和总结的一种技术经济活动，包括项目目标评价、项目实施过程评价、项目效益评价、项目影响评价和项目持续性评价。项目后评价不仅关注项目过程，更侧重于经济结果的分析。

具体如何进行项目后评价呢？各个企业可以制定自己的标准，我所在企业中有项目后评价的详细标准，但是比较具有个性。所以这里我来分享行业中更为通用的标准——国际卓越项目管理评估模型（见图 11-5）。

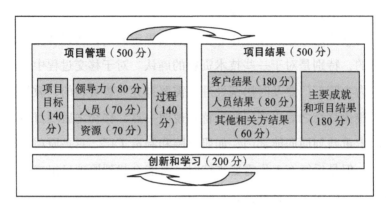

图 11-5 国际卓越项目管理评估模型

国际卓越项目管理评估模型分为项目管理与项目结果 2 个部分、9 项指标、22 项评价标准，由三层结构形式构成。表 11-1 列出了各项指标及评价标准在模型中的权重设置情况。

表 11-1 国际卓越项目管理评估模式评分设置

序号	方面及指标	分值	指标分值	子准则数	评价标准分值分配
一	**项目管理**	500	50%		
1	项目目标	140	14%	3	平均分配（140/3）
2	领导力	80	8%	2	平均分配（80/2）
3	人员	70	7%	2	平均分配（70/2）
4	资源	70	7%	4	平均分配（70/4）
5	过程	140	14%	3	平均分配（140/3）
二	**项目结果**	500	50%		
6	客户结果	180	18%	2	平均分配（180/2）
7	人员结果	80	8%	2	平均分配（80/2）
8	其他相关方结果	60	6%	2	平均分配（60/2）
9	主要成就和项目结果	180	18%	2	3：1

国际卓越项目管理评估模型中的每项指标都有详细的描述，定义了指标的评价标准。它既有详细的落地规则，又反映了项目管理的价值取

向，是在为数不多的项目管理评价规则中比较好用的一个，只是现在多数企业特别是制造业中项目管理的基础薄弱，项目管理没有达到一定的成熟度，对项目管理评估知之甚少。相信在不久的将来，大家会陆续使用这套评价体系，它不仅能推进公司的项目管理，还可以使项目管理的知识得到积累，项目管理的水平得到提升，从而在追求卓越的道路上实现学习和创新，并达到新的高度。

项目管理办公室

一株植物的成长，不仅需要一颗饱满的
种子，还需要湿润的土壤。

12.1　项目治理模式

要做好一个项目，诚然需要一位优秀的项目经理，同样也需要有适宜项目运营的组织环境。项目运营环境的好坏直接影响着项目的成败。项目运营环境需要项目经理和组织部门去营造，而其中项目管理部门要承担更多的责任。

12.1.1　项目管理部门职责

要在组织中推进项目管理模式，成立项目管理部门是必不可少的一个步骤。至于如何提升组织的项目管理水平，后面再讲述，我们先来了解一下项目管理部门的职责。关于项目管理部门的职责描述，参照我在企业中制定的"项目管理指导手册"中的描述，再纵览行业里对项目管理部门的职责定义，它们各有特色。我基于实践经验再次升级整理出项目管理办公室（PMO）的职能框架，包括能力建设、规划职能和交付职能（见图 12-1）。

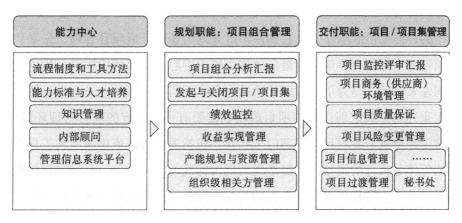

图 12-1　项目管理部门的职责框架

据我们了解，项目管理部门日常开展业务最多的，即第一职能，是图 12-1 中所示的交付职能，包括项目监控评审汇报、项目商务环境管理、项目质量保证、项目风险变更管理、项目变更审查等。项目管理部门管理项目在业内称为项目治理，我习惯称为"管理项目"，它与项目团队管理项目有着不同之处。举个例子来说，假如把项目比喻成一个筐，项目团队成员管理项目是站在"筐"里面，而项目管理部门是站在"筐"外面。项目管理部门管理项目更多的是顾问的角色，而不是承担者和执行者的角色。

项目管理部门的第二职能是规划职能。其核心业务是项目的规划与选择，这属于项目组合管理的一部分，主要职责包括项目组合的分析、项目与项目集的发起与关闭、项目的绩效监控、多项目收集管控、组织的产能规划、资源管理及组织级的相关方管理等。特别说明一下，有的公司产品规划与项目选择业务很重要，业务量也比较大，可能会成立专门的部门来负责这些业务。如果采用这样的管理模式是值得赞许的做法，从项目管理的视角去看是受欢迎的。

项目管理部门的第三职能是能力建设，也就是作为能力中心的职能部门存在。大家注意图 12-1，这三个模块其实是有从左到右的逻辑顺序的，但我讲的顺序是从右到左。这是因为企业开展项目管理，先是从项目交付再到项目规划，最后才作为能力中心承担起相应职责。我从右到左来讲解，是为了从大家熟悉的业务讲到需要拓展的业务上来，便于大家理解。我之前讲到的项目成功也需要有一个适宜的项目管理环境，这个环境就需要项目管理部门来构建，包括项目管理流程制度和工具方法等体系文件的编写，项目经理的能力标准与人才培养，项目知识的传承与共享，项目管理信息平台的构建与维护，派出人员成为项目顾问及处理项目中的升级问题等。

12.1.2 项目管理风格定位

我在讲授项目管理课程中，经常被问到的一个问题是，作为一名年轻的项目管理人员，如何面对那些资深的技术人员，他们通常都不太好说话，很难对付。其实这里涉及一个项目管理部门与项目管理者的角色定位问题。比如你作为项目管理部门派驻项目组协助项目经理开展项目的组织协调工作，应该如何去面对项目经理及项目组成员呢？其实在这种情境下，项目管理人员担任双重角色，一是作为项目经理助手，二是作为项目管理部门的代表，所以到底以何种角色存在，请看下列的角色分类再做选择。

1. 支持型项目管理

支持型又称服务型，顾名思义就是为项目经理和项目组成员提供支持，做好服务。这是在公司初步推进项目管理模式时适宜选择的模式，同样，作为一名年轻的项目管理人员，在刚加入项目时也适合采用这种模式，因为这种模式很容易让人接受，能够帮助项目管理人员很快地融入项目团队。一个现实的例子就是，我当初加入项目管理部门从事项目管理工作时，我很年轻，而且面对的是一批资深的专业技术人员，这时候就要以学习的心态去帮助项目团队成员，久而久之便获得了认可。反观有的同仁，自以为项目管理部门就是管着各职能部门的，总是以命令的口吻与项目组成员对话，动则以处罚或找上级领导的方式来威胁对方，这很难获得项目组成员的认同。事实的确如此，采用这种工作方式很难融入项目团队，也自然无法把项目管好。

2. 控制型项目管理

控制型项目管理是既扮演支持项目管理的角色，又履行对项目经理及项目团队成员监督的职责。所以控制型项目管理的职责范围有所扩展，同时对项目管理人员的能力要求更高，还需要项目管理人员本身有更高的认可度。所以控制型项目管理风格是项目管理人员能力水平达到一定阶段之后才可以采用的模式。这种模式下的项目管理人员不能只是了解掌握项目管理规章制度这种基本层面的知识，还需要对项目实际有更深入的了解与把握。控制型项目管理需要在项目上进行角色的转换，把握好平衡，是有一定挑战的。

3. 指令型项目管理

指令型项目管理就是在管理项目过程中，项目管理部门占绝对主导地位，项目经理只是相当于项目管理部门派驻项目的一个执行代表。这种管理模式下需要项目管理部门做大量的基础性工作，包括团队的组建、计划的制订、资源的确认等。项目经理只需按既定的计划执行，如果碰到的问题多，可以寻求项目管理部门解决。在这种模式下，如果项目出了问题，更多的是追究项目管理部门的责任，而不是项目经理。所以这种管理模式对项目管理部门的要求特别高，在项目管理环境还不是很成熟的情况下，要尽量避免采用这种管理模式。

4. 顾问型项目管理

这种项目管理模式要求项目管理人员频繁参与到项目中来，参与项目的管理人员以专家、导师的形式为项目团队出谋划策，为项目团队提供解决方案和建议。特别说明一下，顾问型项目管理模式不同于指令型，在指令型项目管理模式中项目管理人员给出的意见是指令性的，是需要落实执行的，而顾问型项目管理模式中项目管理人员只是提出建议，项目经理自己做判断和决策，并为决策承担相应的责任。简单地说，这些建议只是作为参考，决策权还是在项目经理手里。所以顾问型项目管理一般用于项目管理比较成熟的组织中，项目管理人员作为项目团队的一个智囊人员出现。显然这种模式也要求项目管理人员有丰富的项目经验与卓越的能力。

5. 战略型项目管理

所谓战略型项目管理，是指只关注结果，对于项目的具体过程，授权给项目经理或者下级的项目管理部门管控。战略型项目管理理论上出现在组织中的项目管理比较成熟之后，特别是在大型集团组织中的上层组织部门，前提是有项目管理部门承担了具体的项目管理工作。所以，把那种在一个公司刚刚导入项目管理模式，还没有系统地开展项目管理业务，作为承担项目管理职责的部门，只管理项目的高阶结果（如节点）的情形称为战略型项目管理是不准确的，这种情况只能说明项目管理还没有深入。具体的项目管理模式选择如图 12-2 所示。

至于你所在的项目管理部门要选择哪种模式，在组织应扮演什么样的角色，一是看部门所处的位置，二是看组织的项目管理的成熟度，要视具体情况而定。如果公司刚刚导入项目管理模式，那么我建议从支持型开始，而后可以往控制型进阶，至于最后发展成什么模式，要视这家企业的需求而定。有的人认为一个项目管理部门可以多种角色并存，这个我持保留意见，值得探讨。

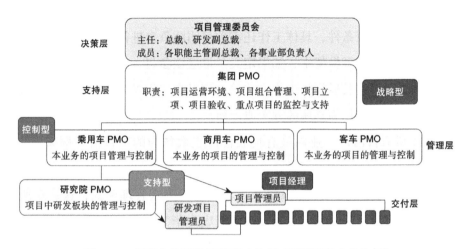

图 12-2　组织中的项目管理模式选择（以某汽车企业为例）

12.1.3　项目治理架构设计

显然管好项目并不只是项目管理部门的事，因为项目的成功与项目经理、项目团队和项目管理环境都息息相关。一个项目前端承接公司的战略规划，后端接轨产品的生产销售，所以一个产品最终的效益如何，关联到整个公司的管理架构，具体来说就是项目治理架构。项目治理架构为项目提供了管理项目的组织角色、流程、决策模式及问题升级通道等，同时保障了项目受支持和控制的基础，为项目实现目标提供了保障。对于任何项目而言，项目治理架构都发挥着无形的作用，特别是对于具有高复杂度和高风险性的项目。

项目治理框架包括项目问题升级机制、项目决策流程、项目阶段节点及审查要求、项目团队与组织及外部相关方的关系、项目信息沟通的流程与程序、对超出项目经理权限的事项的审批流程、项目变更审批机制等。项目治理为控制项目并确保项目成功在项目管理范围之外提供了一套保障机制。项目经理和项目团队应该在项目治理框架的约束下，确定最合适的项目实施方法并有序开展项目工作，因为这个治理框架只是最基础的约束条件，具体工作还需项目团队负责进行策划、执行和控制。至于说在治理框架中，如果定义了谁应该参与、升级流程通道、需要什么资源，以及通用的工作方法等，那只是作为参考指引，实际项目执行时还需要转化为具体的方案或计划。

说到项目治理，业内最有代表性的当数华为的项目治理框架（见图 12-3）。

华为自从导入 IPD 体系以来一直倡导矩阵式管理模式，这是众所周知的事情了，而且矩阵式管 理已经成为华为管理体系的一种文化。所谓矩阵式管理就是纵向职能部门担任能力支持，横向项目组织负责业务驱动，纵横交叉形成矩阵。在矩阵式管理模式下，华为设计的项目治理模式成为众多企业学习的榜样。在典型的项目治理框架中，最顶层是 IRB（investment review board，投资评审委员会），在公司的战略指导下进行产品投资决策，在公司层面推动市场部门、研发部门、销售部门、生产部门及供应链体系的协同。第二层是 IPMT（integrated portfolio management team，集成组合管理团队），是由跨部门的最高主管组成的团队，主要负责管理产品交付。第三层是 PDT（product development team，产品开发团队），负责从立项到量产整个过程的开发管理与控制，并保证产品在市场上和财务上取得成功。另外两个团队并不能定义向下延伸的下属层级，因为 TDT（technology development team，技术或平台开发团队）负责先行技术或平台技术开发，如果将技术应用到产品开发项目中，那么这项工作就属于产品开发项目的前端，而实际上是日常并行运行的一项业务。另一个是 LMT（lifecycle management team，生命周期管理团队），是产品开发项目交付之后负责承接管理任务的团队，这个在制造业中都是交由职能部门去管理的，所以大家对这个团队的理解可能会少一些。

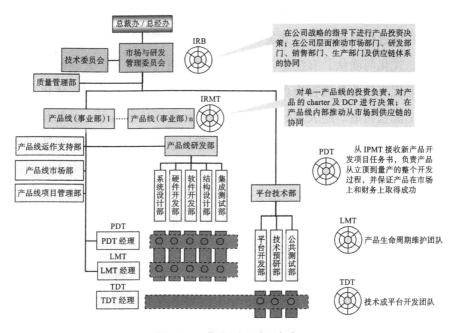

图 12-3　华为项目治理框架

12.2　项目管理部门的业务

12.2.1　流程体系构建

在企业中要使项目成功，很大程度上依赖于项目所处的环境，而项目管理环境的营造是项目管理部门责无旁贷的。以我自己的亲身经历为例，在汽车行业有了多年的丰富项目管理经验之后，我再加盟国内知名主流车企时，并不是被高薪聘请去担当项目经理管理一个具体的项目，而是去构建企业项目管理的环境，即产品研发流程及质量管理体系的再造。

我这里重点解释一下流程再造 BPR、流程改进（BPI）和流程梳理之间的区别。流程再造，是指企业对其所从事的业务及作业程序进行重新设计和构建；流程改进，是基于企业人员复述业务过程，把企业原有的作业过程梳理成流程并加以完善；流程梳理只是做一些查漏补缺的检查、优化与确认。有些企业开展了流程再造咨询项目，究其本质只是把企业现有的业务流程梳理诊断与优化了一下，这最多算流程优化，而算不上流程再造。绝大多数咨询项目打着流程再造的旗号，做的是流程优化的工作，这是行业里的普遍现象。我加盟某个公司做流程再造就是基于行业标杆重新设计一套产品研发流程。公司现有的组织完全按照流程的要求进行匹配，即组织服务于流程，这才是真正意义上的流程再造。而事实上按流程开发的项目产品在质量上也确实有了实质提升，虽然这个开发过程比以往的项目要复杂得多、要困难得多，但结果是好的。其中最有代表性的是按流程开发的一款产品，其销量占到全公司三成以上。

流程再造的案例如 1998 年开始的华为引入 IBM 参与的 IPD 和 ISC 项目，还有早些年联想的流程梳理项目，以及我给诸多企业做的研发流程再造项目和质量管理体系构建项目（见图 12-4），都是在做流程再造或者流程改进。这些在行业里众所周知的流程改善项目就是在构建项目的运营环境，所以作为项目管理部门，构建研发项目的管理环境是责无旁贷的事情。

那么如何构建企业的流程体系呢？以我的经验总结它分为五个阶段，即体系规划、流程设计、流程实施、流程审计、流程优化，这是构建流程体系的五步法（见图 12-5），适用于企业里有丰富经验的资深人士来主导流程优化项目的情形。如果是聘请外部专家顾问来解决，那么要在前端增加调研诊断的过程，而且是要深入地调研了解，不能一上来就"动手术","病情"的摸查诊断是必不可少的过程。如果是对产品研发流程进行梳理,还需自上而下一层一层地进行设计,这是个复杂且长期的。以整车产品研发流程为例,我辅导过的项目通常来说少则一年,多则三四年,而且是一个团队几十个人员参与。特别说明一下,在中国使用过整车研发流程的人数以百万计,但是重新梳理过整车研发流程的人屈指可数,梳理过多家整车企业流程的人更是凤毛麟角。我梳理过多家企业的产品研发流程,在这方面有丰富的经验,有多套自上而下设计到模板层面的文件基础。在新势力造车涌入的大背景下,无人驾驶与新能源汽车革命的当今社会,我相信我的这些知识经验能够帮助到更多的企业。

图 12-4   作者近年给企业做的咨询项目成果案例

图 12-5   构建流程体系五步法

12.2.2　项目人才培养

在公司里推进项目管理，我们都希望有一个优秀的项目管理人才队伍，而实际情况是这样的人才很匮乏，更别说团队规模了。显然这样的人才队伍不可能凭空出现，但不要寄希望于通过外部招聘，因为外部招聘的人才到企业中来需要适应的周期比较长，而且外部招聘人才成本高、风险大；也不要寄希望于人力资源部门去主导培养，因为一个优秀项目经理的能力是基于专业知识和领导力的多方面综合能力的体现。所以项目管理部门在项目经理人才队伍的培养方面要多下功夫。

那么如何培养项目管理人才队伍呢？我认为第一步是要构建项目经理能力评估模型，也就是要打造一把标尺，以快捷地衡量出现有人员是否满足要求。第二步是进行项目经理人员评估，评估对象包括现有的项目经理，也包括后备的项目经理（或称为储备项目经理、准项目经理），通过评估了解项目经理及后备人才与标准要求的差距。第三步是制订行动学习计划，通过评估大家会找出存在的差距，然后制订计划来提升。关于找出差距这一点，大家尽管放心，因为项目经理能力标准评估的维度有很多，而且要求严格，通过评估会可以找出诸多差距，在多方面均能满足的人员其实是寥寥无几的。第四步是按照行动学习计划进行学习和提升，这是一个长时间的持续过程，需要进行监督和跟踪管理。第五步是进行评估与持续改进。

这里我提一个新概念，就是人员能力金字塔（见图 12-6）。项目经理作为一名复合型人才，需要有良好的基本素养，懂专业技术，有卓越的领导力。这里的领导力包括在权力基础之下的管人能力、理性自我的控制能力、有计划性的理事能力，以及非权力下的驭人之道。作为一名项目经理，应该按照这些能力要求去提升自己。

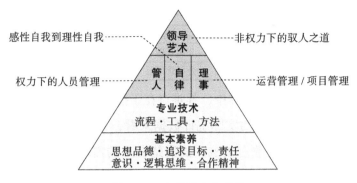

图 12-6　人员能力金字塔

资料来源：尹义法的《微观领导力》。

12.2.3　项目规划与选择

如果公司里有专门的发展规划部门，那么项目的规划与选择可能不是项目管理部门的职责。我这里姑且把项目的规划与选择列为项目管理部门的事，因为从过往的经验来看，有的企业项目的规划与选择是由规划部门负责的，也有的企业虽然有规划部门，但是只是负责企业的战略发展规划，项目的规划与选择还是放在项目管理部门的。

选定一个项目进行立项开发，在很多企业又称为"产品规划"，而产品规划似乎不像产品开发那样有清晰的步骤，因为这些工作好像在小组织范围内无声无息地就完成了。但是项目的规划与选择是有逻辑步骤的，简单的总结如表 12-1 所示。

表 12-1　项目规划与选择流程

序号	步骤	负责人	备注
1	信息收集	销售服务人员	
2	需求识别	市场主管	
3	需求评估	市场部管理层	
4	技术评估	技术部管理层	
5	制订初步方案	技术部	
6	方案评估与筛选	技术部管理层	多选一

（续）

序号	步骤	负责人	备注
7	项目可行性评估	公司管理层	项目成本收益分析
8	项目定义	公司管理层	输出项目目标书

在项目规划与选择过程中，其难点在于搞清楚客户的需求。而从项目失败的总体原因分析的实际统计数据来看，失败的原因中，"需求定义不准确"导致的失败占43%。搞清楚客户的需求并不是一件容易的事。引用一个例子来说，有一个外星球的间谍潜伏到地球收集情报，它给总部写了一份报告说："统治地球的是汽车，它们需要喝汽油，靠四个轮子滚动前进，嗓门极大，在夜里双眼能射出强光，有趣的是车里住着一种叫作人的寄生虫，这些寄生虫完全控制了车辆。"从这里我们可以看出，如果不是产品的使用者，很难准确地搞清楚客户的需求。所以在我们收集和识别客户的需求时就可能产生像故事那样的误区，而搞清楚客户的需求是避免项目偏离的基础，所以项目规划与选择的价值点就在于搞清楚客户的需求。

12.2.4　管理项目

项目管理我讲了很多，而且社会上关于项目管理的书籍及知识体系也很多。我这里所说的管理项目，是指项目管理部门站在项目这个"筐"外来管理项目，它不同于项目团队成员站在"筐"内管理项目，因为两者视角是不一样的。比如项目团队成员会想方设法地通过某一管理节点，而项目管理部门则要想方设法地"阻挡"项目通过节点，这里的阻挡是确认、避免闯关的意思，所以项目管理部管理项目与项目团队管理项目的立场是不一样的。

那么项目管理部门管理项目有哪些具体的工作呢？第一，定义项目目标。大家可能会说，项目目标是由项目经理确定的。虽然现实中的确有很多项目的项目目标是项目经理确定的，但也只能算是代劳。项目目标应该由项目发起人确定，在企业中是项目管理部门代表项目管理委员会来制定，项目经理只能作为参与者提出建议，但是不能由项目经理或者项目团团队来确定。第二，匹配项目资源。这一点大家同样会认为是项目经理的工作，现实中项目经理也积极主动地承担了这项工作。我多次说过，匹配资源是项目管理部门的职责，项目管理部门要平衡多个项目的需求去为各个项目匹配资源，而不能让项目经理去"地里摘瓜"，否则项目经理肯定将好"瓜"一扫而光。第三，过程监督。大家可能认为对项目过程实施监督是项目经理的职责，是的，这没有问题。但是我这里所说的监督是审查，就像考试中"巡考员"的角色，而项目经理是"监考员"的角色，所以这个审查就是监督项目经理是否按项目管理要求和规范在推进项目工作。第四，节点审批。这是项目管理部门的重点工作，其实严格意义上来说这是项目管理委员会的职责，但是项目管理委员会是一个虚拟组织，而且成员都是企业中的高层管理人员，他们比较忙，所以这项工作的具体执行就又落到项目管理部门了。节点审批这项工作在企业中非常重要，一个项目的审批从组织评审到会议召开，再到后续的跟踪确认，有一系列工作需要进行。更为重要的是，一个公司有 N 个项目，每个项目有 N 个节点，所以项目管理部门把相当多的时间和精力都放在项目的节点评审工作中了。第五，善后工作。我们都知道，项目收尾后仍然有一些工作需要处理，在和接手部门交接的这段过渡期中项目组解散了，而接手部门的人员可能一下子没能承担起来，这个时候就需要项目管理部门一手托起整个项目工作的交接，避免出现接力棒掉落的情况。

12.3　如何推进组织项目管理

这是我最后想讲的一个话题，如果大家所在的公司还没有推行项目管理模式，那么是否需要推进项目管理模式，又该如何推进呢？我想对这个问题做出回答。

12.3.1　组织现状诊断

一个组织是否需要项目管理，这是我们首先需要回答的问题。作为一名项目管理的倡导者，我给出的答案你可能并不认可，因为你会认为我取有利原则，在倡导你推进项目管理。另外，你还可能觉得自己所在的只是一家小公司，没有那么多人用来组建团队，也无法按照复杂的流程去开发一个产品，因为资源无法保障。其实这是有误区的。当然，项目管理的确在大型的、复杂的、长周期的、跨部门协作的项目上能够发挥更大的价值，但是小的项目、小的组织也可以将其简化使用。比如大的项目做多层级的计划，小的项目做一个层级的计划即可；大的项目设置多个节点，小的项目只有启动和结束也是可行的。项目管理是一种方法论，它提供了一系列的流程、工具和方法，也告诉了我们如何按照环境需要进行剪裁，它的目标是提升项目成功的概率。所以企业无论规模大小，无论产品研发周期长短，都是需要导入项目管理模式的。因为提升产品质量、降低生产成本、保障项目进度、提升客户满意度是企业永恒不变的追求。

既然什么类型的企业都值得导入项目管理模式，那么在导入项目管理模式之前首先要了解企业的现状。关于企业项目管理成熟度的评价标准，我研究过多套评价体系，都感觉过于复杂了，实际上全球有 30 多种项目管理成熟度评价标准。在这里，我把几种主要的标准列出来，大家有兴趣可以查阅了解。

（1）伯克利项目管理过程成熟度模型（Berkeley Project Management Process Maturity Model），由 Young Hoon Kwak 博士和 C. William Ibbs 博士联合开发，简称 (PM)^2 模型。

（2）美国顶石计划控制公司（Capstone Planning & Control, Inc.）的项目管理成熟度模型，系取自于 (PM)^2 模型，简称 Ca-PMMM。

（3）美国微构技术公司（Micro Frame Technologies, Inc.）和项目管理技术公司（Project Management Technologies, Inc.）开发的 5 级项目管理成熟度模型，简称 Micro Frame 模型或 MF-PMMM。

（4）美国项目管理解决方案公司（Project Management Solutions, Inc.）开发的 5 级项目管理成熟度模型，简称 PM Solutions 模型或 PMS-PMMM。

（5）澳大利亚克纳谱和摩尔私人有限公司（Knapp & Moore Pty Limited）开发的 4 级项目管理成熟度模型，简称 KM-PMMM。

（6）美国哈罗德·科兹纳（Harold Kerzner）博士开发的 5 级项目管理成熟度模型，简称科兹纳博士的模型或 K-PMMM。

（7）美国项目管理学会（PMI）的组织级项目管理实践指南，其核心内容为项目管理成熟度模型 OPM3，基于美国项目管理学会在项目管理领域的研究成果。

在上述项目管理成熟度评价标准中，本来我是对 PMI 的项目管理成熟度模型 OPM3 抱有很大希望的，我认为它应该是成体系的规范化的内容。不过说实话，我也只是泛读过几遍，因为我感觉不大好理解和难以操作实施。

另外，我想到 IPMA 对项目经理进行的四个级别的认证，这个四级别认证体系中提出的各级别的要求，也可以认为是针对企业的分级别的能力要求，从某种意义上说也可以看作一种成熟度模型。例如，处于 D 级的企业，只是了解一些项目管理的术语和方法，在某些领域可以应用项目管理；处于 A 级的企业，有能力管理国际合作的大项目或者进行多项目管理和计划管理。

多年前我在企业担任高管时，曾参与清华大学和中国管理学会项目管理专业委员会组织的项目管理成熟度标准的制定，这套标准从事业环境、组织能力、过程资产、人才体系和行业优势 5 个维度制定了 20 项评价指标。可能由于我后来从事咨询培训行业，身份特殊，并没有持续跟进这个项目，这套标准是否最终发布不得而知。不过在之前合作的基础上，我继续细化了这个框架的内容，它可以用于企业项目管理成熟度的评价（见图 12-7）。

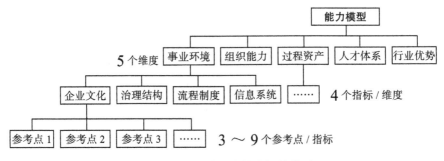

图 12-7　项目管理成熟度评价模型

上面所说的评价标准多数比较系统规范，同样也比较复杂，汽车行业比较认可的是德国汽车工业联合会（VDA）制定的审核标准 VDA6.3。现在很多企业在做 VDA6.3 的审核认证，下面是从详细标准中摘选的关于项目管理的一部分（见表 12-2）。其实每个条款还有详细展开的描述，在这里并没有呈现。这套标准不仅严谨细致，还提供了评价规则和标准，它适用于制造业特别是汽车行业。

表 12-2　VDA6.3 过程审核条款（摘选）

NO.	类别	审核问题	评分	审核结果
P2	100%	项目管理		
2.1		是否建立了项目管理及项目组织机构	6	
2.2		是否为落实项目而规划了所有必要的资源，这些资源是否已经到位，并且体现了变更情况	4	
2.3		是否编制了项目计划，并与顾客协调一致	4	

（续）

NO.	类别	审核问题	评分	审核结果
2.4		是否进行了项目质量策划，并对其符合性加以监控	0	
2.5	*	项目所涉及的采购事项是否得以实施，并对其符合性加以监控	0	
2.6	*	项目组织机构是否能够在项目进行过程中提供可靠的变更管理	4	
2.7		是否建立了事态升级程序，该程序是否得到有效执行	0	

12.3.2　提升路径与实施

第 11 章说明了如何进行现状诊断，我相信很多企业的项目管理水平与其追求的目标是有差距的。那么如何解决这个差距问题？下面提供了具体的实施流程（见图 12-8）。

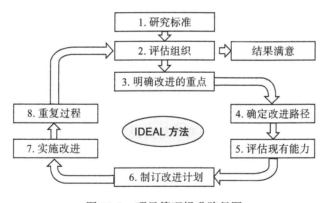

图 12-8　项目管理提升路径图

评估了组织现状之后，第一步要明确我们当前的突出问题有哪些，可能很多领域都存在问题，但是我们的时间、精力和资源是有限的，我们应该突出重点，清楚先解决什么、后解决什么。通常来说。用于识别业务重点的方法为"优先级分析热图"，即将事项按重要度和紧急度两个维度进行标注，按加权值大小进行排序，从而选出位次优先的项目。第二步是确定改进路径，即针对选出的重点问题我们应该如何系统地进行解决，这显然需要一个策略性方案。是通过外聘专家人才解决，还是通过咨询方式解决，或者通过对外合作，以及采取其他的策略等。第三步是评估现有的能力（或者说条件和资源），以支持上述策略的选择。第四步是制订详细的改进计划，这是对第二步初步方案经筛选后的细化，即制订具体可执行的行动计划。第五步是实施改进，这个过程需要重点投入人力和时间，也是决定项目成败、见证效果的过程，这个过程需要跟踪与反馈。第六步是评估计划实施的有效性，必要的话重复上述过程步骤。详情见图 12-8 所示的项目管理提升路径图，特别说明一下，图 12-8 是完整的步骤，上面是描述的具体步骤，对照图看的话在顺序号上需要减少两步。

从流程上来看，项目管理水平的提升逻辑上是简单的，但是实现起来可能是一个漫长的过程，毕竟有的整车企业从导入项目管理到成为业内被认可的项目管理组织，用了十几年的时间。即使在一家零部件企业导入项目管理模式，也需要做长时间奋斗的准备，一般来说需要三五年时间。所以不要以为这是简单的事情，因为推进项目管理模式实质上是对企业管理模式的变革，这种变革是高投入、高风险、高回报的，我们需要予以重视。

12.3.3 评估与持续提升

第 11 章讲述了项目管理提升的流程和方法，那么每一次提升改进，我们都可以视作一个项目，当项目结束时我们需要评估目标的达成情况，没有达成的话重复上述活动。那么本节所说的持续改进是要定期进行项目管理成熟度的评估和持续提升，这种改进需求是没有止境的持续循环。

　　关于持续改进，有代表性的方法就是 PDCA 循环（又称"戴明环"，
其实是由休哈特提出的）（见图 12-9）。这里的 P 是 Plan（计划）。包括
目标的制定与分解，并形成计划；D 是 Do（实施），即根据计划来实施，
在这个过程中，如果发现问题或者有什么新发现，可以先记录下来，继
续执行操作；C 是 Check（检查），总结执行操作过程中的经验教训，哪
些做对了，哪些做错了；A 是 Act（改善），即审视全过程，发掘改善机
会，并进行持续的优化。然后进入下一个 PDCA 循环。

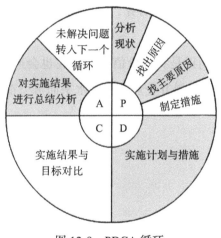

图 12-9　PDCA 循环

　　我写本书是经过系统策划的，把 PDCA 循环放在最后，也是想讲
一讲工匠精神。"工匠精神"一词最早出自聂圣哲，他培养出来了一流
的木工匠士，工匠精神正是来自这种将产品做到极致的精神。现在通常
把这种在职业道德、职业能力、职业品质上追求完美的人的行为，称
为"工匠精神"。说到工匠精神，大家可能会想起日本制造、德国制造，
这里我们抛开政治方面的因素不谈，日本人、德国人在精细化方面的确
是比较讲究的，这方面我们要向他们学习。工匠精神的核心思想是敬
业、专注、极致，所谓极致就是精益求精，是从业者对每件产品、每道
工序都凝神聚力，追求极致的体现，没有最好，只有更好。我现场授课

期间，在课间休息时或午休开场前，我通常会放一段日本"寿司之神"小野二郎的关于寿司制作的纪录片，他就体现了将寿司做到极致的工匠作风。

我为什么要讲工匠精神呢？因为当今社会很多人过于追求利益，缺乏专注极致的钻研精神。作为咨询师，应该时刻思考"我们有没有帮助企业解决问题"，所以培训师要经常反省"讲授的知识是否可以应用到工作和生活中"。正所谓"不登高山，不知天之高也；不临深溪，不知地之厚也"，我们不去做深入研究，怎么能创造出有价值的产品呢？

我写本书的目的也在于此，希望你们能学到知识，并将其应用到工作中。能帮助到你们正是我的价值所在，我也会遵循我的"匠心精神、专注极致"的理念，为提升企业的管理水平而努力奋斗终身。

参 考 文 献

[1] ISO 国际标准化组织 . ISO9001 质量管理体系标准［S］. 2015.

[2] IATF 国际汽车工作组 . 汽车行业质量管理体系标准 &IATF16949（汽车生产件及相关服务件组织的质量管理体系要求)［S］. 2016.

[3] 美国项目管理学会 . 项目管理知识体系指南（PMBOK® 指南)[M]. 6 版 . 北京：电子工业出版社，2018.

[4] OGC 组织 . PRINCE2——成功的项目管理（原书第 3 版）[M]. 薛岩，欧立雄，译 . 北京：机械工业出版社，1999.

[5] 美国产品开发管理协会 . 产品经理认证（NPDP）知识体系指南 [M]. 陈劲，译 . 北京：电子工业出版社，2017.

[6] 刘劲松，胡必刚 . 华为能，你也能：IPD 重构产品研发 [M]. 北京：北京大学出版社，2015.

"日本经营之圣"稻盛和夫经营实录（共6卷）

跨越世纪的演讲实录，见证经营之圣的成功之路

书号	书名	作者
9787111570790	赌在技术开发上	【日】稻盛和夫
9787111570165	利他的经营哲学	【日】稻盛和夫
9787111570813	企业成长战略	【日】稻盛和夫
9787111593256	卓越企业的经营手法	【日】稻盛和夫
9787111591849	企业家精神	【日】稻盛和夫
9787111592389	企业经营的真谛	【日】稻盛和夫